Visionäres Personalmanagement

Jochen Kienbaum (Hrsg.)

Visionäres Personalmanagement

3., erweiterte und aktualisierte Auflage

2001
Schäffer-Poeschel Verlag Stuttgart

Die Deutsche Bibliothek – CIP-Einheitsaufnahme

Visionäres Personalmanagement /
Jochen Kienbaum (Hrsg.)
– 3., erw. und aktualisierte Aufl.
– Stuttgart : Schäffer-Poeschel, 2001
  ISBN 3–7910–1759–4

Gedruckt auf chlorfrei gebleichtem, säurefreiem und alterungsbeständigem Papier

© 2001 Schäffer-Poeschel Verlag für Wirtschaft · Steuern · Recht GmbH & Co. KG
www.schaeffer-poeschel.de
info@schaeffer-poeschel.de
Einbandgestaltung: Willy Löffelhardt
Satz: Johanna Boy, Brennberg
Druck und Bindung: Franz Spiegel Buch GmbH, Ulm
Printed in Germany
März/2001

Schäffer-Poeschel Verlag Stuttgart
Ein Tochterunternehmen der Verlagsgruppe Handelsblatt

Einführende Gedanken zum visionären Personalmanagement

Jochen Kienbaum

Das Personalmanagement erlebt derzeit eine Renaissance – allerdings unter veränderten Vorzeichen. In den 70er Jahren standen Training und Qualifizierung im Mittelpunkt, in den 80er Jahren die Personalentwicklung. Im vergangenen Jahrzehnt schließlich wurde einerseits der Wertbeitrag des Personalmanagements zu den Unternehmenserfolgen in Frage gestellt, zum anderen haben sich die Schnittstellen und Vernetzungen mit dem Change-Management auf Unternehmensebene intensiviert.

Ein weiteres Fazit ist sicherlich, dass sich die extremen Prognosen eines weitgehenden Outsourcings oder auch der Virtualisierung des Personalbereichs zumindest in der Breite nicht bewahrheitet haben. Doch die damit angestoßenen Diskussionen sind nicht abgeschlossen. Neue Erwartungen sind entstanden. Personalmanager sind nach wie vor gefordert, Prozesse in Personalbereichen auf ihren Wertschöpfungsbeitrag hin zu untersuchen. Sie müssen selektive Outsourcing-Möglichkeiten ebenso konsequent überprüfen wie das Angebot eigener Dienstleistungen nach dem Profit-Center-Prinzip im Bereich ihrer Kernkompetenzen. Und sie sind aufgefordert, Ansprüchen und Konzepten auch Taten folgen zu lassen.

Personalbereiche werden sich analog zu den am Markt tätigen Kundenbereichen klar positionieren müssen. Das setzt nicht nur ein gemeinsam entwickeltes und somit akzeptiertes Selbstverständnis voraus, sondern auch ein klares Raster an Zielen sowie eine Strategie mit Produkten und Kompetenzprofilen. Entsprechend den Anforderungen ihres internen Marktes – und das sind neben der persönlichen Meinung von Kundengruppen auch die strategischen Kernthemen des Unternehmens – müssen sich Personalbereiche kontinuierlich hinterfragen, organisatorisch neu aufstellen, die eigene Kompetenzentwicklung konsequent mit Appraisals überprüfen und bei der eigenen Personalentwicklung vorbildhaft agieren.

Die neue und populäre Positionierung als Business-Partner bringt es auch mit sich, dass das Kompetenzniveau bei den Schlüsselmitarbeitern/innen in Personalbereichen deutlich angehoben werden muss. Es umfasst Strategiemethoden, Markt- und Kundenkenntnisse, vernetztes und unternehmerisches Denken sowie Internationalität. Diese neuen Träger der Personalarbeit sind auf den Arbeitsmärkten oder in den internen Potenzialkreisen nicht leicht zu bekommen. Sie müssen intensiv gefordert und gefördert werden, sollten auch in anderen Unternehmensfunktionen tätig gewesen sein und müssen sich letztlich den gleichen Maßstäbe stellen wie High Potentials in den marktorientierten Unternehmensbereichen. Vielen Personalbereichen hat es im Übrigen gut getan, zeitweilig von jemandem geführt zu werden, der nicht aus dem Personalbereich kam. Inhaltliche Paradestücke wurden auf einmal unvoreingenommen kritisch auf Kundennutzen und Machbarkeit hin überprüft.

Die Rahmenbedingungen für das Personalmanagement sind in den nächsten zehn Jahren hoffnungsvoll. Viele betriebswirtschaftliche Lehrstühle arbeiten mit empirischen Studien heraus, dass ein professionelles, zielorientiertes und erfolgreiches Personalmanagement signifikant zur Entwicklung des Unternehmenswertes beitragen kann. Sicherlich ist der Nachweis über den direkten Zusammenhang zwischen Investments in Personalmaßnahmen und kurzfristigen Erträgen nicht leicht zu führen. Doch auch hier entwickeln sich mit der Balanced Scorecard und mit ursächlichen Verknüpfungen von personalwirtschaftlichen Kennziffern und den zugrundeliegenden HR-Prozesslandkarten überzeugende Arbeitsinstrumente.

Der Boden für eine hohe Gewichtung des Human Factors ist bereitet. Begeisterung und Motivation einerseits sowie Angst, Verunsicherung und Konkurrenz andererseits sind entscheidende Faktoren für das Gelingen oder Misslingen von Mergers, von Expansionen, von Aufbauaktivitäten. Die Venture-Capital-Geber haben dies erkannt und stellen den zahlreichen Start-ups im Bereich der »New Economy« Kapital für Recruitments, für Appraisals und Qualifizierungsmaßnahmen sowie für die Entwicklung hochprofessioneller Vergütungssysteme zur Verfügung.

Auch in den Vorstands- und Geschäftsführeretagen der »Old Economy« wird vom Personalbereich viel erwartet. Er ist keinesfalls mehr der Bereich, der für eine reibungslose Personalverwaltung und Gehaltsabrechnung zu sorgen hat und ansonsten noch ein anschauliches Seminarprogramm anbietet. Der Personalbereich des 21. Jahrhunderts ist verantwortlich für das unternehmensweite Soft Factor-Management, er löst entscheidende Entwicklungs- und Realisierungsimpulse für Unternehmensleitbilder aus, entwickelt People-Strategies, optimiert interne Kommunikationsprozesse und unterlegt die internen Change-Management-Projekte mit dem wichtigen personalwirtschaftlichen Faktor.

Die in den vergangenen Jahren entwickelten operativen Kompetenzen vieler Personalbereiche liegen in Personalentwicklung und Coaching, in Teambuilding und Konfliktmanagement. In den nächsten Jahren wird es darauf ankommen, das Instrumente- und System-Know-how weiter auszubauen. Gerade der Bereich Vergütungs- und Anreizmodelle ist für viele Unternehmen angesichts enger Arbeitsmärkte ein absoluter Erfolgsfaktor.

Das Retention-Management widmet sich der komplexen Aufgabe, Leistungsträger auf Führungs- und Spezialistenebene trotz vieler Veränderungsprozesse und höchst attraktiver weltweiter Arbeitsmarktangebote langfristig an die Unternehmung zu binden. Neben Vergütungssystemen kommt hier der Führungsqualität, allerdings auch dem unternehmensweiten Human Asset-Management eine hohe Bedeutung zu. Für den Personalbereich heißt das, in den kommenden Jahren Leitbildarbeit konkret spürbar zu machen, leitbild- und strategieunterstützende Kompetenzmodelle zu entwickeln und pragmatische Karriereentwicklungs-Modelle und Antworten auf veränderte persönliche Werthaltungen zu liefern.

Neben diesen Inhalten wird zum einen dem professionellen internen und zunehmend auch externen Marketing der Personalarbeit ein hohes Gewicht beigemessen, zum anderen werden fast alle personalwirtschaftlichen Leistungen die Möglichkeiten der Informationstechnologie und der Neuen Medien nutzen. Ein leistungsfähiges Human Asset-Management setzt ebenso wie das Knowledge-Management professionelle Skill-Datenbanken voraus, die Optimierung von Personaladministration erfordert webbasierte Self Service-Systeme. Insgesamt wird sich somit die Kompetenzentwicklung in den Personalbereichen auf Branding und strategische Kompetenz, auf IT und Internationalisierung beziehen.

In der vorliegenden vollständig neugestalteten 3. Auflage meines Buches habe ich auf eine ausgewogene Mischung aus vorbildlichen Praxisbeispielen, vorausweisenden theoretischen Ansätzen und visionären Szenarien Wert gelegt. Human Resources-Führungskräfte aus Vorbild-Unternehmen stellen wichtige Personalprojekte und Change-Management-Programme vor, diskutieren die förderlichen und notwendigen Anforderungen und die Chancen personalwirtschaftlicher Instrumente und Aktivitäten. Sie zeigen auf, wie Personalbereiche sich neu positionieren können, wie sie auf die Herausforderungen von Merger, Expansion und Restrukturierung reagieren. Hochschullehrer und Berater dokumentieren – unterlegt mit Unternehmensbeispielen – ihr Theorie- und Systemwissen, stellen neue Instrumente vor, beschreiben weltweite Trends und zeigen Szenarien für die Personalwirtschaft von morgen auf.

Ich hoffe, dass es mir mit diesem Buch gelungen ist, das erfolgreiche Vorgängerwerk inhaltlich noch zu übertreffen und dem Anspruch zu genügen, ein visionäres Personalmanagement zu beschreiben. Ich wünsche mir, dass es den Lesern neue Impulse und somit Wertschöpfung für ihre tägliche Arbeit bietet. Für Rückmeldungen, Tipps und eine offene Diskussion stehe ich Ihnen unter **http://www.kienbaum.de** gerne zur Verfügung.

Gummersbach, im Januar 2001 Jochen Kienbaum
Vorsitzender der Geschäftsführung
Kienbaum Consultants International

Inhaltsverzeichnis

Teil I
Change-Management

Das Management des Wandels – Human Resources-orientierte Management-Beratung im Blickpunkt

Eberhard Hübbe

Mit einem noch nicht einmal gezielten Blick in einschlägige Wirtschaftsliteratur stößt man auf eine Vielzahl von Begriffsverwirrungen, die vorgeben, unterschiedliche Management-Konzepte zu beschreiben. Lean Management, Business-Reengineering, Total Quality-Management, KVP, Change-Management sind nur einige dieser Schlagwörter, die mit unterschiedlichen Inhalten, Techniken, Methoden und Herangehensweisen vorgeben, Veränderungsnotwendigkeiten in Unternehmen zu analysieren, zu strukturieren, die Umsetzung zu managen und voranzutreiben.

Gemeinsames Ziel dieser zum Teil recht abstrakten Konzepte ist die Verbesserung eines definierten Ist-Zustandes. Notwendigkeiten, einen definierten, vielleicht »lieb gewonnenen«, aber auch »gemütlichen« Ist-Zustand zu verlassen, ergeben sich aus unterschiedlichen Blickrichtungen. So sind Organisation und Unternehmen gezwungen, sich rasant verändernden Marktbedingungen anzupassen, verfolgen das Ziel, durch Schlankheit Kosten zu sparen, um die Konkurrenz im Preis zu schlagen, versuchen durch Innovationen und völlig neue Herangehensweisen, Produkte und Dienstleistungen technisch auf dem besten Stand herzustellen, wollen sich durch Engagement und Kundenorientierung auf den Dimensionen Qualität und Serviceorientierung von der Konkurrenz abheben und wollen ihre Margen im Sinne von Shareholder-Value-Ansätzen durch Kostenreduktion, aber auch offensivere Preisgestaltung verbessern. Betrachtet man verschiedene Einzel-Branchen, so wird bezogen auf Modeerscheinung oder wirkliche Notwendigkeit deutlich, dass sich ein sich schließender Zyklus entwickelt.

Veränderung um der Veränderung willen
– Mode oder Notwendigkeit?

Wandlungswilligkeit statt Wandlungsfähigkeit

Vernetzte Projektstrukturen bieten Lösungen für intelligente Prozess-
steuerungen in Veränderungsprozessen

Veränderung um der Veränderung willen – Mode oder Notwendigkeit?

Als Paradebeispiel ist gerade in der derzeitigen Entwicklung die Energie-Branche zu nennen, die in einem rasanten, Ende letzten Jahres noch nicht vorhersehbaren Veränderungsprozess begriffen ist. Mit der Novellierung des Energiemarktgesetzes vom 29.04.1998 war jedem Beteiligten in der Branche klar, dass sich die Liberalisierung bezogen auf die Durchleitungsrechte innerhalb kurzer Zeit durchsetzen und sich damit die Monopolstellung der regionalen Versorgungsaufgaben verändern wird. Nachdem die handelnden Führungskräfte und die Lobbyisten der Branche durchaus die Entwicklung vorhersehen konnten, wird derzeit der Energiemarkt jedoch von der Dynamik, Schnelligkeit, aber auch von der Härte des Preiskampfes überrollt. So war es Anfang 1999 nicht abzusehen, dass sich im Jahre 1999 der Preiskampf auf den Privatkunden niederschlagen wird. Es wurde eher die These diskutiert, dass aufgrund der enormen Nachlassforderungen von Konzernriesen und Großkunden die damit erzielten Reduktionen der Margen durch eine Preiserhöhung beim Privatkunden aufgefangen werden. Keiner glaubte in der Branche wirklich daran, dass auch der Endkunde von der Liberalisierung profitiert. Derzeit bietet der aggressive Star am Markt über eine Tochtergesellschaft einen Preis für den Endkunden an, der von Konkurrenten nur unterboten werden kann, wenn der Konkurrent bereit ist, kostenneutral bzw. mit Verlust sein Produkt zu verkaufen.

Paradebeispiel Energie-Branche

Diese dramatischen Veränderungen im Jahr 1999 werden für die Branchenriesen extrem dynamische, schnelle und herausfordernde Veränderungen notwendig machen. In den Bereichen Vertriebsmobilisierung, Preisgestaltung, Vertragsgestaltung, Produkt-Mix und Marketingaktivitäten, die zum Teil als völlige neue Instrumente und Gedanken in die Unternehmen Einzug halten.

Die Telekommunikationsbranche hat den im Energiebereich beschriebenen Prozess hinter sich und ist weiterhin in Veränderung begriffen. Die Preisgestaltung ist ausgereizt, im weiteren Verlauf werden Produktinnovationen, Serviceinnovationen, Dienstleistungsinnovationen und Marketingstrategien in schnellen Zyklen unterschiedliche Angebote auf den Markt werfen, um weiterhin konkurrenzfähig zu bleiben.

Heutzutage zeichnen sich Veränderungen durch überdurchschnittliche Schnelligkeit aus. Management-Konzepte scheinen dem Unternehmen helfen, diesen Veränderungsweg zu beschreiten. So sitzen durchaus Manager einzelnen, attraktiv klingenden Theorien auf, die als Modeerscheinung oder als »notwendiges Übel« in dem eigenen Unternehmen implementiert werden müssen, um nicht hinter dem Zahn der Zeit herzulaufen.

Veränderungen sind heute durch Schnelligkeit gekennzeichnet

Geht man weiter in die Tiefe der Erfahrungsberichte einzelner Veränderungsprozesse, so wird deutlich, dass ca. 70 % der Veränderungsprojekte von der Fachwelt als Misserfolg eingestuft werden (FAZ-Artikel 07.06.99). Aus der

Analyse der Erfahrungsberichte zeigt sich, dass insbesondere die mit Härte vorgetragenen Veränderungsprozesse im Sinne eines Business-Reengineering meistens im Keim ersticken und an der Widerstandsfähigkeit, der Beharrungskraft der betroffenen Personen im Unternehmen scheitern. Daraus erwächst die Kernthese, dass der externe Berater nicht die Strukturen, die Organisationsformen bzw. die inhaltsgesteuerte Ebene in den Griff bekommen muss. Dies ist nur ein intellektuell herausfordernder Akt. Vielmehr muss er den dahinterliegenden Prozess im Unternehmen steuern können. Das heißt im Detail, dass alle vorhandenen und möglichen Lernfelder und -potentiale in einer Organisation bzw. in einem Unternehmen freigesetzt werden müssen, in einer Kultur, die Lernen ermöglicht, um so den Prozess einer inkrementellen Umsetzung zu einer lernenden Organisation zu forcieren und zu initiieren. Ziel dieses eher weichen Veränderungsansatzes ist es, die Organisation begreifen zu lassen, dass Veränderung permanent ist. Nur Teilprojekte innerhalb des

Veränderung findet permanent statt

Veränderungsprozesses können zum Ziel gebracht werden, um so mit Interesse, Neugier und Risikobereitschaft ein nächstes, erforderliches Teilprojekt zu initiieren und sich in einem laufenden, lernorientierten Wandlungsprozess sich zu bewegen. Fred Kofmann, Direktor der Leading learning community in Boulder, Colorado, unterstützt diese Aussagen in einem Interview im August 1999 in der Personalführung. Er greift das Primat des strategischen Denkens an, welches auf einer einseitigen Wahrnehmung und einer einseitigen Denkhaltung beruht. Die Elemente des strategischen Denkens sind seiner Meinung nach Kontrolle, Ziele, Pläne, Erfolg und Sicherheit. Führungskräfte, die in diesem Denken verhaftet sind, nutzen ihre neuen Werkzeuge entsprechend ihrer strategischen Ziele und beginnen zu manipulieren. Die Qualität der Kommunikation wird dadurch verschlechtert, nicht verbessert und hilft auf dem Weg zu einer lernenden Organisation nur bedingt. Die Kernthese von Herrn Kofmann drückt sich am besten in einem Zitat aus »Strategisches Denken kann nützliche Dienste leisten, aber es kann auch Menschen tyrannisch beherrschen, denn es hat seine eigene Dynamik: Es will Überlegenheit, strebt nach Sicherheit, hält die Beteiligten vom kreativen Mitdenken und Eingehen notwendiger Risiken ab. Weil es Sicherheit suggeriert, ist es auch bequem, darin zu verharren. Es gaukelt ihnen vor, dass es vor unerwarteten Vorfällen schützt«. In der Konsequenz heißt dies, dass strategisches und unternehmerisches Denken auf Seiten der Führungskräfte geschult werden muss, parallel dazu aber die Lernhaltung der Führungskräfte entwickelt werden muss, um nicht in einer vordergründigen Sicherheit der strategischen Planung zu verharren, sondern mit Risikobereitschaft und Flexibilität unvorhergesehenes, nicht einkalkulierbares Tagesgeschäft zu beherrschen.

Wandlungswilligkeit statt Wandlungsfähigkeit

Wandlungswille heißt auf der kognitiv-intellektuellen Ebene zu erkennen, dass Veränderungsprozesse aufgrund von Markterfordernissen notwendig sind, um das Unternehmen im Wettbewerb weiter stabil zu halten. Analysiert man die Kernprobleme, die in Veränderungsprojekten entstehen, so wird deutlich, dass die Wandlungswilligkeit nur zu oft als Lippenbekenntnis propagiert wird, aber keine Bereitschaft besteht, in eine konsequente Umsetzung der Wandlungsfähigkeit aller Mitarbeiter zu investieren.

Wirkliche Wandlungswilligkeit oder nur Lippenbekenntnis

Nach den Erfahrungen der Kienbaum Management Consultants liegen die Kernprobleme von scheiternden Veränderungsprozessen in folgenden Bereichen:

- Die Probleme erwachsen weniger aus der organisatorischen Struktur, sondern aus den Unternehmensprozessen sowie Verhaltensweisen und Denkhaltungen der Mitarbeiter und Führungskräfte.
- Neue Werte (Schnelligkeit, Qualität, Kundennähe, Innovation) werden nur propagiert und nicht gelebt.
- Oft herrscht eine reine Strategiesicht mit Analyse einzelner Bereiche vor statt einer Umsetzungssicht mit einer ganzheitlichen Sichtweise.
- Nicht die Veränderungsziele sind falsch, sondern die Art des Veränderungsprozesses.
- Unterschätzung der Dynamik und Komplexität, Vernetzungen und Nebenwirkungen werden nicht berücksichtigt, Einzellösungen sorgen für neue Probleme.
- Veränderungsprojekte werden zu eng gesteckt: Ansetzen an Detailproblemen, lückenhaftes Schwachstellenprofil.
- Veränderungsprojekte werden in ihrer zeitlichen Dimension unterschätzt.
- Organisatorische Kosmetik statt langfristige Veränderung unternehmenskultureller Wurzeln.
- Eingefahrene Denkhaltungen erfordern wirkliche Innovationen. Gefordert sind Individualität und Kreativität statt »ausgetretener« Pfade.

Erfolgsrelevant für Veränderungsprojekte ist das Wissen um die Prozessnotwendigkeiten und insbesondere um die Konsequenzen aus den angestoßenen Prozessen.

Prozessnotwendigkeit und Prozess-Know-how

Als Folgen für die Qualifikationen von externen Beratern, die in vielen Fällen zur Steuerung von Veränderungsprozessen herangezogen werden, ist von daher neben fachlich-inhaltlichem Know-how insbesondere das Prozess-Know-how bei der Gestaltung von komplexen Systemen notwendig. Dieses wird in vielen Veränderungsprojekten mittlerweile zwar erkannt, aber von seiner strategischen Bedeutsamkeit, bezogen auf die Gesamtprojektstruktur, nur an vierter, fünfter oder sechster Stelle positioniert, da die offensichtlichen

Veränderungsnotwendigkeiten eher auf der inhaltlich-sachlich orientierten Ebene liegen. Dies zeigt, dass es von extremer Wichtigkeit ist, bei der Gestaltung von Veränderungsprozessen Berater einzusetzen, die auf einer Generalistenebene die inhaltlich-sachlichen Themen, insbesondere die Prozessthemen steuern können und im Griff haben. Darüber hinaus zeigt sich, dass es durchaus einfacher ist, die inhaltlich-sachliche Ebene zu verstehen und zu erlernen, als mit Sensibilität, Fingerspitzengefühl, Kooperations- und Kommunikationsfähigkeit auf der Führungskräfte- und Mitarbeiterebene diese Prozesse transparent und vertrauenerweckend zu steuern. Daraus resultiert in der Konsequenz, dass nur ein Human Resources orientierter Management-Beratungsansatz erfolgreich in der Begleitung von Veränderungsprozessen sein kann.

Vernetzte Projektstrukturen bieten Lösungen für intelligente Prozesssteuerungen in Veränderungsprozessen

Divisionsorientierte und strategische Planung von Veränderungszielen

Die oben genannten Thesen zeigen, dass natürlich ein Kerngeschäft in Veränderungsprozessen divisionsorientierte und strategische Planung von Veränderungszielen ist, die in maßnahmenorientierte Umsetzungspläne umgesetzt werden muss, um so Ziele im Veränderungsprozess zu operationalisieren und die Marschrichtung festzulegen. Es zeigt sich jedoch deutlich, dass diese Vorgehensweise nur dann erfolgreich sein wird, wenn die resultierenden Konsequenzen auf der Prozessebene bedacht werden, in Projektstrukturen einfließen und insbesondere auf der Mitarbeiterebene Lösungen finden, in welcher Form sich auswirkende Veränderungsnotwendigkeiten auf der Mitarbeiterebene umgesetzt und aufgefangen werden können. Dabei ist zu beachten, dass das Ziel der großen Veränderungsrichtung die inkrementelle Umsetzung hin zu lernenden Organisationen sein muss. Alle Lernfelder, Lernpotenziale und Möglichkeiten, neue Dinge zu adaptieren, müssen in kreativen Prozessen auf der Mitarbeiterebene angeregt und umgesetzt werden.

Dies lässt sich jedoch kaum strategieorientiert und strukturell planen, so dass Veränderungsprozesse in einzelne Teilprojekte dividiert werden, die neben der oben genannten inhaltlich-sachlichen Ebene in ihrer Projektstruktur Prozessgedanken Rechnung tragen müssen. Auf Basis einer klassischen Projektstruktur, die es ermöglicht, Teilprojekte zu strukturieren, zeigt sich, dass sich Veränderungsprozesse in vier Ebenen abbilden und entwickeln lassen:

1. Orientieren und Ziele setzen
2. Erkennen und Bewerten
3. Konzipieren und Qualifizieren
4. Umsetzen und Coachen.

Nicht nur auf der vierten Ebene, im Bereich des Umsetzens und Coachens, bestehen die Erfordernisse, auf der Verhaltens- und Prozessebene anzusetzen, sondern auch schon im ersten Schritt in der Orientierungsphase und Zielfindungsphase ist es notwendig, die Prozessebene im Griff zu haben.

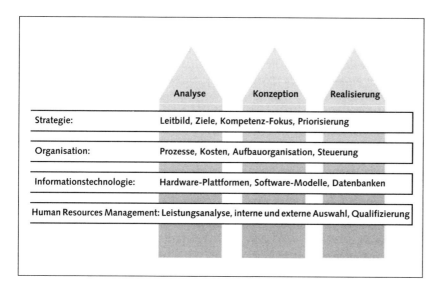

Abbildung 1:
Dimensionen des
Change-Managements

Das Schaubild verdeutlicht, in welcher Form Ansätze auf der Sacheebene mit Inhalten auf der Verhaltensebene vernetzt werden können. Die Verhaltens-ebene ist der strategische Fixpunkt, an dem Prozessbegleitung beginnt und die Konsequenzen aus den Veränderungsnotwendigkeiten aufgefangen werden. Im ersten Projektschritt des Orientierens und der Zielsetzung auf der inhaltli-chen Ebene steht die Überarbeitung von Leitbild und Strategie an, abge-stimmte Controllinginstrumentarien müssen hinzugefügt werden, um Steuerungsinstrumente zu implementieren. Dies ist ein kognitiv intellektuel-ler Prozess, der inhaltlich verstanden werden kann, wobei die Erfahrung zeigt, dass auf der Prozessebene gerade in diesem Aspekt Defizite entstehen im Sin-ne von Glaubwürdigkeit, Vertrauen, Transparenz und des wirklichen Glau-bens an den Veränderungswillen.

Im ersten Schritt werden durch kleine Erfolgsmeldungen Beispiele erlebbar gemacht, in einem zweiten Schritt müssen die Veränderungen in den Köpfen der handelnden Personen implementiert werden.

Veränderung muss in den Köpfen der Handelnden implementiert werden

Neben der Ziel- und Strategiefindung müssen schnell die handelnden Personen identifiziert werden, die als Träger der Veränderung im Unternehmen agieren sollen. In einem konsequent umgesetzten, zügigen Management-Audit auf der Top-Ebene im Unternehmen werden die Veränderungsthemen über diesen Ansatz als Impuls gestreut, die Unternehmensleitung bekommt jedoch fokussierte Rückmeldungen bezogen auf die Fähigkeiten, Kompetenzen und Motivationen der handelnden Personen.

In den Simulationsbausteinen, den Interviewtechniken und den Benchmark-Informationen im Management-Audit wird die Veränderungsstrategie implementiert. Dieser Prozess muss in seiner Konsequenz an erwartete Ergebnisse und in der Umsetzung schnell und transparent gestaltet werden, um die Glaubwürdigkeit im Unternehmen zu erhalten.

Mitarbeiter als Change-Manager

Nach diesem ersten Schritt ist die handelnde Mannschaft im Unternehmen definiert, die die weiteren Prozesse vorantreibt. In weiteren Veränderungsschritten werden die zur Veränderung notwendigen, zusätzlichen Kompetenzen und Qualifikationen in ein schlankes System der Qualifizierung und Personalentwicklung integriert, um auf der Umsetzungsebene schnell Fortschritte zu erzielen. Ziel sollte es sein, die definierte Mannschaft in die Lage zu versetzen, als Change-Manager die notwendigen Kompetenzen und Qualifikationen in der Organisation zu implementieren.

Vision des lebenslangen Lernens

Der dritte Schritt sollte die Organisation sehr schnell in die Lage versetzen, die angestrebten Veränderungsthemen in die breite Mannschaft hineinzutragen. Die Kernfragestellungen sollten hier nicht lauten »Was haben wir in der Vergangenheit alles falsch gemacht«, sondern »Welchen Anforderungen (durch Veränderung am Markt) müssen wir als Organisation zukünftig begegnen?«. Aufgrund der Schnelligkeit der zu erwartenden Veränderungen ist es insbesondere notwendig, die Vision des lebenslangen Lernens in den Köpfen der Mitarbeiter zu etablieren.

Die drei Schritte Selektieren, Qualifizieren und Umsetzen sind die erfolgsentscheidenden in komplexen Veränderungsprozessen. Es hängt von der Prozesskompetenz der handelnden Personen ab, diese Prozesse konsequent, transparent und schnell in der Organisation zu implementieren. Die inhaltlichen Veränderungsthemen werden parallel von Spezialistenteams entwickelt und in den Umsetzungsprozess integriert.

Stellhebel des Unternehmenserfolgs: Qualitative Personalplanung

Dr. Willfred Mayer

Nur wer bereit zu Aufbruch ist und Reise,
mag lähmender Gewöhnung sich entraffen.
(H. Hesse)

Die Dynamik des Marktes ruft eine Vielzahl von Ungewissheiten und schwer beherrschbaren Sachverhalten hervor. Sie fordern ein aktives und vorrausschauendes Agieren der Unternehmen. Dies bedingt, dass Lernen und strategisches Personalmanagement zu wichtigen Stellhebel des Unternehmenserfolges werden. Dabei ist die qualitative Personalplanung gefordert, die richtigen Voraussetzungen für zukünftige Entwicklungen und Anforderungen zu schaffen. Wesentliche Vorraussetzungen für ein den Unternehmenserfolg förderndes Personalkmanagement ist die deutliche Unterstützung des Managements sowie eine Unternehmens- und Führungskultur, die auch den Unwägbarkeiten und Schwierigkeiten der Personalplanung Rechung trägt. Im Gegenzug muss das Personalmanagement bei allen Aktivitäten seiner Verantwortung gerecht werden, einen wertschaffenden Beitrag zur Unternehmensstrategie zu leisten, um so die Zielerreichung des Gesamtunternehmens aktiv zu unterstützen. Das Personalmanagement selbst muss immer das Ziel haben, einen eigenenständigen Beitrag zur Sicherung des Unternehmenserfolges und der Wettbewerbsvorteile zu leisten.

Dynamik des Unternehmensumfeldes und Personalmanagement

Grundgedanken der qualitativen Personalplanung
Hemmnisse
Fördernde Kräfte

Vorgabe einer Projektmethode und Projektstruktur
Vorgehensweise
Schritt 1: Klärungsphase
Schritt 2: Planungsphase
Schritt 3: Bewertungsphase
Schritt 4: Maßnahmenplanung

Schlussbetrachtung

Dynamik des Unternehmensumfeldes und Personalmanagement

Unternehmen sind es gewohnt, im Wettbewerb mit neuen Produkten und Verfahren zu bestehen. An dieser Stelle braucht nicht weiter ausgeführt werden, dass der technische Fortschritt immer noch an Tempo zulegt, die Arbeitswelt sich weiter rapide ändert und die Globalisierung mit ihren neuen Mustern der Marktorganisation jeden betrifft.

Diese Dynamik und die Vielzahl der Veränderungen ruft eine große Anzahl von Ungewissheiten und schwer beherrschbaren Sachverhalten hervor. Dies macht nachträgliche Anpassungen fast unmöglich und erfordert von den Unternehmen Veränderungen soweit als möglich zu antizipieren. Die Antizipation von Veränderungserfordernissen wird nur akzeptiert, wenn es der Unternehmensleitung gelingt sie in kraftvollen Bildern zu beschreiben.

Antizipative Gestaltung statt nachträglicher Anpassung

Es gibt keinen bequemen Weg auf die neue Situation zu reagieren. Wenn man weiter erfolgreich sein will, erfordert dies erheblich veränderte Vorgehensweisen. Überall wird betont, dass unter Globalisierungsbedingungen lernfähige Unternehmen wettbewerbsfähiger sind. Das Lernen hat dadurch einen nie gekannten Stellenwert erhalten und womöglich ist die Fähigkeit, schneller als der Konkurrent zu lernen, heute der einzig wirkliche Wettbewerbsvorteil.

Kostensenkungs- und Effizienzsteigerungsprogramme sind nur begrenzt möglich, denn wir können nicht billiger sein, als die so genannten Niedriglohnländer, sondern wir müssen, um konkurrenzfähig zu bleiben, besser sein als die anderen. Die Konsequenz daraus ist zum einen, sich in Zukunft noch stärker auf technologische hochwertige Güter und Produkte zu konzentrieren und zum anderen die vorhandenen Human-Ressourcen noch besser zur Wirkung zu bringen, also die Fähigkeiten der Mitarbeiter zur Schaffung von überlegenen Leistungsangeboten einsetzbar zu machen.

Der Mix von Fähigkeiten, die ein Unternehmen braucht, ändert sich mit dem Wandel von Märkten, Technologien und Wettbewerbsbedingungen. Dafür bedarf es eines strategischen Qualifikations- und daraus folgenden Beschäftigungsmanagements, das die zukunftsorientierte Planung und Steuerung der Human-Ressourcen ermöglicht. Ohne Informationsgrundlagen können für den wesentlichen Erfolgsfaktor »Mensch« nur schwer strategische Entscheidungen getroffen werden. Wer einen Blindflug vermeiden will, muss sein Mitarbeiterportfolio genauso konsequent planen und steuern, wie Unternehmer dies mit ihren Sachgütern tun. Nur wer so verfährt, wird auch im Wettbewerb um Talente und Fähigkeiten Erfolge erzielen.

Qualifikationsplanung ist eine notwendige Zukunftsinvestition und unverzichtbar zur Erreichung der Unternehmensziele

Wie viele Mitarbeiter mit welchen Fähigkeiten werden benötigt? Wie will man diese Nachfrage befriedigen? Durch Neueinstellungen, Weiterbildung oder Outsourcing? Notwendig ist also ein anspruchsvolles Planungskonzept.

Qualifikationsplanung ist damit eine notwendige Zukunftsinvestition und unverzichtbar zur Erreichung der Unternehmensziele. In vielen Firmen findet man heute Personalplanungen, auch qualitative, die sich meist lediglich mit den Auswirkungen bevorstehender Investitionen befassen. Dies allein reicht aber nicht mehr. Notwendig ist eine gesamthafte, qualitative Personalplanung, die sowohl technische als auch organisatorische Veränderungen und Veränderungen aus den Einflüssen des Markts berücksichtigt, um sicherzustellen, dass eine wettbewerbsgerechte, zukunftsorientierte Personalausstattung erreicht wird. Mit anderen Worten, die Unternehmensstrategie ist unbedingt um die Personalstrategie zu ergänzen.

Ergänzen der Unternehmensstrategie um die Personalstrategie

Trotz dieser fast allgemein anerkannten Erkenntnis tun sich viele Unternehmen noch schwer, das Thema strategische Personalplanung umzusetzen.

Die Kunst besteht darin, den richtigen Weg zwischen Insellösungen und einem Metakonzept zu finden. Beide Wege, dies zeigt die Erfahrung, nützen wenig. Insellösungen kommen sich oft gegenseitig in die Quere, Metakonzepte haben in Folge hohen Planungsaufwands und geringer Flexibilität, die Tendenz zur »Schubladisierung«.

Grundgedanken der qualitativen Personal-planung

Planung: Durchdenken der Zukunft und Erkennen der Voraussetzungen, die zur Erreichung unternehmerischer Ziele erforderlich sind

Qualitative Personalplanung, also das Planen und Entwickeln der Human-Ressourcen erfordert neben speziellen Kenntnissen umfangreiches Wissen über wirtschaftliche Entwicklungen und die Unternehmensziele. Planung heißt hier, Praktizierung des Durchdenkens der Zukunft und Erkennen der Voraussetzungen, die zur Erreichung unternehmerischer Ziele erforderlich sind. Ohne Berücksichtigung dieser Rahmenbedingungen und ohne den Versuch künftige Trends realistisch abzuschätzen, fehlt der qualitativen Personalplanung die realistische Komponente.

Jedes Unternehmen, das seine Wettbewerbsfähigkeit sichern möchte, muss auch die Leistung seiner Mitarbeiter planen. Dabei muss gezielt die Frage beantwortet werden, welche Fähigkeiten, welche Personalausstattung dazu vorhanden sein muss und wie sich die Mitarbeiterqualifikationen auf die betrieblichen Leistungen auswirken.

Qualitative Personalplanung eröffnet hier den Weg zu einer kreativen Auseinandersetzung mit diesen Fragen. An Stelle des Improvisierens oder Reagierens tritt der Wille und die gemeinsame unternehmerische Verantwortung zur aktiven Gestaltung.

Hemmnisse

So sehr ein modernes Personalmanagement und dessen Verzahnung mit der Unternehmensstrategie eine qualitative Personalplanung fördern kann, so gibt es doch eine Reihe hemmender Faktoren, die nicht außer Acht gelassen werden dürfen.

1. Keine sichtbare Unterstützung der qualitativen Personalplanung durch das Management.
2. Fehlendes zukunftsgerichtetes Planungsverständnis.

Fehlende, sichtbare Unterstützung durch das Management

In der betrieblichen Wirklichkeit ist die Auseinandersetzung mit der Frage der zukünftig benötigten Personalausstattung oder zumindest welche Personalausstattung führende Vergleichsunternehmen haben noch viel zu wenig anzutreffen. Dies ist oft eine vernachlässigte Managementaufgabe. Erfolgreiche Firmen sind da nicht ausgenommen, wohl deshalb, weil diese zur Beibehaltung erprobter Muster tendieren. Einen offenen Diskussionsprozess, um diese Qualifikationsfragen einzuleiten, ist aber nur dann erfolgreich, wenn das obere Management dieses Thema mit hoher Priorität versieht, denn jeder Veränderungsprozess gerät ins Stocken, wenn sozusagen die Richtungsfrage oder Machtfrage nicht eindeutig geklärt ist. Erforderlich sind sichtbare Maßnahmen, die nachvollziehbar und herausfordernd für die nachgeordneten Ebenen sind. Dies kann geschehen durch eindeutige Verpflichtung zur Durchführung einer qualitativen Personalplanung und durch ständige Berichte über die Fortschritte der Erreichung einer zukünftigen Personalstruktur. Qualitative Personalplanung muss ein Standardtagesordnungspunkt in Vorstands- oder Geschäftsführersitzungen sein. Personalförderung im weitesten Sinne muss als wesentliche unternehmerische Leistung von Führungskräften anerkannt und unterstützt werden.

Dazu werden systematische Reviews eingesetzt, Standards und Verfahren zur Sicherstellung des Führungskräftepotenzials und zur Gewinnung hervorragender Nachwuchskräfte gesetzt.

Ein solcher Standard könnte zum Beispiel sein, dass 15 % der Mitarbeiter eines Aufgabenbereichs hervorragende Mitarbeiter sein müssen, und dass zumindest für diese Leistungsträger konsequente Jobrotationsmaßnahmen zu ergreifen sind. Geregelt werden müssen auch Maßnahmen zur Behebung nicht veränderbarer Defizite.

Zukunftsgerichtetes, offenes Planungsverständnis

Ziel des Planungsverfahren ist es, eine kreative Auseinandersetzung mit den Zukunftsanforderungen und eine gemeinsame Einschätzung der Einflüsse der Veränderungen auf die Personalausstattung zu erreichen. Diese angestrebte qualitative Bedarfspräzisierung ist unter Umständen ein heikles Thema. Der

Offene Diskussionsprozesse sind nur dann erfolgreich, wenn das obere Management dem Thema hohe Priorität gibt

Planungsverfahren:
Kreative
Auseinandersetzung
mit Zukunftsan-
forderungen und
Einschätzung der
Einflüsse der Verän-
derungen auf die
Personalausstattung

Weg vom funktionierenden zu einem sich verändernden, lernenden Unternehmen verbreitet auch im Management Angst, Angst vor dauernden Veränderungen, insbesondere vor Machtverlust. Die häufig anzutreffenden, widerstrebenden Überlegungen bei den Planenden, nämlich auf der einen Seite die Erkenntnis der Notwendigkeit der Veränderungen, auf der anderen Seite die Sorge um die Probleme, die mit der Umstellung verbunden sind, müssen vom Personalmanagement mit methodischem Know-how und geeigneter Kommunikation ausgeräumt werden. Das Personalmanagement muss dafür Sorge tragen, dass das kreative Potenzial der planenden Führungskräfte richtig genutzt wird.

Dieses Planungsverfahren kann auch zur Implementierung einer modernen Fehlerkultur beitragen. Eine offene Lernhaltung mit dem Ziel permanenter Leistungsverbesserung und Sicherung der Wettbewerbsfähigkeit kann so erreicht werden. Führungskräfte, die bei dieser Planung nach vorne sehen und sich nicht mit Versäumnissen der Vergangenheit aufhalten verdienen Anerkennung und Förderung durch das Topmanagement.

Fördernde Kräfte

Als fördernde Kräfte lassen sich beschreiben:

1. Personalmanagement als Businesspartner.
2. Vorgabe einer Projektstruktur und Projektmethodik.

Das Personalmanagement als Businesspartner

Weiterbildung muss
die strategische
Unternehmens-
entwicklung und
die Wettbewerbs-
fähigkeit
berücksichtigen

Obwohl Unternehmen sich heute bewusst sind, dass die Wettbewerbsfähigkeit vorrangig von der Qualifikation und Leistungsbereitschaft der Mitarbeiter bestimmt wird, ist das Personalmanagement in vielen Unternehmen noch immer ziemlich isoliert. Ein Personalmanagement, das man als notwendiges Übel oder als Puffer zwischen Unternehmensleitung und Belegschaft einordnet, ist nicht in der Lage dieses Thema voranzubringen. Das was man dann üblicherweise bei Qualifikationsdefiziten erwartet ist Improvisationsgeschick, nicht aber eine agierende aktive Lösung der Probleme. Bisher wurde Weiterbildung viel zu oft als Selbstzweck betrieben mit gelegentlich starker Incentive-Orientierung. Am Ende standen dann nur Kosten, aber keine Erfolge. Weiterbildungsausgaben verpuffen, wenn ohne Berücksichtigung strategischer Unternehmensentwicklung und der Erhöhung der Wettbewerbsfähigkeit weitergebildet wird.

Ohne Neuausrichtung des Personalmanagements ist also keine erfolgreiche strategische Personalplanung möglich.

Ein Personalmanagement, das dieses wichtige unternehmerische Thema erfolgreich bewältigen will und damit seine Berechtigung nachweisen möchte, muss als integrierter Bestandteil einer Unternehmensstrategie agieren, mit dem Ziel unternehmerischen Zielsetzungen zum Erfolg zu verhelfen. Dazu müssen die Unternehmensziele bekannt sein und die Personalstrategie als integrierter Bestandteil der Unternehmensstrategie angesehen werden. Das Personalmanagement kann dann die Rolle eines Businesspartners einnehmen, der Konzepte entwickelt und Beratung für Führungskräfte und Mitarbeiter anbietet. Ziel ist es, sie erfolgreich zu machen und ihnen zu ermöglichen, ihre Leistungsprozesse permanent zu verbessern, in dem sie ihr Wissen und Wollen möglichst behinderungsfrei im betrieblichen Bereich zum Einsatz bringen können.

Personalmanagement muss als integrierter Bestandteil einer Unternehmensstrategie agieren

Im Rahmen einer qualitativen Personalplanung ist das Personalmanagement in erster Linie serviceorientiert. Die Verantwortung für die Planung tragen die Vorgesetzten. Das Personalmanagement muss möglichst interessante, unterstützende Maßnahmen anbieten, die den Vorgesetzten helfen, die Vorteile immer wieder zu erleben. Es hat sich gezeigt, dass Vorgesetzte, wenn sie dies mehrfach erlebt haben, selbst zu Promotoren eines solchen Verfahrens werden.

Ein solches Personalmanagement wird auch ein geschätzter Partner der Mitbestimmungsorgane werden. Die Erfahrung zeigt, dass Betriebsräte sich nicht gegen den Wandel stellen, wenn dieser von einer langfristigen qualitativen und quantitativen Personalplanung begleitet wird. Dies ist eine Chance, denn dadurch lässt sich eine stabilere Beschäftigung durch ein Beschäftigungsmanagement erreichen und gleichzeitig nützt eine verbesserte Personalplanung ja auch der Stammbelegschaft. Die große Wirkung geht davon aus, weil ausgerichtet auf die Unternehmensziele Veränderungserfordernisse und erfolgskritische Fähigkeiten thematisiert werden. Die qualitative Personalplanung hat so auch eine wichtige Sensibilisierungsfunktion.

Wird dieser Punkt erreicht, so zeigt sich, dass unser Mitbestimmungssystem dazu beiträgt, den Verhandlungspartner Betriebsrat berechenbar zu machen. Problemlösungen werden zügig erreicht. Im Grunde führt ja Mitbestimmung im Unternehmen, wenn man sie als Managementaufgabe versteht, zu strategischem, langfristig orientiertem Handeln.

Aber nicht nur das Unternehmen und Mitbestimmungsorgane profitieren von einer solchen Vorgehensweise, sondern auch die Mitarbeiter, deren Arbeitsmarktwert durch wettbewerbsgerechte Qualifizierung auf jeden Fall steigt. Auch werden die Strukturen nach einer solchen Planung eher so angelegt sein, dass menschliche Potenziale zur Entfaltung kommen können und Selbstlenkung auf möglichst vielen Unternehmensebenen erlaubt wird. Die Erfahrung zeigt, dass eine solche mitarbeiterorientierte Führungs- und Arbeitsgestaltung zur Erhöhung der Wirtschaftlichkeit beiträgt. Ein adäquates Führungsverhalten, selbständige und gut qualifizierte Mitarbeiter sind dafür Voraussetzung.

Mitarbeiterorientierte Führungs- und Arbeitsgestaltung tragen zur Erhöhung der Wirtschaftlichkeit bei

Die qualitative Personalplanung trägt daher wesentlich zur Verbesserung des Stellenwerts des Personalmanagements bei.

Vorgabe einer Projektmethode und Projektstruktur

Die Vorgabe einer Projektstruktur und Projektmethode gibt Verfahrenssicherheit. Sorgfältige und detaillierte Vorbereitung und eine für alle gleiche Methodik erhöhen die Akzeptanz. Dadurch ist auch der Planungsaufwand der Führungskräfte relativ gering. Ein solches standardisiertes Verfahren führt, dies zeigt die Erfahrung, zu praxisnahen Problemlösungen. Eine Projektabwicklung in relativ kurzer Zeit auf operativer Ebene wird ermöglicht. Das im folgenden dargestellte System verbindet »top-down«-orientierte Analysen mit den notwendigen »bottom-up« Detailkenntnissen der verantwortlichen Führungskräfte vor Ort unter Moderation des Personalmanagements.

Standardisiertes Verfahren führt zu praxisnahen Lösungen

Hauptmerkmale der qualitativen Personalplanung (QPP)

1. QPP geht von einer, an den Unternehmenszielen ausgerichteten Soll/ Wunschstruktur aus, unter Einbeziehung aller im Unternehmen vorhandenen Erkenntnisse.
2. QPP stellt die gewünschte Soll-Struktur der Ist-Struktur gegenüber.
3. QPP wird von den Führungskräften des Unternehmens getragen und nutzt deren Expertise
4. QPP führt zu einer deutlichen Effizienzverbesserung im Personalwesen und in der Führungsleistung der Vorgesetzten.

Vorgehensweise

Um aus personalpolitischer Sicht schon heute den Grundstein für ein erfolgreiches Handeln von morgen zu legen, setzen sich die Führungskräfte mit der Frage der zukünftig notwendigen Qualifikation der Mitarbeiter auseinander. Sie sind schließlich diejenigen, die wissen müssen, welche Qualifikation unter Berücksichtigung der unternehmerischen Ziele vorliegen müssen. Sie sind auch verantwortlich für die Entwicklung der Mitarbeiter und die zukunftsgerechte Personalausstattung. Das Verfahren läuft in vier klar definierten Schritten ab (vergleiche Abbildung 1).

Was	Wer	mit wem	Instrumente	Methoden
Phase 1 – Klärungsphase (Ziele) - Diskussion Veränderungen - Strukturen, Produkte etc. - Formulierungen von Vorgaben	obere Führungskräfte	Human Resources (Berater)	Fragen-Katalog	Moderiertes Gespräch
Phase 2 – Planungsphase »Grüne Wiese« - Beschreibung Sollstruktur - Ermittlung Zusatzqualifikationen	Führungskräfte	Moderator, Human Resources (Berater)	Fragen-Katalog, Ausbildungsprofile, Anforderungsprofile	Moderation
Phase 3 – Bewertungsphase **Ermittlung IST** **Ermittlung Deltawert SOLL – IST** - Ausbildung - Zusatzqualifikation	Führungskräfte	Human Resources (Berater)	Fragebogen	Gespräch
Phase 4 Realisierungsphase - Planen des Qualifikationsbedarfs - Planen der Trainings - Umsetzungsplanung incl. Kosten - Budgetierung - Verabschiedung Planung - Controlling	Führungskräfte	Human Resources (Berater)	Delta SOLL – IST-Werte Formblätter	

Abbildung 1:
Qualifikationsplanung
im Überblick

Schritt 1: Klärungsphase

Die zukunftsgerechte Personalausstattung muss an der Unternehmensvision ausgerichtet sein. Sie zeigt die Richtung. Sie ist Voraussetzung zu zielorientiertem Handeln, Kreativität und Setzung der Prioritäten. Die oberen Führungskräfte entwickeln in einem moderierten Gespräch ein unternehmensspezifisches Szenario mit Blick auf z.B. das Jahr 2005. Sie diskutieren die unternehmerischen Ziele und damit verbundene Veränderungen und formulieren Vorgaben und Ziele der Qualifizierung und Personalausstattung.

Unternehmens-visionen geben die Richtung für die Personalausstattung

Im Grunde diskutieren die Führungskräfte Fragen der betrieblichen Leistungsplanung.

Was will das Unternehmen erreichen? Was und wie viele Mitarbeiter braucht man dazu? Wie müssen wir als Arbeitgeber sein, damit wir diese Leute finden und an uns binden können?

Das Personalmanagement moderiert diese Diskussion anhand eines Fragenkatalogs. Dabei sollten zusätzlich Themenkreise wie Kundenorientierung, Produktionsprogramm, Produktionsphilosophie, Fertigungsstrukturen, Verwaltungsabläufe, Organisationsstrukturen aber auch arbeitsorganisatorische Veränderungen und mitarbeiterbezogene neue Methoden wie KVP diskutiert werden. Es erfolgt also keine Beschränkung auf fachliche Qualifikationen, sondern es werden auch die erforderlichen Weiterentwicklungen der Mitarbeiter berücksichtigt, genauso wie Personalmarketinggesichtspunkte oder ggf. die Personalausstattung vergleichbarer, erfolgreicher Wettbewerber. Die Ergebnisse dieser Gespräche werden vom

Personalwesen zusammengefasst. Dadurch entsteht sozusagen eine Landkarte der Trends und der Einflüsse auf die Personalausstattung des Unternehmens.

Wer hervorragendes Personal will muss, dafür investieren

Im Grunde gilt das Motto: Wer hervorragende Leistungen will, muss das Personal dafür haben oder finden und die Arbeitsbeziehungen so regeln, dass die Leute Freude an der Arbeit haben und gerne Höchstleistungen erbringen.

Erfahrungen zeigen, dass häufig eine Personalausstattung angefordert wird, die angemessen höher ist, als die zeitgerechte. Dies ist aber nicht problematisch, denn es ist noch kein Unternehmen daran zu Grunde gegangen, weil es zu viele, gut qualifizierte Mitarbeiter hatte.

Schritt 2: Planungsphase

In dieser Phase bringen die nachgeordneten Führungskräfte auf Basis der in Schritt 1 beschriebenen Ergebnisse ihre Ideen zur Qualifikationsstruktur und zu den erforderlichen Veränderungen der Personalinstrumente ein. Das Personalmanagement muss diesen Schritt sachlich und psychologisch sorgfältig vorbereiten, denn dies ist die entscheidende Phase im gesamten qualitativen Planungsprozess. Um das kreative Potenzial der verantwortlichen Führungskräfte nutzen zu können, ist methodisches Know-how nötig. So muss innovatives Denken bewusst von Pessimismus, Misstrauen und Angstgefühlen frei gehalten werden. Es darf auf keinen Fall Auseinandersetzungen mit der Vergangenheit geben oder gar Angriffe, die nur zu Rechtfertigungen, statt zu Problemlösungen führen würden. Vielmehr muss die Motivation und die Fähigkeit der mit der Planung befassten Führungskräfte, sich leistungsverbessernde Veränderungen zu überlegen, gestärkt werden. Die direkt Betroffenen werden dadurch zu Beteiligten. Dies erhöht die Chance zu Verbesserungen und erhöht die gemeinsame Verantwortung für dieses Thema.

Innovatives Denken muss frei sein von Pessimismus, Misstrauen und Angstgefühlen

Die Kernfrage, die die Führungskräfte in Schritt 2 diskutieren, lautet:

Mit welchen Qualifikationen meiner Mitarbeiter könnte ich z. B. im Jahr 2005 optimal die unternehmerischen Ziele erreichen?

Außerordentlich wichtig bei diesem Planungsschritt ist, dass vorhandene Strukturen und/oder Realisierungsmöglichkeiten der Wunschstruktur **keinen** Eingang in die Überlegungen der Vorgesetzten finden. Der Vorgesetzte soll vielmehr so planen, als hätte er die Chance, auf der »grünen Wiese« seinen Bereich neu aufzubauen.

Das Jammern über vorhandene oder vorgeschobene Realisierungsprobleme sollte genutzt werden, um Problemlösungen zu diskutieren. Auch der Einwand gegebenenfalls Mitarbeiter für die Konkurrenz auszubilden taucht unter Umständen auf. Es ist zwar schade, und vielleicht sogar ein Führungsproblem, wenn ein guter Mitarbeiter ein Unternehmen verlässt, aber es ist schlimmer, wenn ein unzureichend qualifizierter Mitarbeiter im Unternehmen verbleibt.

Der Anreiz zur Leistungsverbesserung und die Partnerschaft gemeinsam mit besserer Personalausstattung die unternehmerischen Ziele erfolgreich zu erreichen, muss im Vordergrund stehen.

Der Vorgesetzte hat also, ähnlich wie er dies von Investitionsplanungen her kennt, die Möglichkeit sich zu überlegen, ob im übertragenen Sinne kleine, große, billige oder teure Maschinen zur Erreichung unternehmerischer Ziele dienlicher sind. Genauso wird er hier überlegen, ob und mit welchen Kenntnissen und Fähigkeiten der Mitarbeiter und mit welchen Kosten er die unternehmerischen Ziele erreichen will.

Führungsaufgabe: Mit welchen Kenntnissen und Fähigkeiten der Mitarbeiter und mit welchen Kosten werden die Unternehmensziele erreicht

Die gegenseitige Betrachtung interner Kundenstrukturen ist dabei hilfreich. So wird z. B. eine Entwicklungsabteilung gefragt, welche Fähigkeiten sie in Zukunft in der Produktion erwartet. Solche gegenseitige Forderungen dienen der Klärung und geben ein realistisches Bild bei gleichzeitigem verbesserten Informationstransfer.

Der Vorgesetzte plant in diesem Schritt also die Qualifikation der Mitarbeiter, wobei er zunächst von der Ausbildung (fachliches Wissen und Können) ausgeht, erforderliche, überfachliche Kompetenzen aber mit einbezieht. Dies können z. B. Konflikt-, Entscheidungs-, Begeisterungs,- und Teamfähigkeit sein. Dadurch wird unter Umständen auch auf die Arbeitsplanung eingewirkt. Es gilt die Aufforderung, die Arbeit von der Organisationsform (Stichwort: Teams), vom Ablauf her (Stichwort: Selbstbestimmung) und auch vom Inhalt her (Stichwort: Tätigkeitswechsel) den zukünftigen Anforderungen entsprechend zu gestalten. Überlässt man dies sich selbst, verschenkt man die Möglichkeit durch höchste Anreize auch höchste, kreative Leistungen zu erhalten.

Die so ermittelten Qualifikationen bzw. Anforderungen werden erfasst und in ein Formular eingetragen (Schaubild).

Schritt 3: Bewertungsphase

In dieser Phase stellt das Personalmanagement die Ist-Qualifikationen der Mitarbeiter, die sich entweder aus den Personalunterlagen oder über eine Personalinventur ergeben, der gewünschten Sollqualifikationen gegenüber. Aus dem Ergebnis dieses Abgleichs formuliert das Personalmanagement die Qualifikationsdefizite und Profile für Neueinstellungen. Dies ist besonders wichtig, denn mit der Besetzung einer Stelle ist ca. 70 % des Erfolgs entschieden. Nur ca. 30 % sind noch durch Führung und Personalentwicklung beeinflussbar. Es erfolgt in dieser Phase auch die Zusammenfassung aller weiteren Auswirkungen der erwarteten Veränderungen. Diese Ergebnisse sind die Grundlage für den nachfolgenden 4. Schritt, die Maßnahmenplanung.

Die richtige Stellenbesetzung entscheidet zu 70% über den Erfolg

Schritt 4: Maßnahmenplanung

Die Maßnahmenplanung erfolgt im Rahmen einer Vorstellung des Ergebnisses mit den Vorgesetzten. Es geht um die Festlegung der zu treffenden Maßnahmen, die notwendig sind, um das Qualifikationsziel zu erreichen. Dabei werden bereichsbezogene und personenbezogene Zusatzqualifikationen, Versetzungsmöglichkeiten und Qualifikationsanforderungen an Neueinstellungen abgestimmt, genauso wie Maßnahmen, die zur Erhaltung des Arbeitsinteresses förderlich sind.

Maßnahmenpläne werden durch eine Umsetzungsplanung ergänzt

Als Ergebnis liegt dann ein Maßnahmenplan vor, der durch eine Umsetzungsplanung ergänzt wird.

Mit diesen Planungsunterlagen hat das Personalmanagement nunmehr die Basis geschaffen, um zukunftsgerichtet agierend zum unternehmerischen Erfolg beitragen zu können. Das Personalwesen kommt in eine Situation, in der es an der Verwirklichung dieser Planung auch gemessen werden kann. Dies erhöht den unternehmerischen Stellenwert des Personalwesens und es sichert auch die Umsetzung, denn: »What gets mearsured gets done«.

Dieses Vorgehen hat auch den Vorteil, dass den Vorgesetzten die Wichtigkeit, aber auch die Schwierigkeiten der Erreichung der zukunftsorientierten Personalausstattung und wettbewerbsgerechten Arbeitsorganisation noch deutlicher bewusst wird. Gelingt einem Personalmanagement die weitgehende Erfüllung der Qualifikationswünsche der Vorgesetzten, so entsteht auch für die Vorgesetzten eine erweiterte Dimension der eigenen Messbarkeit.

Aufgewendeten Qualifizierungskosten werden durch verbesserte Motivation und Effizienz mehr als ausgeglichen

Die Vorteile eines solchen Vorgehens sind aber nicht nur für das Unternehmen, sondern auch für die Mitarbeiter überzeugend. Mitarbeiter wissen es zu schätzen, wenn ein Unternehmen zukunftsgerechte Qualifikationen vermittelt. Sie werden die aufgewendeten Kosten durch verbesserte Motivation und Effizienz mehr als ausgleichen.

Strategisch geplante Mitarbeiterentwicklung als ständiger Prozess lässt für die Mitarbeiter Beschäftigungssicherheit entstehen und dient auch der Karriere, hier verstanden als Verbesserung des eigenen Arbeitsmarktwerts und verbesserte Einbringung der eigenen Individualität. Interne Stellenwechsel werden gefördert als Mittel zur Verbreitung von Wissen, Innovation und Motivation.

Die qualitative Personalplanung bringt neben individuellen Maßnahmen auch einen Einstieg in inhaltliche Umgestaltungsschwerpunkte, wie Strukturveränderungen, Verhaltensänderungen, Ablaufänderungen und Änderungen von Personalsystemen, wie z. B. leistungsorientierte Vergütungssysteme, Arbeitszeitregelungen und Beförderungsmechanismen.

Verzahnung von Personalinstrumenten

QPP zeigt auch auf, dass eine systemische Verzahnung von Personalinstrumenten, die sich häufig gegenseitig beeinflussen, wichtig ist.

Die gewünschte Personalausstattung erzeugt auch eine Diskussion zum Thema Führungskräfteprofil. Führungskräfte werden durch den Einsatz von intellektuellen und kreativen Fähigkeiten von Menschen, aber auch durch neue Zusammenarbeitsformen vor Probleme gestellt. Ihre Rolle wird sich im Zusammenhang mit der gewünschten Mitarbeiterstruktur deutlich verändern müssen. Diese Veränderung gelingt nur, wenn die Situation für die Führungskräfte nicht als tatsächlicher oder vermeintlicher Machtverlust empfunden wird. Die Unternehmensleitung muss als Konsequenz ein zeitgemäßes Führungskräfteprofil aktiv fördern und anerkennen, das man vereinfacht mit Führung als partnerschaftliche Dienstleistung umschreiben könnte und im wesentlichen folgende Punkte enthält:

Eine Führungskraft soll die Leistungsprozesse ihres Bereichs permanent verbessern und die Mitarbeiter erfolgreich machen, insbesondere durch das Wegschaffen von Behinderungen. Wenn es einer Führungskraft gelingt, Mitarbeitern weitgehend das Mandat zu Problemlösungen zu übertragen, zeigt die Erfahrung eindeutig, dass Mitarbeiter mit diesem Vertrauensvorschuss wachsen und ihr Engagement und damit auch die betriebliche Effizienz zunimmt.

Eine Führungskraft soll auch die Fähigkeit besitzen, leistungsstarke Mitarbeiter für das Unternehmen gewinnen und halten zu können. Ein zunehmend wichtigerer Punkt, der zu einem zentralen Beurteilungsbestandteil von Führungskräften werden sollte.

Insgesamt zeigt sich, dass die Qualität der personalrelevanten Entscheidungen deutlich verbessert wird. Dies gilt sogar für den Fall des Personalabbaus. Qualitative Daten über Mitarbeiter und deren Stellenwert in der Zukunft können im Rahmen eines Sozialplan/Interessenausgleichs die Situation der oftmals als beherrschend dargestellten Sozialdaten deutlich zurückdrängen.

Diese Ergebnisse können durch eine qualitative Personalplanung erreicht werden:

- Sicherstellung und Objektivierung einer zukunftsgerechten Personalausstattung
- Integrativer Planungsansatz zwischen Technik, Arbeitsorganisation und Human-Ressources, Schulung des Denkens in Human-Ressources
- Grundlage für ein Beschäftigungsmanagement zur Verbesserung der Beschäftigungssicherheit der Mitarbeiter
- Erreichung einer wirtschaftlichen, praxisorientierten und zukunftsgerechten Aus- und Weiterbildung, Personalentwicklung und Personalbeschaffung sowie Personalsteuerung. Vermeidung von Fehlinvestitionen in Human-Kapital.
- Neuausrichtung und Optimierung der betrieblichen Personalarbeit
- Erhöhung bzw. Aufdeckung von Motivations- und Rationalisierungspotenzialen. Vermeidung von Konfliktpotenzialen
- Verbesserung des Arbeitgeberimages.

Schlussbetrachtung

Fehlentscheidungen minimieren, zeitgerecht agieren, Motivation und Leistungsfähigkeit steigern

Obgleich durch eine systematische, qualitative Personalplanung auch Kosten entstehen, sind diese im Verhältnis zu einem Improvisationsmodell gering. Fehlentscheidungen werden minimiert, es kann zeitgerecht agiert werden. Motivation und Leistungsfähigkeit steigen. Der Arbeitgeber wird attraktiver.

An einer Integration von Personalplanung und unternehmerischer Strategieentwicklung führt kein Weg mehr vorbei. Die romantische Sehnsucht nach Stabilität muss ersetzt werden durch die Erkenntnis und Akzeptanz, dass Wandel und Instabilität die Regel sind. Richtig qualifizierte, motivierte Mitarbeiter und Führungskräfte, die in der Lage und Willens sind, aus dem vorhandenen Wissen Produktivität und Wohlstand werden zu lassen, sind das oberste Ziel.

Management heißt Veränderungen wahrnehmen, Mitarbeiter und Organisationen leistungsfähiger machen, damit Probleme gelöst und Chancen genutzt werden können. Dazu müssen Humanpotenziale erkannt und zur Blüte gebracht werden Soziale Tugenden dürfen dabei nicht vernachlässigt werden, es darf keine Unternehmenssituation geben, die auseinanderfällt in Mitarbeiter, die gebraucht werden, und in die anderen, die nicht mehr gebraucht werden. Pragmatische Formen des sozialen Ausgleichs sind erforderlich.

Ganz besonders wird im Rahmen dieser Planung deutlich werden, dass Vertrauen und Glaubwürdigkeit und moralische Integrität unverzichtbare Werte sind, wenn man den Respekt und die Leistungsbereitschaft der Menschen gewinnen will. Wir haben die Chance das Beste daraus zu machen, wenn wir einsehen, dass unsere Mitarbeiter das größte Vermögen sind. Sie verdienen einen zeitgemäßen Umgang. Die qualitative Personalplanung öffnet den Weg dafür.

Teil II
Zukunftsorientierte Konzepte für die Personalarbeit und die Neuausrichtung der Personalbereiche

Change-Management in Personalbereichen

Dr. Walter Jochmann

Die Personalfunktion, im Folgenden als Human Resources-Management benannt, steht am Scheideweg. Entweder sie entwickelt sich zu einer hochprofessionellen, effizienten und kostengünstigen Dienstleistungs- und Servicefunktion mit Fokus auf die administrativen Personalprozesse. Oder sie kann ihren Stellenwert als eine zum Unternehmenswert beitragende Gestaltungsfunktion dokumentieren, die mit ihrer Arbeit am wesentlichen, in Dienstleistungsunternehmungen erfolgsdifferenzierenden Faktor Mitarbeiter-Ressourcen ansetzt. In mittelständischen Unternehmen hat sich die Personalfunktion schon in der Vergangenheit fast durchgängig auf administrative Aufgaben konzentriert, ggf. durch eine kleine Personalentwicklungs-Kapazität ergänzt. In Großunternehmen ist die Bedeutung und Ausrichtung abhängig von den strategischen Geschäftsfeldern, den Branchen und Regionen sowie den Erfolgsfaktoren der jeweiligen Geschäfte. Mit zunehmendem Dienstleistungsanteil und wachsender Produkt- und Geschäftskomplexität steigt generell die Bedeutung der Funktion Human Resources-Management (Baghai, Coley & White, 1999). Dennoch zeigen sich in allen Branchen so genannte Vorzeige-Beispiele hochentwickelter Personalarbeit ebenso wie vom Stellenwert her zurückgenommene, reduzierte Positionierungen. Dies erkennt man nicht zwangsläufig an der Aufbauorganisation im Personalbereich und an den hier tätigen Kapazitäten, sondern vielmehr an der Aktualität der Personalprozesse und Personalinstrumente, der Akzeptanz im Top Management, der Präsenz in wichtigen unternehmensübergreifenden Projekten sowie der Gewinnungs- und Bindungsfähigkeit von Hochleistern. Die Ursachen für derart unterschiedliche Positionierungen liegen im Selbstverständnis und in der Qualität der Führungskräfte im Personalbereich, im durch das Top Management zugelassenen Gewichtungs- und Gestaltungsraum und immer weniger am Faktor Investment/Budgetierung oder mangelnder Verfügbarkeit guter Personalfachleute. Der nachfolgende Artikel möchte die Chancen für die Personalarbeit von morgen aufzeigen, allerdings auch die hiermit verbundenen Anforderungen und Anstrengungen beschreiben.

Erwartungen und Trend

Anspruch der Wertschöpfung

Moderne Zielraster und Produktportfolios

Strategische Steuerungsmodelle und -instrumente

Gestaltung des eigenen Change-Prozesses

Literatur

Erwartungen und Trends

Hervorragende Dienstleistungsunternehmen und Dienstleistungsbereiche bewältigen den Spagat zwischen internen Ansprüchen und externen Anforderungen. Zum einen haben sie »das Ohr am Kunden«, nehmen mit Befragungen, mit sorgfältigen Feedback-Prozessen und hoher Sensibilität für Image und Akzeptanz die eigenen Veränderungsbedarfe mit Blick auf Leistungen, Produkte und Verhaltensqualitäten auf. Zum anderen orientieren sie sich am ›State of the Art‹ des Human Resources-Management (Glaubitz & Krug, 1999) – sie analysieren Kongressberichte, werten moderne Literatur aus, gehen in den Erfahrungsaustausch mit Vorbildunternehmen innerhalb und außerhalb der Branche. Demgegenüber werfen Ungleichgewichte in diesem kreativen Spannungsfeld folgende Probleme auf:

Spagat zwischen internen Ansprüchen und externen Anforderungen

- Die einseitige Ausrichtung an Kundenforderungen gefährdet ein eigenständiges Selbstverständnis, führt in der Regel zur Positionierung als Dienstleistungs- und Servicecenter mit laufender Effizienzsteigerungs-Anforderung, verlagert anspruchsvolle HR-Leistungen auf externe Berater und senkt die Attraktivität für die Mitarbeiter/Innen im Personalbereich.
- Die einseitige Ausrichtung am letzten wissenschaftlichen Stand, am Top-Benchmark oder einer theoretisch fundierten Personalphilosophie gefährdet die Orientierung am Kunden und an der Steigerung des Unternehmenswertes, führt zu elitär-isoliertem Selbstverständnis, bewegt sich mehr in der Außen- als in der Innenwelt, behindert Kreativität für unternehmensspezifische Hebelwirkungs-Lösungen und verliert letztlich die Akzeptanz eines nicht nur image-, sondern ergebnisorientiert denkenden Top Managements.

In Abbildung 1 werden die Auslöser für Veränderungen und Handlungsfelder im Human Resources-Management dargestellt. Sie folgen der Kaskade von

Megatrends	**Unternehmensstrategie**
Internationalisierung Globalisierung E-business	Branding und Positionierung Merger Prozesse Steigerung Unternehmenswert
Kundenanforderungen	**Benchmarking**
Attraktivität als Arbeitgeber Personalentwicklung und Coaching Interne Kundenorientierung / Flexibilität	Recruitment-Erfolgsquoten Effiziente Personalprozesse HR-IT Systeme / Lösungen

Abbildung 1:
Aktuelle Handlungsfelder für Personalbereiche – Bedarfe Produktentwicklung und Positionierung

durch einzelne Unternehmen nicht beeinflussbaren Megatrends über den Kernbaustein der Unternehmens- oder Geschäftsfeldstrategie, leiten dann über in die teilweise auch persönlich geprägten Anforderungen von Schlüsselkunden und stellen sich dem Benchmarking-Kriterium.

Auf der Basis von zahlreichen Beratungsprojekten und Personalkongressen ergeben sich aus unserer Sicht für das Personalmanagement folgende handlungsrelevante und erfolgskritische Fragestellungen (Jochmann, 1998):

Fragestellungen an das Personal-Management

- Wie weisen wir unseren Beitrag zu Steigerung des Unternehmenserfolges (Kernelemente Umsätze und Kosten) sowie letztlich zur Steigerung des Unternehmenswertes nach (Value Added)?
- In welcher Weise setzen wir die Strategie-Instrumente der operativen Geschäftsfelder auch im eigenen Dienstleistungs- und Beratungsbereich Personal um?
- Welche Personalleistungen und welche Kompetenzen müssen wir aufbauen, um unser Unternehmen in den Schlüsselprojekten (Kauf/Merger, internationale Expansion, Neuausrichtung oder Sanierung einzelner Divisionen) wirkungsvoll zu unterstützen?
- Wie erzielen wir im Top- und Mittel-Management die Akzeptanz als Geschäftspartner und Mitunternehmer?
- Wie bewältigen wir das Spannungsfeld zwischen Freiräumen und Flexibilität einerseits (betrifft beispielsweise Gehaltsfindung für Top-Leister im Unternehmen und dem externen Arbeitsmarkt) und den Bedarf nach Strukturen und Regelungen andererseits (Vergleichbarkeit und Gerechtigkeit in den Karriere- oder Gehaltsmodellen)?
- Wie kann sich der Personalbereich in den Driver-Seat eines globalen Change-Managements der Unternehmung setzen?
- Wie bewältigen wir den Qualitäts- und Kompetenzaufbau bei den Mitarbeiter/Innen im Personalbereich – etwa in Bezug auf internationale Kompetenzen (Feeling und Sensibilität, Toleranz, Fremdsprachen-Kenntnisse), Informationstechnologie (Nutzung Internet/Intranet für Personalprozesse und Personalinstrumente) und Strategie (Job Rotationen, Business Erfahrungen, Know-how-Strategieinstrumente)?
- Wie können wir den immer betonten und befürworteten Switch von weniger wertschöpfenden, stark administrativen Aufgaben zu werttreibenden Kernaufgaben bewältigen, ohne klassische Kundenanforderungen, Zufriedenheiten und gesetzliche Anforderungen zu vernachlässigen?

Leistungsspektrum von Personalbereichen als Ausgangspunkt für neue Ressourcen-Schwerpunkte

Das Leistungsspektrum von Personalbereichen bildet den Ausgangspunkt für neue Ressourcen-Schwerpunkte (Alvares, 1997) und setzt sich in der Regel zusammen aus:

- dem klassischen Personalmanagement »von der Einstellung des Mitarbeiters bis zu seinem Ausscheiden aus der Unternehmung«.
- Steuerungsaufgaben mit gesetzlicher/arbeitsrechtlicher Veranlassung einerseits und unternehmensspezifischen Controlling-Anforderungen andererseits.

- der Entwicklung, Einführung/Schulung und Umsetzungs-Sicherstellung von Personalführungs-Instrumenten.
- der Entwicklung/Realisierung von inhaltlichen Personalkonzepten (Chancengleichheit, Kompetenzmodell, Bewertungsmodelle für Funktionsstufen etc.).
- der Beurteilung und der Entwicklung/Qualifizierung unterschiedlicher Mitarbeitergruppen.
- der projektbezogenen Unterstützung und Beratung von Geschäftsbereichen.

Die unterschiedlichen Kunden- und Nutzergruppen von Personalarbeit setzen in ihren Erwartungen und in ihrer Inanspruchnahme an Personalleistungen unterschiedliche Prioritäten (vgl. Abbildung 2).

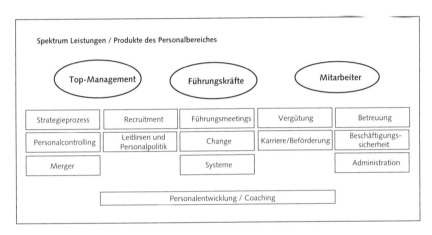

Abbildung 2:
Kundengruppen mit
unterschiedlichen
Erwartungen

Im Zusammenhang mit Selbstverständnis und Positionierung leitet sich hieraus eine der Kernfragen der organisatorischen Aufstellung von Personalbereichen ab – die Ausrichtung einzelner Personalspezialisten auf Funktionen/ Kompetenzfelder, auf Positionsgruppen, auf Regionen oder auf Divisionen/ Sparten. Hieraus ergeben sich die folgenden organisatorischen Trends (s. auch Scholz, 1999):

- Prinzip One Face to the Customer.
- Rezentralisierung aller stärker administrativen Personalleistungen.
- Entwicklung des klassischen Personalreferenten oder Personalbetreuers zum ›Mini-Personalleiter‹.
- Optimierung der Matrix zwischen präferierter Spartenorientierung und (je nach Internationalisierungsgrad und Körnung der Divisionen) regionen-/ länderspezifischer Personalarbeit.

Die Trends in den Produkten und Instrumenten des Personalbereiches orientieren sich an den Auslösern: Wissensgesellschaft, IT- und e-Business, Internationalisierung und Individualisierung. Vor diesem Hintergrund finden sich in den größeren Unternehmen Entwicklungsprojekte in den Feldern Knowledge-Management, Human Asset-Management (Krumbach/Heidbrink, 2000), Performance-Management, Human Capital-Management, Balanced Scorecard und intranetbasierte Self Service-Systeme für die Personaladministration (Schmeisser, Clermont/Protz, 1999).

Anspruch der Wertschöpfung

Die Aussage allein, dass Personalbereiche die wertvollste Ressource des Unternehmens »pflegen und mehren«, reicht heute nicht mehr aus

Mit der Orientierung des Top Managements, der Strategien und Steuerungskonzepte an der Steigerung des Unternehmenswertes und hieraus abgeleiteter Kennzahlen (Shareholder Value/Discounted Free Cash Flows, Economic Value Added, Economic Profit, Cash Flow ROI, vgl. Rappaport, 1997) steigt die Infragestellung der klassischen ›nichtproduktiven‹ Bereiche in Marketing, Controlling, Verhandlung/Organisation und Personal. Bereiche wie Einkauf, Produktentwicklung und Vertrieb werden in der Regel eigenständig als Hauptgeschäftsprozesse definiert, die IT hat sich von der Sicherung der Intrastruktur zum Befähiger für Geschäftsprozesse in der New Economy entwickelt und steht damit im Mittelpunkt der zukunftsorientierten Kompetenzentwicklung vieler Unternehmungen. Die Aussage allein, dass Personalbereiche die wertvollste Ressource des Unternehmens, nämlich sein Human Capital, »pflegen und mehren«, reicht heute nicht mehr zur Absicherung von Stellenwert und Investitionsspielraum von Personalmaßnahmen. Allerdings hat die Entwicklung von Geschäftsmodellen für den Personalbereich, der simulierte Nachweis der betriebswirtschaftlichen Effekte von Personalmaßnahmen etwa über Werttreiber-Analysen, bislang noch nicht zum überzeugenden Nachweis von Wertschöpfung und Unternehmenswert-Relevanz einer intensiven Personalarbeit mit entsprechenden Personalbereichen geführt. Vielmehr gibt es zum einen isolierte Nachweise der Rentabilität, beispielsweise von zusätzlichen diagnostischen Verfahren im Einstellungsprozess (s. etwa Hossiep/Paschen, 2000), zum anderen Metaanalysen führender Unternehmensberatungen mit Korrelationen zwischen Personalarbeits-Qualität und Börsenbewertung. Insgesamt steigt derzeit die Bewertung psychologisch-emotionaler Faktoren in der Betriebswirtschaft – und der schon frühzeitig in globalen Studien nachgewiesene Erfolgsfaktor von Kontaktorientierung und Extraversion einer Unternehmung wird an den Börsen bei klarer Positionierung von Unternehmung/›Marke‹ und Top Management sowie perspektivreichen Business-Botschaften belohnt. In einer wirtschaftlichen Phase knapper, zunehmend »leergefegter« Arbeitsmärkte für die Träger von Kernkompetenzen ist die Mitarbeitergewinnung und Mitarbeiterbindung ebenfalls mit Sicherheit ein strategischer Erfolgsfaktor – die Expansion in ITrelevante Geschäftsfelder scheitert derzeit in vielen Technologie- und e-Business-Unternehmen an eben dieser Personalverfügbarkeit. Dennoch sind an die Personalarbeit weitere, gegenüber plakativ-numerischen auch anspruchsvoll-inhaltliche Anforderungen zu stellen, um ihren Beitrag zum Unternehmenserfolg nachzuweisen (s. auch Wunderer, 1998):

- Eindeutige, auf das Business bezogene Nutzenzuschreibung durch die Schlüsselkunden
- Präsenz und Wertbeitrag in den wichtigen Unternehmensprojekten
- Hocheffiziente Arbeit in den Feldern Recruitment/Mitarbeiterbindung/ Retention und Vergütung
- Transparenz über die Management-Potenziale mit Bezug zu Transfers, Expansion und Strategie-Anpassungen
- Steuerungsmodell mit wirkungsvollen HR-Kennzahlen
- Nachweisbares Arbeiten an der eigenen strategischen Ausrichtung und Effizienzverbesserung
- Verknüpfung von Geschäftsprozessen mit HR-Prozessen
- Wirkungszusammenhang zwischen Business-Erfolgsfaktoren und HR-Prozessen/Kennzahlen
- Aufzeigen klarer Vorteile gegenüber Outsourcing-Lösungen
- Fokussierung auf Kernaktivitäten und ein klares Kompetenzprofil mit glaubhaftem ›einzigartigartigem‹ Kundennutzen (USP).

Die Image- und Positionierungsprobleme in doch recht vielen Personalbereichen werden im Rahmen interner Kundenbefragungen deutlich. Kienbaum-internen Auswertungen zufolge verfügen derzeit nur 20 % der Personalbereiche in mittelgroßen und großen Unternehmungen über ein klar ausformuliertes, kommuniziertes und mit Umsetzungsmaßnahmen unterlegtes Selbstverständnis (auch: Leitbild) für ihre Arbeit. Etwa 50 % der Personalbereiche arbeiten mit Zielen – häufig finden sie sich in den Zielvereinbarungen der Führungskraft und einigen Spezialisten im Personalbereich wieder – teilweise mangelt es allerdings an hochwertigen Messkriterien, die Existenz eines jährlichen Geschäftsplanes ist selten. Formale Strategiepapiere existieren zu etwa 40 %, systematische Darstellungen von Produkten und Leistungen liegen zu 60 % vor. In der Regel steigt der Nutzungsgrad von leitbild- und strategierelevanten Instrumenten mit Größe, Internationalität und Performance-Orientierung der Gesamtunternehmung. Auf der Basis von zahlreichen durchgeführten Kundenbefragungen ergibt sich zudem häufig das folgende Ergebnis bei der Einschätzung von Personalarbeit und Personalbereichen:

> **Nur etwa 20% der Personalbereiche verfügen über ein klares Selbstverständnis oder Leitbild für ihre Arbeit**

- Überzeugende Qualitätsrückmeldungen im Hinblick auf Einsatz und Hilfsbereitschaft, auf Dienstleistungsorientierung und Freundlichkeit
- Positionierung als Servicefunktion, als interner Dienstleister
- positive Einschätzung der Leistungsfelder Personalbetreuung und Personaladministration

- durchaus unterschiedliche, teilweise auch kritische Einschätzungen im Hinblick auf die Funktionen Personalentwicklung, Change-Management und Personalsysteme (Engpass Vergütungsmodelle und Performance-Management)
- Auseinanderdriften von Anspruch und in den eigenen Kompetenzprofilen sichtbarer Wirklichkeit als Change Agent und Coach der Führungskräfte
- kein wirklicher strategischer Partner – teilweise mangelnde Akzeptanz, teilweise mangelnde Kompetenz im Hinblick auf Strategien und Märkte
- fokussiert auf klassische Unterstützungsprozesse der Administration und auf das Recruitment – nimmt sich zu wenig Zeit für strategische Aufgaben (insbesondere Unterstützung der Strategieumsetzung in Lernbereichen des Unternehmens)
- immer noch zu programmatisch (Stichwort Bildungskatalog, mehrtägige Trainings und Fokus auf die Soft-Management-Skills), zu wenig flexibel und innovativ
- nutzen zu wenig die Möglichkeiten von IT (Skill-Datenbanken, intranetbasierte Administration, Internet-Auftritt als Arbeitgeber etc.)
- Schwächen im internen Marketing, in Außendarstellung und hochkarätiger Kontaktqualität
- fordern und unterstützen Veränderungsprozesse in anderen Bereichen – vollziehen diese aber nicht im eigenen Bereich nach (somit auch keine Vorbildwirkung)
- sind häufig zu wenig international aufgestellt
- die Lasten der Arbeit ruhen auf wenigen Top-Kompetenzträgern – die teilweise immer noch nicht schlanken Personalbereiche haben ungünstige Personalportfolios.

Die Dokumentation von Wertschöpfung beruht auf einem ergebnisorientierten Selbstverständnis und der konsequenten Nutzung von Ziel- und Steuerungssystemen

Die Dokumentation von Wertschöpfung beruht auf zwei Säulen – dem erfolgreichen Leben eines effizienten und ergebnisorientierten Selbstverständnisses einerseits und der konsequenten Nutzung von Ziel- und Steuerungssystemen für die eigenen Leistungen andererseits (Fitz-Enz, 1994). Abbildung 3 zeigt ein verdichtetes beispielhaftes Leitbild für den Personalbereich eines großen Technologieunternehmens.

Die Entwicklung eines derartigen Leitbildes erfolgt in der Regel auf der Basis von Unternehmensleitbild, Kundenbefragung (derzeitiges Image und Positionierung, Erwartungen und Freiheitsgrade für Veränderungen) sowie Gestaltungsambitionen der HR-Professionals in Workshop-Form. Gute Leitfragen zur Entwicklung der Inhalte für die aufgezeigten Bausteine sind:

1. Unsere Vision – Was sind unsere Ideale? Was ist unser »Leitstern«? Wie sieht Top-Personalarbeit in fünf Jahren aus?
2. Unsere Mission – Was ist unser Auftrag? Was ist unser Wertbeitrag? Wie begründet sich unsere Existenz?
3. Unsere Ziele – Woran wollen wir uns messen lassen? Was sind unsere Erfolgsfaktoren und die Stellgrößen unserer Arbeit?

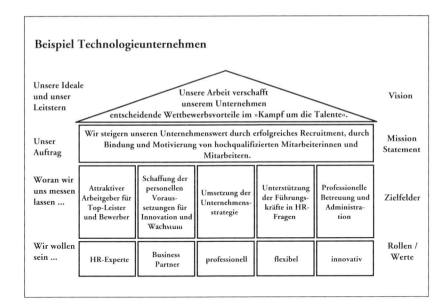

Beispiel Technologieunternehmen

Unsere Ideale und unser Leitstern	*Unsere Arbeit verschafft unserem Unternehmen entscheidende Wettbewerbsvorteile im »Kampf um die Talente«.*			Vision
Unser Auftrag	Wir steigern unseren Unternehmenswert durch erfolgreiches Recruitment, durch Bindung und Motivierung von hochqualifizierten Mitarbeiterinnen und Mitarbeitern.			Mission Statement

Woran wir uns messen lassen ...	Attraktiver Arbeitgeber für Top-Leister und Bewerber	Schaffung der personellen Voraussetzungen für Innovation und Wachstum	Umsetzung der Unternehmensstrategie	Unterstützung der Führungskräfte in HR-Fragen	Professionelle Betreuung und Administration	Zielfelder
Wir wollen sein ...	HR-Experte	Business Partner	professionell	flexibel	innovativ	Rollen / Werte

Abbildung 3: Strukturbild für Leitbilder der Personalarbeit

4. Unsere Rollen – »Wer wollen wir sein« – Wie wollen wir uns positionieren? Unsere Werte – Wie wollen wir erlebt werden? Wie wollen wir miteinander umgehen?

Der Anspruch der Wertschöpfung fordert von Leitbild und Selbstverständnis überzeugende Inhalte und Antworten insbesondere zur Mission und zum Auftrag, zu den Zielen und zu den Werten. Im Rahmen der Leitbildentwicklung, der intensiven Diskussion über Ausformulierungen und das Verdeutlichen der Unterpunkte und Kriterien, sollten sich folgende Botschaften wiederfinden (s. Kochan, 1997):

- dynamisch und handlungsorientiert,
- lösungsorientiert und effizient,
- value added Aussage im mission statement,
- Ziele mit Relevanz für Kunden und Unternehmens-Performance,
- Rolle als Spezialist und Business Partner.

Das Selbstverständnis als »softer Bestandteil« eines Leitbildes bildet idealerweise wertebezogene Kernbotschaften des Unternehmensleitbildes ebenso ab, gestaltet das Branding und den USP (Unique Selling Propositions) des Personalbereiches. Die Grundrichtungen an möglichen Rollen und Werten werden in Abbildung 4 aufgezeigt.

Auswertungen von zahlreichen internationalen Merger-Prozessen verdeutlichen, dass Leitbildarbeit mit dem Fokus Wertschöpfung enorme Start- und Positionierungsvorteile verschafft – die Führungskräfte und MitarbeiterInnen haben eine gemeinsame Philosophie, setzen einen Orientierungsrahmen um,

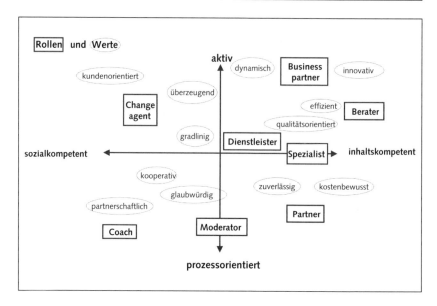

Leitbildarbeit mit dem Fokus Wertschöpfung verschafft Positionierungsvorteile bei Mergern

zeigen Selbstbewusstsein und eigene Veränderungsbereitschaft (Doppler/ Lauterburg, 1994). Dies sind die Tugenden derjenigen, die sich in Merger oder Change-Prozessen positionieren und behaupten. Folgende Entwicklungs- und Umsetzungsvorschläge leiten sich aus unseren Beratungserfahrungen ab, um ein Selbstverständnis zu einem wirksamen Bestandteil erfolgreicher Positionierung werden zu lassen:

- Entwicklung gemeinsam mit HR-Professionals und Top-Kunden.
- Abbildung relevanter Bausteine des Unternehmensleitbildes (Value-Deployment).
- Fokussierung auf zwei bis drei Rollen und drei bis vier Werte.
- Vermittlung einer Hauptbotschaft unter ausreichender Abbildung von zwei bis drei Werte-Welten.
- Glaubwürdige Kombination von Rollen und Werten in ihren Schlussfolgerungen.
- Bezug von Rollen zu späteren Funktionen/Job families in der Aufbauorganisation.
- Definition und Konkretisierung von Rollen und Werten durch je zwei bis vier Beschreibungen.
- Abbildung von Rollen/Werten und ihren Beschreibungen in Beurteilungs- und Qualifizierungsinstrumenten für HR-Professionals (absolutes Muss: Spiegelung der im Selbstverständnis abgebildeten Verhaltensqualitäten in Feedback-Prozessen mit entsprechender
- Auswahl-, Beförderungs- und Vergütungsrelevanz).
- Aufnahme der Rollen und resultierender Verhaltens-/Qualitätskriterien in systematische Kundenbefragungen.

Die zweite Säule der Wertschöpfung mit Zielen, Messkriterien und Steuerungsmodell wird im Folgenden behandelt. Auf einer Oberflächenebene ist die Verknüpfung von Kernprozessen der Unternehmung mit Personalprozessen, die auf Leistungen oder Produkten basieren, ein hilfreiches Darstellungsschema für Schlüsselaufgaben mit Hebelwirkung und resultierende Messkriterien/Zielwerte (Key-Performance-Indicators) (vgl. Abbildung 5).

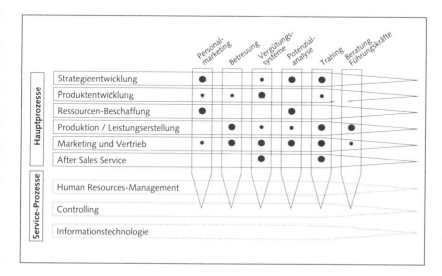

Abbildung 5:
Zusammenhang
Geschäftsprozesse
und Personalprozesse –
Grade der Förderung
und Unterstützung

Moderne Zielraster und Produktportfolios

Die formale Existenz von Strategiepapieren für den Personalbereich gewährleistet natürlich noch keine Effizienz, keine Orientierung an den Unternehmens-Herausforderungen und keine ausreichende Qualität der MitarbeiterInnen in der Personalarbeit – es kommt auf Verbindlichkeit und Qualität in der Umsetzung, auf Kundenakzeptanz und Kundenzufriedenheit, letztlich auch die Zielerreichungsgrade im Benchmarking mit anderen Personalbereichen an. Gegenüber früheren Bedenken mit Richtung mangelnder Messbarkeit, starker inhaltlicher Orientierung (die von anderen Bereichen nicht eingeschätzt werden kann) und fehlender Einflussnahme (betrifft Budgets und Entscheidungen des Partners Führungskraft) setzt sich zunehmend die Erkenntnis durch, dass mit inhaltlichen Zielen, resultierenden Messkriterien, Messinstrumenten und Wertevorgaben sehr sinnvolle Steuerungsprozesse aufgebaut werden können (Jochmann/Schubert, 2000). Während in einem Leit-

Zunehmend setzt sich die Erkenntnis durch, dass mit Zielen, Messkriterien, Messinstrumenten und Wertevorgaben sehr sinnvolle Steuerungsprozesse aufgebaut werden können

bild schon die erste Zielformulierung vorhanden ist, sollte eine vollständige Strategie für den Personalbereich auch die Input-Faktoren aufzeigen (Dienstleistungs-Funktionen, Leistungen, Produkte und Prozesse) sowie das notwendige, unterfütternde und ermöglichende Kompetenzprofil beschreiben (vgl. Abbildung 6).

Ziele Personalbereich / HR Professionals	Felder des Ressourcen-Einsatzes	Anspruch an Funktionen und Kompetenzen
Permanenzziele / value added	Leistungen und Produkte	Strategisches, fachliches und verhaltensbezogenes Kompetenzprofil
Projektziele und Change-Ziele	Klassifikation Prozesse im Personalbereich	Funktionale Positionierung und Einzigartigkeit

Marketing und Kundenmanagement

Geschäftsmodell und Preispolitik

Abbildung 6:
Bausteine HR Strategie –
Der Personalbereich als
Geschäftseinheit

Im Gegensatz zur häufig praktizierten Input-Orientierung (Ausgangspunkt zur Formulierung einer Personalstrategie sind die Funktionen und Inhalte der eigenen Arbeit) muss sich wertschöpfungsorientierte Personalarbeit die Frage stellen lassen, welche vier bis sieben Zielfelder mit zugehörigen 15 bis 25 Zielen und verdeutlichenden Messkriterien sich pro Ziel aus den Investitionen und Inhalten ergeben. Hierbei leiten sich in der Regel folgende Arten von Zielen ab:

- Qualitätskriterien für klassische Leistungen des Personalbereiches.
- Effizienz in kritischen Schnittstellenthemen, derzeit beispielsweise Arbeitgeber-Attraktivität und Personalkosten-Management.
- Unterstützung von mittel- und langfristigen Unternehmensprojekten.
- Ausgestaltung der mittel- und langfristig angelegten Unternehmenskultur (Soft Factor Management).

Abbildung 7 kombiniert in einer Matrix ausgewählte Ziele des Personalbereiches eines Telekommunikations-Unternehmens mit den »gelieferten« Leistungen/Produkten, zeigt somit die notwendige Verknüpfung Output und Input auf.

Leistungen/ Produkte	1. Personalbetreuung	2. Recruitment	3. Newplacement	4. Personaladministration	5. Lohn und Gehaltsabrechnung	6. Systemen und Instrumente	7. Personalpolitik / Mitbestimmung	8. Personalcontrolling	9. Gehaltssysteme	10. Performance-Management	11. Managemententwicklung	12. Potenzialerfassung / Assessment-Center	13. Personalentwicklungskonzepte	14. Nachfolge und Karriereplanung	15. Unternehmensakademien	16. Beratung und Projekte	17. Coaching und Teambuilding	18. Knowledge Management	19. Strategieunterstützende Personalprojekte	20. Change-Management
1.1 Vergütungssysteme		X							X	X								X		
1.2 Zielvereinbarung									X	X		X								X
1.3 High Potential Management professionalisieren	X	X				X					X	X	X	X						
1.4 Beschäftigungssicherheit sicherstellen	X		X			X	X	X							X		X			
1.5 life balancing erzielen	X					X	X				X					X	X			
1.6 hohe Mitarbeiterbindung herstellen	X					X			X	X	X		X	X						

Abbildung 7:
Ziele und Leistungen
im Personalbereich

Beispiele für konkrete Ausformulierungen dauerhafter Ziele (Permanenzziele, mittel- bis langfristige Gültigkeit) für Personalbereiche sind:

- Etablierung attraktiver Vergütungssysteme zur Gewinnung und Bindung von Hochleistungs-Mitarbeitern.
- Schaffung von Transparenz über die im Unternehmen vorhandenen Vertriebs- und Management-Potenziale.
- Sicherung eines hohen Grades an zeitlicher und fachlicher Flexibilität von MitarbeiternInnen in produktiven Bereichen.
- Sicherstellung einer optimalen Besetzungsqualität im Rekrutierungs- und Beförderungsprozess.
- Aufbau von Förderpools etwa unter der Prämisse, 70% der Managementfunktionen intern zu besetzen.
- Erzielung überdurchschnittlicher Bindungsquoten für Top-Leister.
- Aufbau definierter internationaler Kompetenzen in breiten Mitarbeiterschichten.
- Effiziente Unterstützung von Unternehmensprojekten durch Beurteilung, Qualifizierung und Kommunikationsarbeit.
- Platzierung des Unternehmens als einer der attraktivsten Arbeitgeber in seiner Branche.
- Kontinuierlicher Verbesserungsprozess in den administrativen Personalleistungen, resultierend in jährlichen Effizienzsteigerungen/Einsparungen.

Das Instrument strategischer Geschäftsplan ist auch für Personalbereiche geeignet, um Leitbild und Strategie auf einer Jahresbasis zu konkretisieren

Ein optimales Organisationsdesign stellt einen klaren Zusammenhang zwischen Zielen, Personalleistungen und Positionsträgern her, sodass die Aufbauorganisation eines Personalbereiches die Anforderungen der Kunden, der gesamten Prozessverantwortung und der Kompetenzsicherung ausbalanciert (Fritz, 1996). Die in einer Personalstrategie abgebildeten Permanenzziele sollten im Rahmen jährlicher strategischer Geschäftspläne zum einen priorisiert werden, zum anderen mit wichtigen Initiativen/Projekten ergänzt werden. Derartige Projekte orientieren sich an der konkreten, thematisch klar beschriebenen Unterstützung aktueller Unternehmensprojekte, entwickeln im Einmalaufwand wichtige Personalsysteme und -instrumente (beispielsweise Long Term Incentive Plan für obere Führungskräfte) unterstützen somit Permanenzziele und gehen in den Folgejahren in die klassische Folgebetreuung über. Das Darstellungsinstrument des strategischen Geschäftsplanes erscheint auch für Personalbereiche geeignet, um ein mittel- und langfristiges Leitbild sowie ein Strategiepapier auf einen Zeitraum von 1-2 Jahren hin zu konkretisieren (vgl. Abbildung 8).

Grundlage	Jahresziele	Infrastruktur
• SWOT-Analyse Stärken / Schwächen Chancen / Risiken	• Ausgangspunkt Unternehmensprojekte	• Personalportfolio und Personalentwicklungsplan
• Leitbild /Selbstverständnis	• Auswahl 6-8 HR-Permanenzziele	• Kapazitäten und Kostenarten / Kostenstellen
• Produktportfolio Ressourcen-management / Personal-entwicklung Systeme / Beratung	• 6-8 Projekte/Initiativen mit Business-Bezug	• Schnittstellen und Verantwortlichkeiten

Abbildung 8: Struktur eines strategischen Geschäftsplanes – Zuschnitt auf Personalbereiche

Der weitere Strategiebaustein des Produktportfolios umfasst unter meist drei bis vier Überschriften 15 bis 25 Leistungsfelder oder Produktgruppen, wie sie in Abbildung 7 als horizontaler Ast der Matrix beispielhaft beschrieben werden. In früheren Darstellungsformen wurde häufig der Begriff der Funktion oder der Aufgabe gewählt – wir definieren eine Produktgruppe als Personalprozess mit dem internen Kunden als Ausgangs- und als Zielpunkt. Differenzierte Darstellungen mit der Beschreibung von Verantwortlichkeiten und Schnittstellen in umfangreichen Change-Projekten machen es erforderlich, diese Ebene auf den Detaillierungsgrad von 40 bis 60 Produkten zu vertiefen. Beispiele für konkrete Produkte der Produktgruppe Recruitment sind:

- Hochschulbetreuung.
- Campus-Recruitment.
- Rekrutierung Sachbearbeiter / Spezialisten.
- Zusammenarbeit Recruitment Consultants.
- Recruitment Führungsebene.
- Standards für den Recruitment-Prozess.
- Auswahlinstrumente.

Während dieser Differenzierungsgrad, der bei anderen Produktgruppen dann weniger zielgruppenorientiert, sondern stärker inhaltlich ausgerichtet ist, wichtig für das Verantwortungsraster zwischen zentralen und dezentralen Personalbereichen ist, reichen für die Ablauforganisation Prozessbeschreibungen auf der Produktgruppenebene aus. Lediglich die Produktgruppen Personaladministration und Lohn-/Gehaltsabrechnung sowie die klassische Personalbetreuung erfordern exakte Ist-Aufnahmen, effizienzgetriebene Prozessoptimierungen und eine starke Vernetzung zu unterstützenden IT-Systemen, um die in Change-Prozessen von Personalbereichen angestrebten Verlagerungen zu höherwertigen Leistungen zu ermöglichen (Lyle/Spencer, 1995). Abbildung 9 ordnet beispielhafte, häufig gewählte Produktgruppen einem Effizienzraster von Geschäftsprozessen zu.

	Produktgruppen	Veränderungs-Optionen
Schlüsselprozesse	Change-Management strategieunterstützende Personalprojekte Performance Management Gehaltssysteme Führungskräfteplanung — Personalmarketing	Perfektionierung Benchmarking
Hebelwirkungs-Prozesse	Recruitment Training Potentialerfassung Teambuilding Personalcontrolling — Arbeitsrecht	Analyse Zeit- und Qualitätshebel Nutzenoptimierung
Opportunistische Prozesse	Betreuung und Beratung Ärztliche Dienste	Wertbestimmung und Controlling Empfänger-Segmentierung
Unterstützende Prozesse	Lohn- und Gehaltsabrechnung Personaladministration Kantine	Kostenminimierung Outsourcing

Abbildung 9:
Strategische Bedeutung von HR Produktgruppen – Zuordnung Geschäftsprozess-Klassen

Veränderungsziele unter der Prämisse überdurchschnittlicher Effizienz und Wertschöpfung sind für viele Personalbereiche:

- Deutliche Reduktion von MitarbeiterInnen in den Prozessklassen Unterstützung und Opportunität (Personalabbau und/oder Höherqualifizierung für andere Prozessklassen).
- Verlagerung von 65 % personeller und finanzieller Ressourcen in die Prozessklassen Hebelwirkung und Schlüsselprozess.

- Kontinuierliches Benchmarking im Bereich Hebelwirkungsprozesse mit Schnittstelle Schlüsselprozesse. Fokus Konzepte, Ideen und inhaltliche Qualität.
- Selektiver Einsatz und Optimierung opportunistischer Prozesse. Beachtung Erwartungen/Bedarfe wichtiger Kundengruppen.
- Nüchterne Prüfung der Vor- und Nachteile unterstützender Prozesse gegenüber Outsourcing-Modellen. Beibehaltung erfordert in der Regel Rezentralisierung, top IT-Unterstützung und zunehmend ein Profitcenter-Modell (Verrechnungsmodell. Angebot der Leistung auch auf dem externen Markt).
- Bündelung der Top Performer im Personalbereich bei Hebelwirkungs- und Schlüsselprozessen.

Strategische Steuerungsmodelle und -instrumente

Jedes HR-Ziel muss mit mindestens zwei Messkriterien, den zugehörigen Messinstrumenten, sowie Zielwerten unterlegt werden

Die Ausgangslage für tiefergehende und »intelligentere« Steuerungsmodelle sind sicherlich klar formulierte Permanenz- und Jahresziele, die neben der reduzierten Darstellung in Strategiepapieren und möglicherweise auch im Intranet-Auftritt (im angelsächsischen Bereich für den HR-Bereich die Regel) die Unterlegung mit einem Messsystem erforderlich macht (Neely, 1998). Wir formulieren hierzu die Bedingung, jedes HR-Ziel mit mindestens zwei Messkriterien, den zugehörigen Messinstrumenten sowie Zielwerten zu unterlegen. Hinzu kommt bei komplexeren Zielen die Zerlegung in inhaltliche Teilziele und insgesamt die Definition eines Process Owners sowie eine erste Aufnahme von Kern-Aktionen zur Zielerreichung (vgl. Abbildung 10).

Zielfeld	Ziele	Messkriterien	Messinstrumente	Zielwert
hohe Attraktivität als Arbeitgeber	erfolgreiches Recruitment von Top-Absolventen der Hochschulen	- Anzahl Bewerbungen - Prozentsatz Zusagen nach Vertragsangebot - Ranking als attraktiver Arbeitgeber	- Bewerberdatei - Auswertung Personalbereich - publizierte jährliche Studien	- 500 Bewerbungen p.a. - 75% Zusagen - Top 5 in der Branche
	hochentwickelte Vergütungs- und Anreizinstrumente			
	schnelles Besetzen von Führungspositionen im Unternehmen			

Abbildung 10: Konkretisierung von Zielen in der Personalarbeit – Beispiel: Attraktivität als Arbeitgeber

Verbunden mit derartigen Zielrastern sollten Erfahrungen im Management by objectives, also im Ausdifferenzieren der Ziele für die wesentlichen Positionsinhaber, umgesetzt werden. Während der Prozess der Zielidentifikation in den frühen 90er Jahren häufig auf der Basis von Vorschlägen der betroffenen MitarbeiterInnen einerseits oder als der Versuch der Ableitung aus einer Zielpyramide der Gesamtunternehmung andererseits vorgenommen wurde, erfolgt zunehmend die Orientierung an den dargestellten Leitbild- und Strategiematerialien. Hinzu kommen sollte ein klarer methodischer Ansatz und ein hiermit verbundenes Personalgremium/Committee, um zumindest jährlich aus wichtigen Unternehmens- oder Divisionsthemen/Projekten die relevanten HR-Themen und hiermit verbundene Ziel- und Projektvorschläge abzuleiten. Die nachweisbare Kaskade von Unternehmensthemen über HR-Ziele und HR-Aktionen/Projekte ist ein sehr glaubwürdiger, stringenter und effizienter Ansatz, um neben professioneller klassischer Personalarbeit Initiative, Problemlösefähigkeit und Zusatznutzen für Business-Themen aufzuzeigen (Ulrich, 1996). Von Vorteil ist in diesem Zusammenhang natürlich die Präsenz des Personalbereiches in den Leitungsgremien, in Strategie-Arbeitskreisen und in regelmäßig stattfindenden HR-Bedarfsanalysen/Problemlösungs-Meetings. Große Unternehmungen etablieren neben internationalen und divisionsübergreifenden Arbeitskreisen von HR-Professionals derartige divisionsbezogene Meetings gemeinsam mit den Schlüsselfunktionen Forschung/Entwicklung, Produktion und Vertrieb/Marketing.

Weitergehende Steuerungsmodelle können von hochwertigen Messkriterien für Ziele profitieren. Letztlich zeigt sich ein hoher Übereinstimmungsgrad dieser Messkriterien mit den Key-Performance-Indicators, wie sie im populären Steuerungsmodell der Balanced Scorecard eingesetzt werden (Kaplan/Norton, 1996). Die Balanced Scorecard für Personalbereiche, von Kienbaum HR Scorecard tituliert, ist derzeit das präferierte Steuerungsmodell, welches über das Controlling von Messkriterien und das klassische Aktionsplan-Management hinausgeht. Die Methodik Balanced Scorecard unterlegt finanzorientierten Erfolgskennzahlen und Messkriterien mit den Ebenen Kunden, Prozesse, Potenziale/Innovationen und Human Resources. Sie baut in der Originalversion ein Kausalmodell auf, das die Beiträge unterschiedlicher Unternehmensfunktionen zum Finanzerfolg aufzeigt und mit konkreten Zielwerten sowie unterlegten Aktionen versieht. Die Vorteile gegenüber der klassischen Unternehmens-Zielkaskade liegen in der Konzentration auf Vision und Erfolgsfaktoren als Ausgangspunkt in der Beschreibung eines kausalketten-orientierten Geschäftsmodells und in der Identifikation von Wert- und Leistungstreibern, deren Messkriterien die Key-Performance-Indicators sind (Fitz-Enz, 1999). Abbildung 11 beschreibt die Teilschritte der Entwicklung einer Scorecard.

Die HR-Scorecard ist derzeit das preferierte Steuerungsmodell

Idealerweise ist die Entwicklung einer HR-Scorecard eingebunden in einen unternehmens- oder divisionsweiten Balanced Scorecard Prozess. In einer Unternehmens-Scorecard (Kaplan/Norton, 1996) konzentrieren sich die Beiträge

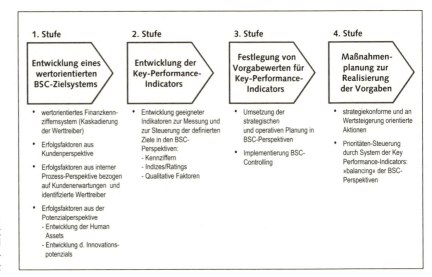

Abbildung 11:
Schritte zur Entwicklung
einer Balanced
Scorecard –
Allgemeiner Ansatz

Idealerweise ist die
Entwicklung einer
HR-Scorecard
eingebunden in einen
unternehmensweiten
Balanced Scorecard-
Prozess

des Personalbereiches auf die klassische Potenzialebene (Lernen, Innovation und Human Factors), abgebildet mit den populärsten Kennzahlen wie etwa Fluktuation und Kompetenz-Deckungsgrade. Dieses Allgemeinheitsniveau hilft allerdings nicht bei der konkreten Steuerung von Funktionsträgern im Personalbereich. Je nach Größenordnung ist eine eigenständige Scorecard für den Personalbereich (Jochmann, 2000) oder sogar für dessen wichtigsten Teilbereiche zu empfehlen (vgl. Abbildung 12 mit einem spezifisch auf HR-Per-

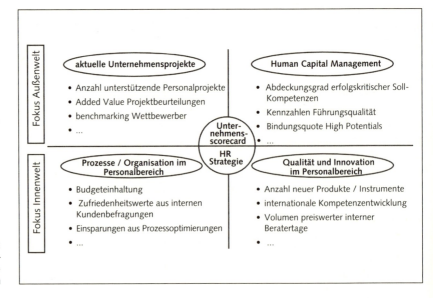

Abbildung 12:
HR Scorecard –
Beispiel Finanzdienst-
leistungs-Unternehmen

spektiven zugeschnittenen Beispiel). Der nächste Ableitungsschritt ist die Entwicklung individueller Scorecards für die Schlüssel-MitarbeiterInnen, versehen mit Zielvorgaben für drei bis fünf ausgewählte/ positionsrelevante Key-Performance-Indicators. Wir empfehlen die Einbindung dieser Zielwerte in ein Zusatzvergütungs-Modell, idealerweise ergänzt um eine 360°-Beurteilung sowie die Bearbeitungsqualität von zwei bis drei HR-Projekten. Die Zielgrößen aus HR-Scorecards eignen sich im Rahmen ihrer mittel- und langfristigen Perspektive hervorragend für die Anbindung an einen Long Term-Incentiveplan.

Wir empfehlen die Einbindung der Zielwerte in das Zusatzvergütungs-Modell

Wir schlagen für die auf Personalbereiche zugeschnittene Entwicklung von Scorecards die folgenden Arbeitsschritte vor:

- Teilnahme an Meetings/Teilprojekten zur Entwicklung der Unternehmens-Scorecard. Mitgestaltung Geschäftsmodelle und Ursache-Wirkungs-Ketten. Vorschlag von Key-Performance-Indicators.
- Konkretisierung eines HR-Geschäftsmodells mit Wirkungsrelationen über die Ebenen Platzierungsquoten, Kompetenzkennzahlen, HR-Qualitätsmerkmale und Akzeptanz/Zufriedenheitsgrade.
- Ableitung eines HR-spezifischen Ebenenmodells, ggf. sogar für einzelne Abteilungen im Personalbereich.
- Auswahl der Key-Performance-Indicators (s. auch Wunderer/Jaritz, 1999) auf der Basis von Geschäftsmodellen, Zielen, Messkriterien und Benchmarks.
- Unterfütterung dieser Leistungsindikatoren mit Zielwerten, Maßnahmen und Processownern.
- Entwicklung eines Kaskadenmodells mit individuellen Scorecards für die wesentlichen Funktionsträger im Personalbereich.

Ein unternehmensweiter Scorecard-Prozess beläuft sich, natürlich in Abhängigkeit der beteiligten Divisionen, auf einen Zeitraum zwischen sechs und zwölf Monaten. Er entwickelt bei konsequenter Vernetzung der Vision mit Finanzkennzahlen und mit Erfolgsfaktoren und Geschäftsprozessen, bei sorgfältiger Analyse von Wert- und Leistungstreibern und HR-Anknüpfungspunkten einen hohen Wirkungsgrad. Dennoch beobachten wir in einigen Unternehmungen fast akademisch-ausführliche Entwicklungsprozesse mit letztlich unbefriedigender Input-Output-Relation und zu hoher Realisierungskomplexität (Schnittstelle Informationssysteme und Führungsinstrumente). Vor diesem Hintergrund gibt es durchaus Argumente für ein Pilotprojekt im Personalbereich, das seinerseits in prägnanter Weise die Zusammenhänge mit Unternehmensprozessen/Erfolgsfaktoren sicherstellt, das auf diese Weise die eigene Leistungsfähigkeit optimiert und dann eine Beratungsfunktion in der unternehmensweiten Einführung der Balanced Scorecard übernimmt.

Gestaltung des eigenen Change-Prozesses

Generell lässt sich der punktuell-schrittweise Verbesserungsansatz von der deutlichen/radikalen Veränderung unterscheiden. Letztere vollzieht sich häufig im Rahmen von Mergers, Wechsel in der Führung des Personalbereiches oder beim Kurswechsel im Top Management. Es gilt, die Auslöser für notwendige Veränderungen ausführlich zu beschreiben und mit Zielen und Messkriterien eines Change-Projektes im Personalbereich zu verbinden – beispielsweise:

- Verbesserung von Akzeptanz- und Zufriedenheitsgraden bei wichtigen Kundengruppen.
- Umsetzung einer neuen Strategie für Servicebereiche (Stichwort Shared-services-Concept).
- Verbesserung der Effizienz in allen Personalprozessen mit Ressourcenfokus bei weniger wertschöpfenden Prozessen und Qualitätsfokus bei Hebelwirkungs- und Schlüsselprozessen.
- Aufbau eines Vorbild-Personalbereiches im externen Vergleich.

Insgesamt sollte der Analyse höchstens ein Projektteil von 20 % zukommen, der Konzeptentwicklung und der ersten Umsetzungsphase jeweils 40 %

Auf formaler Ebene gliedert sich ein Change-Projekt im Personalbereich analog zu sonstigen Unternehmensprojekten in die Phasen der Analyse (einschließlich Projektdesign und Zielbestimmung), der Konzeption (inhaltliche Neuausrichtung), der Realisierung (Fokus Überzeugungs- und Qualifizierungsarbeit) sowie der Evaluation (Monitoring Projekt-Ziele). Abbildung 13 unterfüttert diese Phasen mit wichtigen Teilprojekten, wobei der Analysephase höchstens ein Projektteil von 20 % zukommen sollte, der Konzeptentwicklung

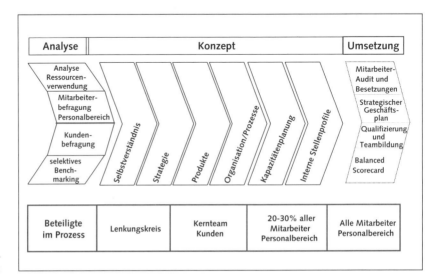

Abbildung 13:
Projektstrukturaufbau –
Change Personalbereich

und der ersten Umsetzungsphase dann jeweils 40 %. Insgesamt ist davon auszugehen, dass sich in Abhängigkeit der Größenordnung eines Personalbereiches die Phasen von Analyse und Konzeption auf drei bis neun Monate (letztere für Großunternehmungen) belaufen und dass die (häufig teilweise schon vernetzt in der Konzeptphase einsetzende) Umsetzung einen ein- bis zweijährigen Jahreszeitraum umfasst. Der Einbindungsgrad von MitarbeiterInnen steigt mit dem Projektverlauf, wobei in Abhängigkeit der vorab festzulegenden Projektphilosophie die Stellgrößen zu Mitbestimmungsgraden erforderlichen Kapazitäten und Arbeitsmethodik/Arbeitsklima festgelegt werden.

Angesichts der starken Dynamik und des Erfolgsfaktors Speed etwa bei Unternehmensintegrationen verändern sich in Personalprojekten derzeit die Mitbestimmungsgrade, gewinnen Expertenmodelle unter einer straff-fokussierten Projektdurchführung die Oberhand. Die Nachteile für Identifikation und Überzeugung, auch für den unternehmensspezifischen Zuschnitt liegen auf der Hand und müssen sich in der Bilanz mit den vorgenannten Vorteilen vergleichen lassen. Problematisch ist für Change-Prozesse in Personalbereichen, dass die Beteiligten »Insider« sind, dass sie erstaunliche psychologische Widerstände gegenüber analytisch nachvollziehbaren Change-Prozessen aufbauen (Jochmann, 1999), die sie teilweise selber in anderen Unternehmensbereichen begleitet haben. Es ist vor diesem Hintergrund keinesfalls selbstverständlich, dass ein klassisch geplantes Change-Projekt im Personalbereich die angestrebten Erfolge zeigt – es kann durchaus zum Verlust an Leistungsträgern, zum Verfehlen der Effizienzziele und zum Aufbau beträchtlicher Demotivation kommen. Aus unseren Erfahrungen ergeben sich folgende Erfolgsfaktoren für den Change im Personalbereichen:

- Leitungsfunktion im Personalwesen und wichtige Spezialisten wollen die Veränderungen wirklich.
- Committment des Top Managements
- realistische Ressourcenplanung mit zeitlichen Freiräumen für die notwendigen Meilensteine und unterlegenden Instrumente-Entwicklungen (… es geht nicht so einfach neben dem Tagesgeschäft).
- Bereitschaft zu deutlichen personellen Umschichtungen: Anwendung des Instrumentes Mitarbeiter-Audit auch im eigenen Bereich. Neubesetzung von Positionen aus den eigenen Reihen und vom Arbeitsmarkt.
- hohe Gewichtung der Faktoren Verunsicherung, Widerstand und Angst. Resultierende intensive Kommunikationsmaßnahmen, zudem deutlicher Organisationsentwicklungs-Charakter in den wichtigen Konzeptionsphasen (hoher Partizipationsgrad der Betroffenen).
- Mut, Offenheit und Lernbereitschaft in Bezug auf internes Kundenfeedback und externe Impulse/Benchmarking.
- Planung und Umsetzung maßgeblicher eigener Bildungsmaßnahmen: beispielsweise Beraterkompetenzen, Strategie und Problemlösung, Teambuilding und Coaching, inhaltliche Kundenorientierung.

- Unterlegung der Veränderungsabsichten mit neuen Zielvereinbarungen und sofortigem Vergütungsbezug.
- Messbarmachung und Verankerung neuer Ziele und Leistungen über ein quantitatives Steuerungsmodell: Vereinbarung von Qualitätslevels. Messkriterien für Ziele. Key-Performance-Indicators im Rahmen einer Balanced Scorecard.

Letztendlich steht hinter erfolgreicher Personalarbeit ein überzeugendes eigenes Humanpotenzial

Ohne interne oder externe Consultants ist ein erfolgreicher Veränderungsprozess erfahrungsgemäß selten zu erreichen – diese Consultants müssen eine erhebliche fachliche HR-Kompetenz mitbringen, Überzeugungskraft und Konfliktbereitschaft zeigen, allerdings ebenfalls mit Empathie und Einfühlungsvermögen die häufig subtilen Veränderungsblockaden herausarbeiten. Die Angst vor Überforderung (beginnt in vielen Bereichen schon mit den englischen Sprachkenntnissen), der Abschied von liebgewordenen administrativen und betreuenden Tagesgeschäften hin zur Personalentwicklung und Strategiearbeit, das auch räumliche Zusammengehen mit Kundenbereichen im Rahmen einer divisionalen Personalorganisation und das Akzeptieren neuer Führungskräfte sind durchaus kritische Lebensereignisse. Allerdings erfordern die Dynamik der Unternehmensprojekte und auch das stärker HR-orientierte Selbstverständnis vieler Top-Führungskräfte einen professionell aufgestellten HR-Bereich, der mit anspruchsvollen Kompetenzprofilen, attraktiven/strategierelevanten Aufgaben und interessanten Vergütungsmöglich-

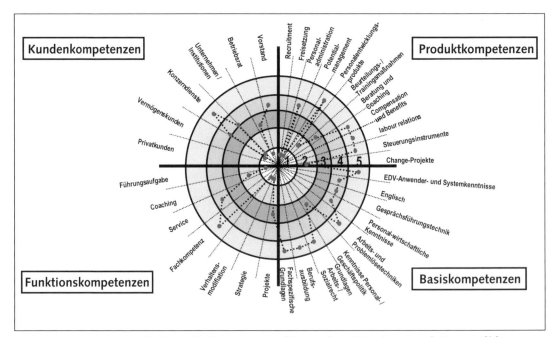

Abbildung 14: Kompetenzmodell Personalbereich Bank – Eingearbeitetes Profil für Positionstyp Spezialist

keiten interne und externe Potenzialträger anzieht (Ulrich, 1998). Letztendlich steht hinter erfolgreicher Personalarbeit ein überzeugendes eigenes Human-potenzial, somit eine fachlich und außerfachlich überzeugende Führungskraft mit entsprechendem Unterbau an Beratern/Personalentwicklern und Spezia-listen. Es ist erstaunlich, welch ein geringes Gewicht im Personalbereich selber klassische Rekrutierungs-, Personal-Potenzialanalyse- und Qualifizierungs-maßnahmen einnehmen. Deshalb betonen erfolgreiche Veränderungsprojekte im Personalbereich auch die Entwicklung eigener Kompetenzmodelle mit re-sultierenden Anforderungsprofilen und Schulungsprogrammen (vgl. Abbil-dung 14). Des weiteren bedarf es häufig des Hebels von nationalen und inter-nationalen Job-Rotationen und der Einführung einer Profit-Center-Struktur, um die gewollten Veränderungen mit dem notwendigen Realisierungs-An-trieb zu versehen.

Literatur

Alvares, Kenneth M.: The Business of Human Resources. In: Ulrich, Dave/Losey, Michael R./Lake, Gerry (Hrsg.): Tomorrow's HR Management, John Wiley & Sons, Inc. 1997, 7-17.

Baghai, Mehrdad/Coley, Stephen & White, David: The Alchemy of Growth. Practical insights for building the enduring enterprise. Cambridge, MA: Perseus Books, 1999.

Doppler, Klaus/Lauterburg, Christoph: Change-Management. Den Unternehmens-wandel gestalten. Frankfurt/Main: Campus, 1994.

Fitz-Enz, Jac: How To Measure Human Resource Management (McGraw-Hill Training Series). McGraw-Hill Companies, Inc., 1994.

Fitz-Enz, Jac: The Roi of Human Capital: Measuring the Economic Value of Employee Performance. Hanser Fachbuchverlag, 1999.

Fritz, K.: Mehr Geschäftsorientierung und Verbesserung der Kundennähe – Dezentrale Personalarbeit bei Hoechst. In: Personalführung, 1996 (4), 138-145.

Glaubitz, Wolfgang G./Krug, Thomas: Trends und Herausforderungen zukünftiger Personalarbeit. In: Personal, 1999 (1), 28-31.

Hossiep, Rüdiger/Paschen, Michael: Persönlichkeitstests im Personalmanagement. Grundlagen, Instrumente und Anwendungen. Stuttgart: Verlag für Angewandte Psychologie, 2000.

Jochmann, Walter: Zukunftsorientierte Konzepte und Instrumente eines erfolgreichen Personalmanagements. In: Fröhlich, W. (Hrsg.): Value Development – Personal-arbeit der Zukunft. Frechen: Datakontext-Fachverlag, 1998, 1-38.

Jochmann, Walter: Fokus Veränderungskompetenz. In: Personalwirtschaft, 1999 (19), 44-48.

Jochmannn, Walter: Added Value durch die strategische Neuausrichtung der Personal-arbeit. In: Spucho, K./Gutmann, J. (Hrsg.): Jahrbuch Personalentwicklung und Weiterbildung, 2000/2001. Neuwied: Luchterhand, 2000.

Jochmann, Walter/Schubert, Petra: Human Resources-Management im Wandel. In: CoPers, Zeitschrift der Personalarbeit, 7/2000.

Kaplan, Robert S./Norton, David P.: The Balanced Scorecard. Boston, MA: Harvard Business School Press, 1996.

Kochan, Thomas A.: Rebalancing the Role of Human Resources. In: Ulrich, Dave, Losey, Michael R./Lake, Gerry (Hrsg.): Tomorrow's HR Management. John Wiley & Sons, Inc. 1997, 119-129.

Krumbach, Peter/Heidbrink, Marcus: Human-Asset-Management: Ein Instrumentarium zur erfolgreichen Unternehmenswert-Steigerung. In: Kienbaum, J.: Visionäres Personalmanagement, 3. überarbeitete Auflage. Stuttgart: Schäffer-Poeschel-Verlag, 2001, 229-252.

Lyle M. Spencer Jr: Reengineering Human Resources. John Wiley & Sons, Inc., 1995.

Neely, Andy: Measuring Business Performance. Why, what and how. London: Profile Books Ltd., 1998.

Rappaport, Alfred: Creating Shareholder Value: A Guide for Mangers and Investors. Free Press, 1997.

Schmeisser, Wilhelm/Clermont, Alois/Protz, Alfred (Hrsg.): Personalinformationssysteme & Personalcontrolling – Auf dem Weg zum Personalkosten-Management. Neuwied: Luchterhand, 1999.

Scholz, Christian (Hrsg.): Innovative Personalorganisation, Center-Modelle für Wertschöpfung, Strategie, Intelligenz und Virtualisierung. Neuwied: Luchterhand, 1999.

Ulrich, Dave: Human Resource Champions, The Next Agenda for Adding Value and Delivering Results. Harvard Business & McGraw-Hill, 1996.

Ulrich, Dave: A New Mandate for Human Resources. In: Ulrich, Dave (Hrsg.): Delivering Results: A new Mandate for Human Resource Professionals. Harvard Business School Press, 1998, 29-44.

Wunderer, Rolf: Beitrag des Personalmanagement zur Wertschöpfung im Unternehmen. In: Personal, 1998 (7), 346-352.

Wunderer, Rolf/Jaritz, André: Unternehmerisches Personalcontrolling – Evaluation der Wertschöpfung im Personalmanagement. Neuwied: Luchterhand, 1999.

Personalmanagement 2002: Strategische Kompetenzentwicklung im Personalbereich der Deutschen Bank AG

Michael Svoboda

Das Zusammenwachsen zweier Unternehmen zu einem globalen Unternehmen mit einem gemeinsamen Wertesystem und mit einer identitätsgebenden Unternehmensethik stellt besondere Herausforderungen Unternehmen, Mitarbeiter und an das Personalmanagement.

Hinzu kommen konsequente Steigerung der Marktkapitalisierung, eBusiness und Netzwerkökonomie als treibende Kräfte der Unternehmensführung. Die Antwort des Personalmanagement auf diese komplexen, neuen Anforderungen kann nur in einer vollständigen Neuausrichtung des gesamten Personalbereichs bestehen. Dies beginnt mit der Neudefinition von Strategie und Struktur und führt über die Implementierung eines betriebswirtschaftlichen Managementkonzepts bis zum Aufbau eines völlig neuen Kompetenzportfolios.

Ausrichtung und Zielsetzung des Erneuerungsprozesses sind langfristig angelegt. Ein High Pot-Lernprogramm für die nächste Generation von Top Personalmanagern wird als »Trägerwelle" zur globalen Veränderung des Personalbereichs genutzt. Individuelle Förderung und Organisationsentwicklung fließen hier reibungslos ineinander und erzeugen maximalen Gewinn.

Die Deutsche Bank als globales Unternehmen im Umbruch

Auswirkungen auf den Personalbereich

Das Erneuerungsprogramm

Die DB University: Motor des Wandels

Personalmanagement 2002: Die nächste Generation
Die Projekte
Die Präsenzveranstaltungen
Die persönliche Entwicklung

Zusammenfassung und Ausblick

Literatur

Die Deutsche Bank als globales Unternehmen im Umbruch

Mitte 1999, nach der Akquisition von Bankers Trust, hatte die Deutsche Bank weltweit mehr als 90.000 Mitarbeiter, organisiert in fünf global operierenden Unternehmensbereichen und einem Corporate Center. Weniger als die Hälfte unserer Mitarbeiter hatte noch Deutsch als Muttersprache, weit mehr als die Hälfte des Geschäfts wurde auf globalen Märkten gemacht. Die Integration von mehr als 20.000 ehemaligen Bankers Trust-Mitarbeitern und das Zusammenwachsen der globalen Geschäftsplattformen erforderte konzentrierte und konsequente Unterstützung des Managements durch den Personalbereich nicht nur im transaktionalen, sondern vor allem auch im strategischen und beratenden Personalmanagement.

Globales Zusammenwachsen erfordert konsequente Unterstützung des Managements durch den Personalbereich

Alle Kräfte richten sich seither darauf, die nunmehr starke Präsenz im US-amerikanischen Markt in global organisiertes Geschäft umzumünzen, ohne die deutschen Wurzeln zu vergessen. Eine europäische Bank mit Wurzeln in Deutschland zu sein, ist dabei ebenso wichtig, wie eine neue, global vermittelbare Identität zu finden, die Voraussetzung ist für den Erfolg eines Unternehmens, das mit Kunden in 68 Ländern Geschäfte macht. Unterschiede der nationalen und geschäftlichen Kulturen werden nicht als Hindernis, sondern als Hebel zur Wertschaffung für Kunden und Aktionäre begriffen. Gerade weil wir die Vielfalt der Kulturen innerhalb der Bank als wichtigen Wettbewerbsvorteil nutzen wollen, gilt der Verwirklichung gemeinsamer Werte und identitätsstiftender »business ethics« besondere Aufmerksamkeit.

Durch gemeinsame Werte wird die Vielfalt an Kulturen zu einem Wettbewerbsvorteil

Gleichzeitig werfen die »New Economy« und »Value Base-Management« lange Schatten auf unseren Transformationsprozess. Disintermediation, Dekonstruktion, Deregulierung und eBusiness machen alle bisher gekannten Geschäftsmodelle obsolet. Grenzenlosigkeit innerhalb und außerhalb der Organisation wird die neuen Geschäftsmodelle prägen. Und bei all dem ist uns klar, dass – gerade mit der Erfahrung der erfolgreichen Akquisition und Integration im Kopf – der Marktwert der Deutschen Bank immer noch viel zu niedrig ist, um uns wirklich vor einer Übernahme zu schützen. Steigerung des »Shareholder-Value« – das ist der Name des Spiels auf immer effizienter werdenden globalen Kapitalmärkten, das gewonnen werden muss, ebenso wie das Spiel auf dem Produkt- und Dienstleistungsmarkt. Nicht zu vergessen: der Arbeitsmarkt! Die besten Bewerber und Mitarbeiter sind mobil wie nie zuvor und stellen immer neue Anforderungen an ihren »Employer of Choice«. Presse und Analysten beobachten mit Argusaugen Wachstum oder Verringerung unseres Humankapitals und »Branded Leadership« wird zum Treiber von Aktienkursen.

New Economy und Shareholder-Value als Treiber der Transformation

Auswirkungen auf den Personalbereich

Kein Wunder, dass in diesen Zeiten die Unternehmensleitung das Management von Humankapital zum »Business Case« gemacht hat und den Druck auf den Personalbereich erhöht, eine mehr strategische, wertschaffende Rolle zu spielen. Nicht, dass der Personalbereich der Bank nicht schon einen guten Teil der 90er Jahre darauf verwandt hätte, sich als »strategischer Partner« des Linienmanagements zu präsentieren. Zuletzt 1998 hatten wir die Personalfunktion tiefgreifend reorganisiert und mehr als 1.200 Personalfachleute weltweit im Sinne des Rollenmodells von Dave Ulrich[1] neu aufgestellt (vgl. Abb. 1).

Der Personalbereich übernimmt eine strategische, wertschaffende Rolle

Ziel: Die Personalarbeit noch besser mit der Geschäftsstrategie zu verbinden. Warum, also, stand und steht der Beitrag des Personalbereichs zur Wertschaffung der Geschäftsbereiche in den Augen des Linienmanagements noch immer – oder schon wieder – in Frage?

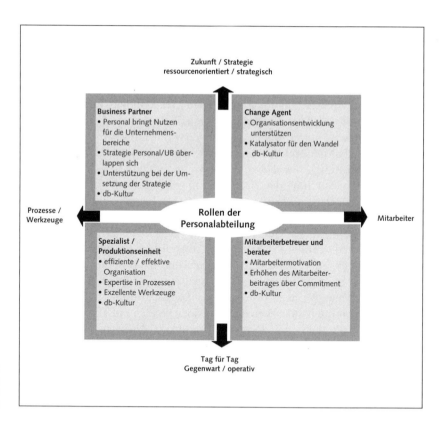

Abbildung 1:
Rollenmodell für den Personalbereich nach Dave Ulrich

---

1   Ulrich, Dave: Human Resource Champions – The Next Agenda for Adding Value and Delivering Results, Boston, Mass. 1997

Die Antwort liegt offensichtlich in der Tatsache, dass wir zwar substanziellen Fortschritt gemacht haben in der wirkungsvollen Unterstützung der traditionellen Geschäftsprozesse, dass aber eben diese Prozesse sich so dramatisch schnell und radikal verändern wie nie zuvor. Jenseits der allzu abgedroschenen Redeweise vom kontinuierlichen Wandel zwingen uns die Erfordernisse der »New Economy« zu einer grundstürzenden Redefinition aller Unternehmensfunktionen, nicht zuletzt auch der Personalfunktion. Ein »strategischer Partner« des Linienmanagements sein zu wollen, war gestern. Heute ist die Vision einer wertschaffenden Personalfunktion davon geprägt, wie schnell wir die neuen Herausforderungen antizipieren. Steigende Transparenz und Effizienz der Märkte führen zu dramatisch kürzeren Zykluszeiten und steigendem Einfluss der Investoren auf das Unternehmen auch in Deutschland:

Kürzere Geschäftszyklen: → Schnellere Zyklen der Personalprodukte, Unterstützung bei schnellem Einstellungswandel und Kompetenzerwerb.

Aufstieg der Netzwerk-Ökonomie: → Personal muss den Erfolg von Fusionen, Akquisitionen und Allianzen sicherstellen.

Steigende Rate kreativer Destruktion: → nicht ständiger Wandel, sondern großflächige Vernichtung und Neuentstehung von ganzen Job-Familien sind extreme Herausforderungen an Flexibilität und Veränderungsbereitschaft.

Sinkende Nachhaltigkeit von Wettbewerbsvorteilen: → Früherkennungssysteme für Wettbewerbsgesundheit, neue Messgrößen für Führungsstärke, Humankapital, Mitarbeiterbindung und Selbstverpflichtung müssen bereitgestellt werden.

Globaler Arbeitsmarkt: → der Krieg um Talente kann nicht auf dem Gebiet der Rekrutierung, sondern nur auf dem Gebiet der Mitarbeiterbindung gewonnen werden.

eBusiness: → noch sind die Auswirkungen auf die Personalfunktion nicht voll überblickbar, aber sicher ist: ePersonal wird den Personalbereich innerhalb der nächsten 3 Jahre revolutionieren.

Shareholder Value: → für viele Personaler überraschend: die »Performance« der Aktie unseres Unternehmens hat etwas mit der Qualität der Personalarbeit zu tun: Wie sieht der Beitrag des Personalbereichs zur Wertschaffung aus?

Dies sind einige der Herausforderungen, denen sich der Personalbereich heute stellen muss – begleitet durch einen unabweisbaren Zwang zu Schnelligkeit und Beweglichkeit – nicht eben die hervorstechenden Merkmale des individuellen Kompetenzprofils der meisten Personalmitarbeiter. Was also haben wir getan?

Vision einer wertschaffenden Personalfunktion

Herausforderungen

Schnelligkeit und Beweglichkeit

Das Erneuerungsprogramm

Im Herbst 1999 begann der Personalbereich der Deutschen Bank ein globales Erneuerungsprogramm für inzwischen weltweit (nach der Integration von Bankers Trust) rund 1.600 Personalfachleute, das aus folgenden Teilbereichen besteht:

Strategie   Strategie: Die strategischen Konsequenzen für den Personalbereich aus den strategischen Herausforderungen für die Bank.

Struktur   Struktur: Organisation und Verfassung des globalen Personalbereichs, um bestens für die Umsetzung der neuen Personalstrategien gerüstet zu sein:

- Richtiger Mix zwischen Corporate Center, Geschäftsbereichen, Service-Centers, Centers of Expertise, Rapid Response-Teams etc.
- Neue Machtbalance zwischen zentralen, divisionalen und regionalen Personalmanagern im globalen HR-Board (heute 10 ständige Mitglieder).
- State-of-the-art IT-Unterstützung und »Sharedservices« rund um den Globus, insbesondere Selbstbedienung im Inter- und Intranet → ePersonal.

Management   Management: Der Personalbereich soll künftig wie ein Geschäft geführt werden, mit Marketingkonzept, Preisbildung, Qualitätskontrolle und Kunden innerhalb und außerhalb der Bank. Ein Management-Buy-out wird diskutiert:

- Marktforschung, Produktentwicklung und »Multi-Channel-Delivery-Service«.
- Konsequente betriebswirtschaftliche Steuerung, rigoroses HR-Performance Management auf Basis einer HR-Scorecard.
- Verknüpfung von Ergebnissen des Personalbereichs mit den Geschäftsergebnissen der Bank.

Kompetenz   Kompetenz: Um die geplante Erneuerung zu bewältigen, muss der Personalbereich neue Kompetenz erwerben. Ein neues Kompetenzmodell musste entwickelt werden und eine Lernstrategie für mehr als 1.600 Personalfachleute weltweit war gefordert. Gleichzeitig musste eine neue Führungselite von Personalmanagern der Zukunft entwickelt werden.

Ein erster Schritt zur Umsetzung war der Start eines Lernprogramms für 30 High Pots an der vor kurzem eingerichteten Universität der Deutschen Bank – der »DB University«, welches uns als »Trägerwelle« für den gesamten Erneuerungsprozess dient.

Die DB University: Motor des Wandels

Institution und Arbeitsweise der DB University habe ich an anderer Stelle aus-führlich beschrieben[2]. Dennoch möchte ich hier 3 grundlegende Arbeits-prinzipien nochmals kurz hervorheben, um deutlich zu machen, wie ein Lernprogramm für 30 Teilnehmer (freilich nur ein erster Schritt für eine um-fassende Lernstrategie für alle Personalfachleute) einen entscheidenden Bei-trag zur Erneuerung des Personalbereichs leisten kann:

Gleichzeitig lernen und arbeiten

Arbeitsintegriertes Lernen (vgl. Abb. 2): Lernen und Arbeiten sind zwei Seiten derselben Münze. Die Nutzung der täglichen Herausforderungen als Lernraum erweisen sich als Generator von Innovationen zum Nutzen des Personalbereichs (als Entsender der Teilnehmer) und seiner Kunden. Die Teil-nehmer an einem Programm, das nach dieser Leitlinie konzipiert ist, werden nicht zu Empfängern von Verbesserungsvorschlägen, sondern rufen selbst den notwendigen Wandel hervor.

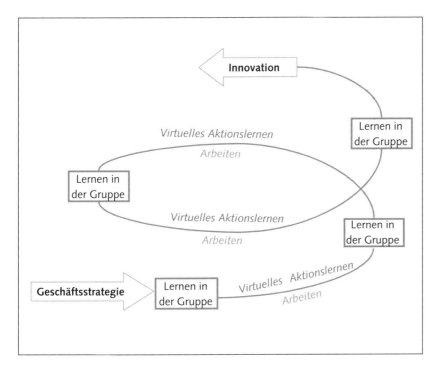

Abbildung 2: Integriertes Lernen und Arbeiten als Innovationsgenerator

---

2 Svoboda, Michael/Hoster, Daniel: Die Deutsche Bank Universität – Motor des Wandels, in: Welge, Martin K. et. al.: Management Development – Praxis, Trends und Perspektiven, Stuttgart 2000, S. 175-192

Lernen durch die Lösung wirklicher Probleme

Projektarbeit (vgl. Abb. 3): Mitarbeiter lernen am besten bei der Lösung von wirklichen Problemen. In unserem DB University Lernprogramm »Personalmanagement 2002« haben wir folgerichtig die echten Herausforderungen, von denen oben die Rede war, in Beratungsprojekte mit dringlichem Lösungsbedarf umformuliert. Unter dem Druck, wirkliche Ergebnisse liefern und die kompletten Implikationen im politischen Umfeld berücksichtigen zu müssen, entwickeln die Teilnehmer ganz nebenbei Berater- und Change-Management-Kompetenzen. Die Bank spart auf der anderen Seite die Kosten für den Unternehmensberater.

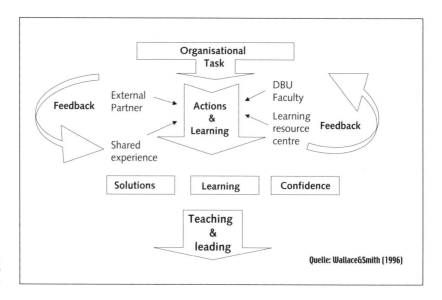

Abbildung 3:
Das Learning to
Change Model (LCM)

eLearning als selbstverständlicher Bestandteil des Lernprogramms

eLearning (vgl. Abb. 4): Obwohl das Programm auch starke Anteile an Präsenzveranstaltungen hat, besteht der wesentliche Teil doch aus IT-gestütztem, verteiltem und netzbasiertem Lernen und Arbeiten. Die Medien und Technologien, die unser Geschäft treiben (eBusiness), werden als natürliche Arbeitsmittel zum selbstverständlichen Bestandteil des Lernprogramms.

Die Kommunikation zwischen Professoren, Prozessbegleitern und den Teilnehmern wird auf der eigens konzipierten, virtuellen Lernplattform organisiert. Über Internet werden die Chat- und Bulletin Board-Funktionen auf unterschiedlichsten Zutrittsebenen und -kreisen sowie allgemeine Räumlichkeiten wie die virtuelle Bibliothek und multimediale Lerneinheiten für selbstgesteuertes Lernen genutzt.

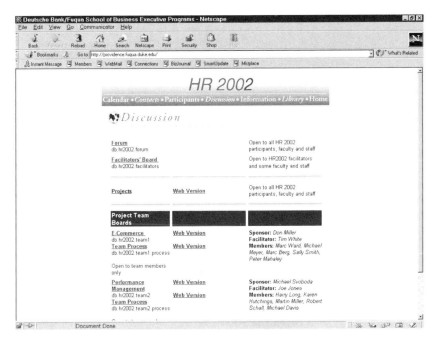

Abbildung 4:
Internet-Lernplattform
»Personalmanagement
2002«

Personalmanagement 2002:
Die nächste Generation

Dieses Lernprogramm wurde zusammen mit Dave Ulrich und Wayne Brockbank von der University of Michigan, Blair Sheppard, Wanda Wallace und Ray Smith von der DUKE University entwickelt. Durch das DB University-typische Design im Sinne der oben skizzierten Prinzipien werden die individuellen Kompetenzen der Teilnehmer und die Organisationsentwicklung zur Erneuerung des Personalbereichs gleichermaßen vorangetrieben. Teilnehmer sind die 30 Besten von rund 1.600 Personalmitarbeitern weltweit: Potenzielle Nachfolger für heutige Mitglieder des globalen HR-Boards und gleichzeitig Avantgarde der Innovation des Personalbereichs.

Individuelles und organisationales Lernen in einem Programm

Das Programm besteht aus drei parallel verlaufenden Lern- bzw. Handlungssträngen über einen Zeitraum von insgesamt 12 Monaten (vgl. Abb. 5):

- Persönliche Entwicklung
- Projektbearbeitung
- Wissensvermittlung.

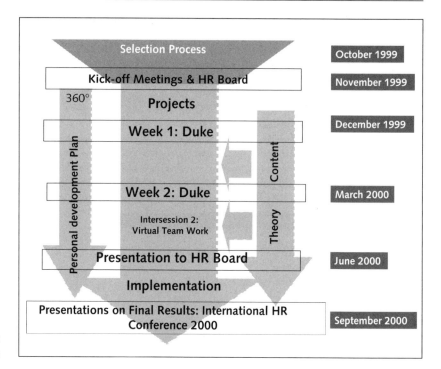

Abbildung 5:
HR 2002 Outline

Der mittlere Strang ist sozusagen der Produktionsstrang, in dem die Teilnehmer an strategischen Projekten zur Neuausrichtung des Personalbereichs arbeiten. Parallel zum Produktions- und Projektstrang laufen ein persönlicher Entwicklungsstrang auf Basis des Kompetenzmodells des Personalbereichs sowie ein Lernstrang zum Erwerb vom »State-of-the-Art« Personalmanagement-Wissen.

Entlang der Zeitachse ist das Programm durch zwei Entscheidungssitzungen des globalen HR Boards und zwei Präsenzwochen an der Fuqua School of Business der DUKE University gegliedert.

Die Projekte

Die Projekte bilden echte strategische Problemstellungen ab

Von entscheidender Bedeutung ist es, dass es sich bei diesen Projekten nicht um Lernprojekte handelt, sondern um echte strategische Problemstellungen, deren Lösung u. a. zur Neuausrichtung des Personalbereichs beitragen wird. Die Projekte für dieses Programm wurden in einer Sitzung des globalen HR Boards im November 1999 ausgewählt:

Performance-Management: Ausrichtung des Personalinstrumentariums auf die Leistungs- und Wertschaffungsziele der Bank.

eHuman Resources: Ausrichtung der Prozesse des Personalbereichs auf die künftigen Herausforderungen von eBusiness.

Global Diversity: Vielfalt der Kulturen, Unterschiede im Alter, Geschlecht und Einstellung in der globalen Belegschaft der Bank als Hebel zur Wertschaffung nutzen.

Elite Tracking: »Employer of Choice« für Top Talente am globalen Arbeitsmarkt zu werden, ist wichtig, Top-Talente an die Bank zu binden und durch immer neue Herausforderungen an die Spitze zu führen, ist wichtiger.

Top Talente an die Bank binden

Human Resources-Learning: Programme zur Kompetenzentwicklung nicht nur für die Elite, sondern für alle 1.600 Mitarbeiter des Personalbereichs weltweit.

Für jedes Projekt hat ein HR-Board-Mitglied die Sponsorship übernommen, der Autor dieses Beitrags z. B. für »Performance Management«.

Die Präsenzveranstaltungen

In der ersten DUKE Woche (vgl. Abb. 6) arbeiteten die Teilnehmer zusammen mit verschiedenen Professoren vor allem auf den Feldern: Strategisches Management (Geschäftsstrategie), Globalisierung, Rolle des Personalbereichs in der Zukunft, Wertschaffung und Change-Management. Außerdem wurden die Projektteams formiert, die Projektaufträge weiter ausgearbeitet und die Projektplanungen verabschiedet – die jeweils verantwortlichen Sponsoren aus dem HR-Board wurden zu diesem letzten Zweck am Samstag via Videokonferenz hinzugeschaltet.

Intensive Auseinandersetzung

Die zweite DUKE Woche (vgl. Abb. 7) dient der vertiefenden Diskussion von »Best Practice« und neuesten Erkenntnissen für die Personalmanagement-Bereiche, die von den Veränderungs-Projekten der Teilnehmer am meisten betroffen sind. Dazu kommen wichtige Umsetzungsthemen wie »Political Engineering« und Umgang mit Konflikt und Widerstand in Veränderungsprojekten. Außerdem ist für jedes Projektteam als weiterer Meilenstein im Projektablauf die Abnahme der bisher erreichten Ergebnisse durch den zuständigen Sponsor aus dem HR-Board (Videokonferenz oder persönlich) vorgesehen.

DUKE THE FUQUA SCHOOL OF BUSINESS

DEUTSCHE BANK – HR 2002
WEEK I
November 28 – December 3, 1999

Sunday 28	Monday 29	Tuesday 30	Wednesday 1	Thursday 2	Friday 3	Saturday 4
7:30 p.m. Reception & Dinner Buffet	8:00 – 9:00 a.m. Orientation / Introduction — Heinz Fischer, Deutsche Bank. 9:15 a.m. – 12:00 p.m. How Human Resources Builds Competitive Advantage — Dave Ulrich, University of Michigan. 12:00 – 1:00 p.m. Lunch. 1:00 – 5:00 p.m. How Human Resources Builds Competitive Advantage (cont.) / HR Competency Survey-Results — Dave Ulrich. 5:15 – 5:30 p.m. Introduction to MBTI — Ray Smith, Fuqua School of Business. 6:00 – 8:00 p.m. Dinner	8:30 – 12:00 p.m. Global Business Strategy — Blair Sheppard, Fuqua School of Business. 12:00 – 1:00 p.m. Lunch. 1:00 – 5:00 p.m. Global Business Strategy (cont.) — Blair Sheppard. 6:00 – 7:00 p.m. Dinner. 7:00 – 10:00 p.m. Information Technology Session — Peter Goldberg, Fuqua School of Business	8:30 a.m. – 12:00 p.m. Linking Business Strategy to Human Resources — Dick Beatty, Rutgers University. 12:00 – 1:00 p.m. Lunch. 1:00 - 6:00 p.m. HR Measurement — Dick Beatty. 6:00 – 7:00 p.m. Dinner. 7:00 - 10:00 p.m. MBTI & Personal Develop.m.ent	8:30 – 10:30 a.m. Sponsor Introduction of Projects — Project Sponsors, Deutsche Bank. 10:45 a.m. – 12:00 p.m. Formation of Project Te a.m.s — Project Sponsors / Facilitators. 12:00 – 1:00 p.m. Lunch – Te a.m.s, Sponsors and Faculty. 1:30 - 5:30 p.m. Te a.m.building & Wrap-up — Nancy Keeshan, Fuqua School of Business. 6:30 p.m. Dinner – Offsite	8:30 a.m. – 12:00 p.m. Making Change Happen — Dave Ulrich. 12:00 – 1:00 p.m. Lunch. 1:00 – 5:00 p.m. Making Change Happen (cont.) — Dave Ulrich. 6:00-7:00 p.m. Dinner. 7:00 – 9:00 p.m. Project Te a.m. Meetings — Facilitators	8:30a.m. – 1:00p.m. Project Presentations — Blair Sheppard, Sponsors. 1:00 - 2:00 p.m. Closing/Wrap Up, Next Steps — Michael Svoboda, Deutsche Bank. 2:00 p.m. Lunch & Departure. Tentative 10/6/99

Abbildung 6: Erste Seminarwoche an der DUKE University

DUKE THE FUQUA SCHOOL OF BUSINESS

DEUTSCHE BANK – HR 2002
Residential Week II
March 26 – April 1, 2000

Sunday 26	Monday 27	Tuesday 28	Wednesday 29	Thursday 30	Friday 31	Saturday 1
Arrival Reception/ Dinner	8:30 a.m. Orientation — Welcome Back for Week II — Michael Svoboda, Deutsche Bank. 9:30 a.m. – 4:00 p.m. HR - Best Practices — Dick Beatty, Rudgers University. 12:00 noon Lunch. 6:00 p.m. Dinner	8:00 a.m. – 3:00 p.m. HR — Best Practices — Dave Ulrich, University of Michigan. 12:00 noon Lunch. 4:00 – 6:00 p.m. Team Meetings with Facilitators. 6:00 p.m. Offsite Dinner	8:00 a.m. Introduction: Teams — Work on Projects — Blair Sheppard, Fuqua School of Business. 12:00 noon Lunch. 1:00 – 4:00 p.m. Implementation — Change e.g., Resistance, Influence, Power & Politics — Allan Lind, Fuqua School of Business. 6:00 p.m. Dinner	8:00 a.m. Leadership and Change — Allan Lind. 12:00 noon Lunch. 1:00 – 4:00 p.m. Value Based Management — Boston Consulting Group. 4:00 p.m. Free Time. 6:00 p.m. Program Dinner — Offsite	8:00 a.m. Project Presentations — Blair Sheppard, Sponsors. 12:00 - 1:00 p.m. Closing/Wrap Up, Next Steps — Michael Svoboda. 1:00 p.m. Lunch & Departure	

Abbildung 7: Zweite Seminarwoche an der DUKE University

Der theoretische Input für die beiden Seminarwochen an der DUKE University kommt von weltweit führenden akademischen Fachleuten wie Dave Ulrich (Michigan), Richard W. Beatty (Rutgers), Blair Sheppard (DUKE) und Allan Lind (DUKE). Dave Ulrich (3 Teams) und Dick Beatty (2 Teams) stehen darüber hinaus während der Projektlaufzeit von Dezember 1999 bis Juni 2000 als Coaches für die Projektteams zur Verfügung um Rückmeldung zum Fortschritt der Projekte und zusätzliche Anregungen zur Problemlösung und Vorgehensweise zu geben.

Zum Abschluss ist es Aufgabe der Projektteams, das Top Management des Personalbereichs von ihren Konzepten zu überzeugen und im HR-Board entsprechende Entscheidungen zur Implementierung herbeizuführen. Ressourcen und Verantwortung für die Umsetzung werden dann von der regulären Personalorganisation bereitgestellt bzw. übernommen.

Abschlusspräsentation, Entscheidung und Implementierung

Die persönliche Entwicklung

Grundlage des persönlichen Entwicklungsplans für jeden Teilnehmer ist ein 360°-Feedback-Prozess, zu allen künftig für den Personalmanager wichtigen Kompetenzfeldern. Diese Rückmeldung versetzt die Teilnehmer in die Lage, ihren persönlichen Ort im Kompetenzmodell des Personalbereichs zu bestimmen und ihre Entwicklung in diesem Rahmen selbst zu steuern.

360°-Feedback

Dies geschieht u. a. durch Rückgriff auf entsprechende, global verfügbare Quellen über unsere eLernplattform, durch selbst initiierte Studienaufenthalte bei anderen Unternehmen, persönliche Unterstützung durch verfügbare Fakultätsmitglieder und Coaches.

Das Kompetenzmodell des Personalbereichs ist eine spezielle Anwendung des Deutsche Bank (DB) Kompetenzmodells, welches etwa zur gleichen Zeit entwickelt wurde, um allen Mitarbeitern der Bank weltweit einen Kern von gemeinsamen Verhaltensankern zu geben. Im Mittelpunkt des Kompetenzmodells stehen deshalb die 5 Kernwerte der Deutschen Bank (vgl. Abbildung 8):

- Kundenorientierung
- Innovation
- Leistung
- Teamgeist
- Vertrauen.

5 Kernwerte der Deutschen Bank

Die persönlichen Kompetenzen werden ergänzt um Management-Kompetenzen und funktionale Kompetenzen, die sich je nach Funktion, Region oder Geschäft zu einer Vielzahl verschiedener Kompetenzprofile zusammensetzen lassen, ohne den unverwechselbaren Kern der Bank und des jeweiligen Bereichs aufzuweichen (vgl. Abb. 9):

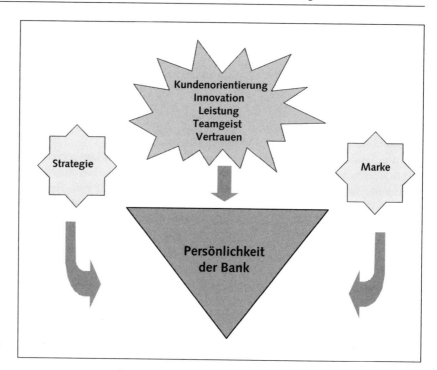

Abbildung 8:
Kernwerte und Identität
der Deutschen Bank

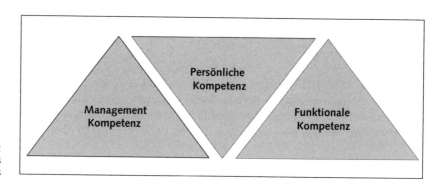

Abbildung 9:
Kompetenzbereiche des
DB Kompetenzmodells

Dies gilt auch für das Kompetenzmodell des Personalbereichs der Deutschen Bank, das wir zusammen mit Dave Ulrich und Wayne Brockbank von University of Michigan entwickelt haben. Dabei kam uns die gewaltige Kompetenz-Datenbank der beiden Wissenschaftler mit mehr als 20.000 Kompetenzprofilen von Personalfachleuten aus den Fortune 200 Unternehmen zugute (vgl. Abb. 10):

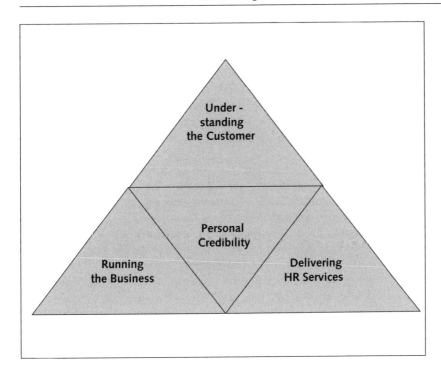

Abbildung 10:
Das Kompetenzmodell
des Personalbereichs

Auf dieser Basis entstand ein spezielles 360°-Feedback-Instrument für die Teilnehmer von »Personalmanagement 2002«. Das Instrument misst die Kompetenzen der Teilnehmer in den vier Dimensionen: Kundenkenntnisse, Persönliche Glaubwürdigkeit, Management und Personalmanagement-fachwissen. Die entsprechenden Daten wurden vor Beginn des Programms mit Fragebögen erhoben. Aus bis zu 10 verschiedenen Quellen: Vorgesetzter, Mitarbeiter, Kollegen und Kunden erhielt jeder Teilnehmer Rückmeldungen, die in einem persönlichen Bericht verdichtet und analysiert wurden. Jeder Teilnehmer erhielt seinen Bericht am ersten Tag der ersten Seminarwoche an der DUKE University. Persönliches Coaching durch Dave Ulrich, den Autor dieses Beitrags und Mitglieder unseres Management Development-Teams schloss sich an. Gleichzeitig wurde der aggregierte Bericht für die gesamte Gruppe diskutiert. Dieser Prozess wurde unterstützt durch eine moderierte Selbstanwendung des Mayers Briggs Typen Indikators (MBTI) vor Ort.

Dimensionen der Kompetenzmessung

Zusammenfassung und Ausblick

Die radikale Neuausrichtung des Personalbereichs auf die Herausforderung der »New Economy« muss mit einem radikalen »Talent Upgrade« der Personalmitarbeiter einhergehen. Die Deutsche Bank nutzt aktions- und projektorientierte androgogische Konzepte, neueste vernetzte Lerntechnologie und im globalen Maßstab erstklassigen akademischen Input, um beides miteinander zu verbinden.

Ein High Pot-Lernprogramm für die nächste Generation von Top Personalmanagern wird als »Trägerwelle« zur globalen Veränderung des Personalbereichs genutzt. Fünf Projektteams arbeiten an strategischen Herausforderungen zur Neuausrichtung des Personalbereichs.

Noch haben die Teams ihre Ergebnisse nicht abgeliefert. Aber schon heute (Februar 2000) sind aufgrund der Zwischenberichte der Sponsoren die Konturen des neuen Personalbereichs erkennbar.

Es entstand eine neue Kultur von globalem Teamgeist

Wichtiger noch: Unter den 30 Teilnehmern ist, quer über alle Nationalitäten, gleichgültig, ob ehemals Bankers Trust-Mitarbeiter oder immer schon Deutsch Banker, eine neue Kultur von globalem Teamgeist entstanden. Dabei haben »eLearning«, synchrone und vor allem asynchrone Kommunikationsfunktionen der neuen Internet-basierten Lernplattform der DB University eine wichtige Rolle gespielt. Vor allem Teammitglieder, die Englisch nicht als Muttersprache haben, können sich in asynchronen eTeamräumen besser einbringen als in realen Teamsitzungen, die bei globalen Teams normalerweise von den angloamerikanischen Teammitgliedern dominiert werden.

So liefert der Personalbereich das Rollenmodell für die künftige Arbeitsweise globaler Teams und »Communities of Practice« für die 90.000 Mitarbeiter der Bank in einem in jeder Hinsicht grenzüberscheitenden, global vernetzten Organisationsmodell.

Wir dürfen gespannt sein, was diese fünf Projektteams am Ende ihres Lernprogramms an Vorschlägen und Ergebnissen vorlegen werden.

Literatur

Svoboda, Michael/Hoster, Daniel: Die Deutsche Bank Universität – Motor des Wandels, in: Welge, Martin K. et. al.: Management Development – Praxis, Trends und Perspektiven, Stuttgart 2000, S. 175-192

Ulrich, Dave: Human Resource Champions – The Next Agenda for Adding Value and Delivering Results, Boston, Mass. 1997

Competency Based-Compensation

Christian Näser und Dr. Hans-Georg Blang

Die Dynamik des Marktes, Internationalisierung und Globalisierung aber auch ein verändertes Verständnis der Mitarbeiter als wesentliche Erfolgsfaktoren des Unternehmens erfordern ein Umdenken auch im Bereich der Vergütungspolitik. Für die Steigerung und Erhaltung der Wettbewerbsfähigkeit eines Unternehmens brauchen wir heute und in Zukunft Mitarbeiter die aktiv als Unternehmer im Unternehmen an der Erreichung der Unternehmensziele und an der Wertsteigerung ihres Unternehmens mitarbeiten. Um diese Mitarbeiter zu gewinnen, an das Unternehmen zu binden und zu motivieren, sind Vergütungssysteme notwendig, die der Leistungs- und Einsatzbereitschaft dieser Mitarbeiter in breiterem Umfang gerecht werden als bisher. Leistungsstarke Mitarbeiter fordern moderne, zukunftsorientierte und leistungsadäquate Vergütungssysteme. Bei zukunftsorientierten Vergütungssystemen muss der Bedeutung des Human Resources Faktors für den Unternehmenserfolg stärker Rechnung getragen werden, Flexibilität und Variabilität müssen erhöht werden. Einen Ansatz bieten die in diesem Artikel beschriebenen Competency-basierten Vergütungssysteme.

Umbruch der betrieblichen Vergütungspolitik

Ziele zukunftsorientierter Vergütungssysteme und neue Compensation-Strategie

Möglichkeiten zur erfolgsorientierten Implementierung
Verknüpfung der Grundvergütung mit Competencies
Verknüpfung variabler Vergütungskomponenten mit Competencies
Implementierung des Gesamtsystems

Strategien zur Einführung

Umbruch der betrieblichen Vergütungspolitik

Vergütung umfasst die Gesamtheit der materiellen Leistungen, die die Unternehmen den Mitarbeitern als Gegenwert für ihre Arbeitsleistungen bieten. Sie setzt sich durchweg aus den drei Hauptkomponenten zusammen: Grund- oder Festbezüge, variable Bezüge sowie Zusatz- und Sozialleistungen.

An der Schwelle zum dritten Jahrtausend steht die Vergütungspolitik der Unternehmen vor tiefgreifenden Veränderungen. Zwei Strömungen haben wesentlich zu diesem Trend beigetragen:

- Die tiefgehende Internationalisierung und Verflechtung der Unternehmen macht die Öffnung der eingefahrenen Denkrichtungen in der Vergütungspolitik deutscher Unternehmen notwendig und fördert zugleich ihre Umsetzung.
- Ein zweiter Aspekt des Umdenkens hat dazu geführt, die Mitarbeiter nicht als Kostenverursacher, sondern als Gewinnproduzenten zu betrachten. Mitarbeiter werden eingestellt, damit sie durch ihre Arbeit Beiträge zur Unternehmenszielerreichung leisten. Die Personal- und Vergütungspolitik muss sie in dieser Funktion wirksam unterstützen.

Die Vergütungspolitik gewinnt in den Unternehmen erheblich an Bedeutung: Ihr wird die strategisch wichtige Rolle zugewiesen, die Unternehmensziele mit den Interessen der Mitarbeiter zu verbinden. Damit wird sie zum Umsetzungshebel der Firmenzielsetzungen und -strategien. Vergütung wandelt sich damit vom bloßen Kostenfaktor zum zentralen Anreiz- und Steuerungsinstrument. Dieser Zusammenhang wird in der Umsetzungspyramide in Abbildung 1 deutlich.

Vergütungspolitik als strategisches Bindeglied zwischen Unternehmenszielen und Mitarbeiterinteressen

Die Anforderungen, die zur Erfüllung dieser strategischen Voraussetzungen an die Vergütungsgestaltung zu stellen sind, werden in den herkömmlichen Systemen zumeist nicht realisiert.

- Analytisch geprägte Vergütungssysteme orientieren sich einseitig an »Wertigkeitsmerkmalen« der Position, ohne eine zwingende und klare Orientierung an den notwendigen Erfolgsfaktoren.
- Rein wertorientierte Vergütungsansätze mit einer ausschließlichen Orientierung an Finanzkennzahlen können langfristig wirkende Erfolgsvoraussetzungen im nicht-finanziellen Bereich vernachlässigen.
- Zielorientierte Vergütungskomponenten schaffen zwar Anreize für Mitarbeiter, die Unternehmensstrategien umzusetzen, vernachlässigen aber sehr häufig die Ausbildung bestimmter Mitarbeiterfähigkeiten als Erfolgsvoraussetzung.

Darüber hinaus ist festzustellen, dass in einer relativ großen Anzahl von Unternehmen Vergütungspolitik im eigentlichen Sinne überhaupt nicht anzutreffen ist. Vergütung wird hier eher rückwärts angewandt. Sie wird in ihrer Höhe und in ihrer Struktur als gegeben hingenommen, reduziert sich damit zum notwendigen Kostenfaktor, um die Gewinnung neuer bzw. das Halten bestehender Mitarbeiter sicherzustellen.

Die in der Vergütung basierenden vielfältigen Chancen, sie als Umsetzungshebel der Firmenzielsetzungen zu benutzen, wird hierbei vertan.

Wenn Mitarbeiter zu Unternehmern im Unternehmen werden sollen, erwarten sie äquivalente Vergütungssysteme

Die Globalisierung des Wettbewerbs, die enger werdenden Märkte, die steigenden Kundenbedürfnisse, Rationalisierung und Kostenmanagement machen die Mobilisierung von Ergebnis- und Rationalisierungspotenzialen unumgänglich. Für diese bestehenden und in der Zukunft noch wachsenden Herausforderungen benötigen die Unternehmen Mitarbeiter, die unternehmerisch denken und engagiert für ihr Unternehmen tätig sind. Der Mitarbeiter wird damit zum Intrapreneur, zum Unternehmer im Unternehmen. Derartig veranlagte und geformte Mitarbeiter erwarten als Äquivalent für ihr Engagement das Angebot an zukunftsorientierten Vergütungssystemen.

Solcherart ausgeprägte Vergütungssysteme müssen

Ein neues Verständnis der Vergütungspolitik ist gefragt

- die Vergütung als umsetzungsorientiertes Steuerungsinstrument im Hinblick auf längerfristige Unternehmensziele stärken,
- eine deutliche Schnittstelle zwischen persönlichen Erfolgsfaktoren und der Vergütung als Steuerungsinstrument herstellen,
- Umsetzungshebel für eine umfassende Zielorientierung der Balanced Scorecard schaffen,
- eine stärkere Steuerung des WIE (Erfolgsvoraussetzungen) neben der Orientierung am WAS (Ergebnis) ermöglichen,
- letztendlich einen nachvollziehbaren Bezug der Höhe und Struktur der Vergütung zur persönlichen Entwicklung des Mitarbeiters transparent machen.

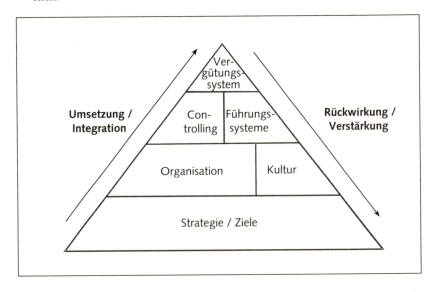

Abbildung 1:
Vergütungssysteme als Umsetzungshebel der Unternehmensziele

Ziele zukunftsorientierter Vergütungssysteme und neue Compensation-Strategien

Ziele

Hoher Wettbewerbsdruck auf Absatz- und Beschaffungsmärkten, aber auch auf dem Rekrutierungsmarkt für High Potentials und Leistungsträger führen dazu, dass Vergütungssysteme komplexe Anforderungen erfüllen müssen. Die Compensation-Strategie muss vor allem folgende Ziele erfüllen:

- sie soll als Instrument zur Umsetzung periodenbezogener Ziele und langfristiger Strategien fungieren,
- sie muss ein attraktives Angebot für leistungsorientierte Mitarbeiter und Potenzialträger bieten.

Ziele und Anforderungen an moderne Compensation-Strategien

Für die Gestaltung künftiger Vergütungssysteme ergeben sich daraus folgende Anforderungen:

- Die Vergütung muss in das Instrumentarium des Performance-Management integriert sein. Die Entwicklung der Gehälter und variabler Komponenten muss am Beitrag der Mitarbeiter zum Unternehmenswert und an den in den Steuerungssystemen festgelegten Zielgrößen (Wert- oder Leistungstreiber) orientiert sein.
- Sie soll Anreize zur Stärkung der persönlichen Erfolgsfaktoren zur Beeinflussung der Wert-/Leistungstreiber im Unternehmen liefern.
- Das Vergütungssystem soll einen nachvollziehbaren Bezug der Vergütung zur Entwicklung des Mitarbeiters herstellen: Erfolgreiche Entwicklungsmaßnahmen, die die Laufbahn-/Karriereplanung unterstützen, sollen belohnt werden.

Neue Compensation-Strategien

Damit die Vergütung die an sie gestellten Anforderungen erfüllen kann, wird sie künftig als integriertes Gesamtsystem mit verschiedenen Komponenten ausgestaltet werden. Deren Einzelkomponenten können flexibel gestaltet werden und sind eng mit den Führungssystemen und HRM-Instrumenten des Unternehmens verzahnt (vergleiche Abb. 2).

Moderne Vergütungssysteme beachten Human Resource-Komponenten

Ein deutlicher Anteil an der Gesamtvergütung hängt von der Erreichung von Zielen ab, die aus dem Zielsystem des Unternehmens resultieren, z. B. von

- Finanziellen Zielen (Wert-/Ergebnisgrößen, Rendite, etc.)
- Kundenorientierten Zielen (z. B. Kundengewinnung, Kundenzufriedenheit, etc.)
- Internen Prozesszielen (z. B. Verkürzung Durchlaufzeiten, Senkung von Ausschussquoten, Qualitätsziele, etc.)

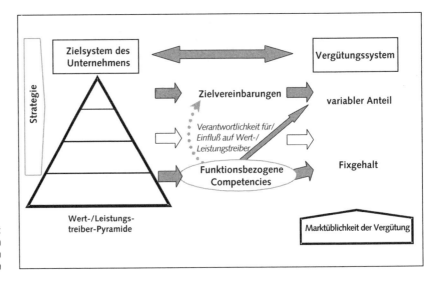

Abbildung 2:
Vergütung im
integrierten
Gesamtsystem

- Zielen bezüglich Innovation und Humanpotenzial (z.B. Erhöhung der Realisierungsquote von Neuproduktideen, Entwicklung neuer Kompetenzen und Befähigungen, Verbesserung des Mitarbeiter Commitment, etc.)

Im Rahmen einer zielabhängigen Vergütungskomponente (Zielbonus) werden auch Humanpotenzialziele vereinbart. Ein Teil des erreichbaren Zielbonus hängt dabei von der Entwicklung von definierten Befähigungen, Kenntnissen und Verhaltensweisen der Mitarbeiter ab.

Variable Gestaltung des Fixgehaltes

In der bisherigen Vergütungspraxis weist i. d. R. nur der variable Gehaltsbestandteil eine Ziel- oder Erfolgsorientierung auf. In künftigen Vergütungssystemen wird auch die Gestaltung oder Entwicklung des Fixgehalts neben anderen Kriterien zunehmend orientiert an:

- dem Beitrag der jeweiligen Funktion zu den Leistungs-/Werttreibern,
- an der entwickelten Ausprägung der für die Funktion definierten Competencies. Die Competencies beschreiben die persönlichen Erfolgsfaktoren in Form der spezifischen Fähigkeiten, Kenntnisse und Verhaltensweisen, durch die sich überdurchschnittlich erfolgreiche von durchschnittlich erfolgreichen Mitarbeitern unterscheiden.

Die Entwicklung der Competencies steht in direktem Zusammenhang zur Fähigkeit des Mitarbeiters, die jeweiligen Wert- bzw. Leistungstreiber in seinem Verantwortungsbereich zu beeinflussen. Daher wird es wettbewerbsrelevant, die Entwicklung der Competencies wirksam mit der Unternehmensstrategie, dem Ziel- und Vergütungssystem zu verknüpfen.

Die Definition der Competencies sollte daher auf folgenden Kernfragen basieren:

- Welche finanziellen Ergebniserwartungen determinieren den Zielrahmen, in dem Mitarbeiter agieren müssen (Wertorientiertes HRM)?
- An welchen Kundenerwartungen müssen Mitarbeiteraktivitäten ausgerichtet werden, um die gesteckten Marktziele erreichen zu können (kundenzentriertes Verhalten)?
- An welchen internen Prozesszielen, z. B. bei Auftragsabwicklung, Service, Entwicklung, müssen sich Verhalten, Kenntnisse und Befähigungen orientieren?
- Wie können Innovationsstärke und Lernfähigkeit der Organisation durch Entwicklung von Mitarbeiter-Competencies sichergestellt werden?

Competencies ersetzen herkömmliche Anforderungsprofile, indem sie die Vernetzung der für eine Funktion erforderlichen persönlichen Eigenschaften und Befähigungen mit gezeigtem Verhalten und Leistungen bzw. dem Arbeitsergebnis beschreiben. Sie umfassen:

- Benötigtes Wissen, Fähigkeiten und Einstellungen (WFE's)   **Competencies**
- Menge von Eigenschaften (Bündelung der WFE's oder der Aufgaben, Aktivitäten, Ergebnisse und Leistungen)
- Aufgaben und Aktivitäten (was ist jeweils zu tun?)
- Leistungen (für internen und externen Kunden)
- Ergebnisse (was kann anderen zur Verfügung gestellt werden?)
- Differenzierung von Wissen, Fähigkeiten und Einstellungen, die Mitarbeiter mit überdurchschnittlichen Leistungen von anderen unterscheiden.

Competencies beinhalten alle persönlichen Erfolgsfaktoren in den Ebenen:
- Strategische Competencies (Leitbild, Kernkompetenzen, Vertriebsstrategie)
- Funktionale Competencies (Führung, Konzepte/Strategien, Personalmanagement, Projektmanagement, Kundenmanagement)
- Verhaltens-Competencies (Problemlösungskompetenz, zwischenmenschliches Verhalten, Motivationsstruktur, Dynamik).

Auf eine Funktion bezogen können geforderte Kompetenzen durch die Kienbaum Kompetenz-Pyramide beschrieben werden (vergleiche Abb. 3).
Die Beschreibung der einzelnen Competencies könnte z. B. für einen Key-Account-Manager für die Teilfunktion Kundenmanagement lauten:

▶ entwickelt in ausgewählten Kundenunternehmen breite Beziehungsnetzwerke
▶ identifiziert auch ungewöhnliche, unerwartete Kundenbedarfe
▶ kommuniziert vom Wettbewerb unterscheidende Eigenschaften im Kundenkontakt
▶ entwickelt neue Vermarktungsansätze/-ideen mit dem Kunden und initiiert deren Realisierung

Beispiel:
Competencies
für einen Key-
Account-Manager

▶ betreut den Kunden auf der Basis mittel- und langfristiger strategischer Planung

▶ geht über die »normale« (vom Kunden erwartete) Betreuungsleistung hinaus

▶ setzt Maßnahmen zur Erhöhung der Kundenorientierung (Ziel: Kundenbegeisterung) im eigenen Verantwortungsbereich konsequent um

▶ begeistert eigene Kunden durch Auftreten und Argumentation

▶ bereitet Jahresgespräche ausführlich vor und nach

▶ führt regelmäßig Kundenbefragungen durch

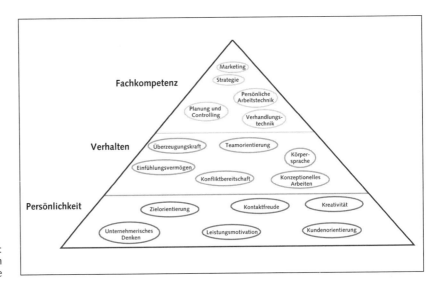

Abbildung 3:
Kienbaum
Kompetenz-Pyramide

Möglichkeiten zur erfolgsorientierten Implementierung

Competencies in
einem wert-/
erfolgsorientierten
Vergütungssystem

Die Verknüpfung von Vergütungskomponenten mit der Entwicklung und Ausprägung von persönlichen Competencies soll Anreize schaffen, an der Weiterentwicklung derjenigen Befähigungen und Verhaltensweisen zu arbeiten, die für die Beeinflussung der Wert- und Leistungstreiber im Unternehmen relevant sind. Dies wird grundsätzlich durch zwei ergänzende Komponenten erreicht:

- Die entwickelte Ausprägung von Competencies beeinflusst neben anderen Kriterien die Steigerung des Grundgehalts bzw. die Lage des Mitarbeiters im für die jeweilige Funktion/Ebene festgelegten Gehaltsband.
- Die (Weiter-)entwicklung von erfolgswichtigen Competencies wird im Rahmen von Zielvereinbarungen an einen Teil des zielabhängigen Bonus geknüpft.

Im Rahmen eines wert-/erfolgsorientierten Vergütungssystems ist die Nutzung beider Möglichkeiten zu empfehlen, um die Vergütung umfassend als Umsetzungshebel für die Humanpotenzialziele zu nutzen. Damit soll erreicht werden, dass die Personalausgaben zu einer gezielten Investition in die wertbeeinflussenden Erfolgsvoraussetzungen werden.

Verknüpfung der Grundvergütung mit Competencies

Die individuelle Steigerung des Fixgehaltes und/oder die Lage innerhalb des jeweiligen Gehaltsbandes wird von erreichten Competency-Ausprägungen für die jeweilige Funktion abhängig gemacht.

Ein Mitarbeiter kann nur dann überdurchschnittliche Zuwächse des Grundgehalts erzielen, wenn er die langfristigen strategie- und zielkonformen Erfolgsfaktoren für sein Geschäft verbessert. Dies gilt unabhängig von seiner Performance bezüglich seiner weiteren Ziele.

In der praktischen Lösung überwiegt der Aspekt der Competency-abhängigen Gehaltssteigerungen, weil damit auch gleichzeitig die Lage im Gehaltsband determiniert wird. Die bisherige Lage des Mitarbeiters im Gehaltsband ist dabei als weitere Einflussgröße für die Festlegung der Gehaltssteigerung zu berücksichtigen. Ein Beispiel zeigt die folgende Tabelle.

Bisherige Lage im Gehaltsband	Erreichte Competency-Ausprägung				
	1	2	3	4	5
Stufe 3					
Stufe 2				GS = Faktor S2 x Faktor C4 x Ø GS	
Stufe 1					

Tab. 1: Abhängigkeit der Steigerung des Grundgehalts von Competency-Ausprägungen und der Lage im Gehaltsband

Zeigt ein Funktionsinhaber, dass er die Ausprägungsstufe 4 der für seine Funktion beschriebenen und beurteilten Competencies erreicht hat und liegt er außerdem bisher in der mittleren Stufe 2 des entsprechenden Gehaltsbands, so errechnet sich seine individuelle Gehaltssteigerung durch die Formel:

GS (Gehaltssteigerung) = Faktor S2 (Gehaltssteigerungsfaktor für Stufe 2) x Faktor C4 (Gehaltssteigerungsfaktor der Competency-Ausprägungsstufe 4) x Ø GS (durchschnittliche Gehaltssteigerung für die Mitarbeiter der entsprechenden Ebene(n) im Unternehmen)

Während die Gehaltsstufenabhängigen Faktoren degressiv verlaufen (Faktor S3 < S2 < S1), können die Faktoren für Competency-Ausprägungen progressiv festgelegt werden (Faktor C5 > C4 > C3...). Damit wird vermieden, dass nicht in Stillstand oder nur geringe Bewegung bei der Entwicklung von Erfolgsfaktoren investiert wird. Empfehlenswert ist auch die Zuweisung des Faktors »Null« zu der oder den niedrigsten Competency-Ausprägungen. Eine Gehaltssteigerung ist dann ganz ausgeschlossen.

Kompensation ist möglich   Um das System nicht überkomplex werden zu lassen, empfiehlt es sich, einen (gewichteten) Mittelwert über alle Competency-Dimensionen zugrunde zu legen und den erreichten Gesamtwert zur Bezugsgröße zu machen. Damit wird in Kauf genommen, dass eine sehr hohe Competency-Ausprägung, z. B. in der Dimension »Strategische Competencies« eine niedrige Ausprägung in einer anderen Dimension, z. B. »Verhaltens-Competencies« kompensieren kann. Abbildung 4 gibt einen Überblick über das gesamte Verfahren.

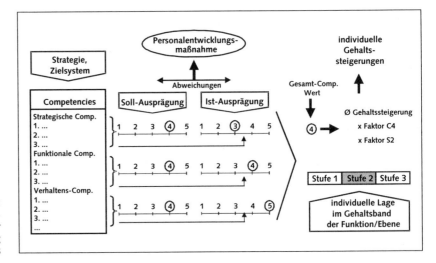

Abbildung 4: Gesamtvergütungssystem unter Berücksichtigung der Competencies

Damit die Investitionen in die Entwicklung von Competencies und die gesamten Personalkosten kalkulierbar bleiben, werden die Faktoren zur Errechnung der Gehaltssteigerung so kalibriert, dass ein angestrebter Bereich für Gehaltszuwächse, z. B. 0 – 6 % bei einer Durchschnittsrate von 1,5 % eingehalten wird. Ein Mitarbeiter in der unteren Stufe im Gehaltsband (höchster Progressionsfaktor) könnte damit einen maximalen Zuwachs seines Gehaltes in Höhe von 6 % erreichen.

Verknüpfung variabler Vergütungskomponenten mit Competencies

Ein wert-/erfolgsorientiertes Vergütungssystem schafft durch eine variable zielabhängige Vergütungskomponente Anreize zur Realisierung der Erfolgsfaktoren des Geschäfts. Dabei werden Ziele bezüglich der identifizierten Wert-/Leistungstreiber gesetzt und zum Gegenstand individueller Zielvereinbarungen.

> **Ziele werden entsprechend der identifizierten Wert-/Leistungstreiber gesetzt**

In einem der Balanced Scorecard entsprechenden Zielsystem des Unternehmens sind die Zielperspektiven

- Finanzielle Ziele
- Kundenorientierte Ziele
- Interne Prozessziele
- Innovations- und Humanpotenzialorientierte Ziele

hierarchisch durch ein Ursache-Wirkungsmodell miteinander verknüpft. Dabei gehören die Humanpotenzial-orientierten Ziele zu den langfristigen Erfolgsvoraussetzungen (Lagging Indicators), deren Integration in ein ganzheitliches Steuerungssystem unerlässlich ist. Der Kern der Humanpotenzial-Ziele besteht in der Entwicklung der benötigten Basis von Befähigungen, Kenntnissen und Verhaltensweisen, die durch Competencies funktionsspezifisch beschrieben werden. Competencies liefern somit das geeignete Instrumentarium zur wert-/erfolgsorientierten Steuerung mit der Balanced Scorecard, um klare Ziele und Vorgaben bezüglich der Humanpotenzialziele festlegen zu können.

Im Rahmen eines Zielbonussystems kann die praktische Umsetzung für einen individuellen Zielbonus z. B. wie folgt aussehen:

Zielkategorien	Beispiele für mögliche Ziele (Wert- und Leistungstreiber)	Gewichtung (max. Anteil am individuellen Zielbonus), z. B.
Finanzielle Ziele	Regionaler Deckungsbeitrag II	20 %
Kundenbezogene Ziele	Kundenzufriedenheit (Index auf Basis Kundenbefragung)	30 %
Interne Prozessziele	Verkürzung der Durchlaufzeiten (Monitoring im Rahmen des Qualitätsmanagements)	20 %
Innovations- und Humanpotenzialziele	Entwicklung neuer Competencies (Bewertet durch Competency basiertes Personalentwicklungssystem)	30 %

Tab. 2: Beispiel für einen individuellen Zielbonus

Die Vereinbarung von Competency-Zielen sollte ergänzend zur Verknüpfung von Competencies mit der Grundgehaltsentwicklung erfolgen. Mit einer variablen Vergütung, die von erreichten Competency-Zielen abhängt, sollten nicht Basisfähigkeiten abgedeckt werden, sondern:

- Dynamische Veränderungen von Schlüsselerfolgsfaktoren, z.B. bei Marktveränderungen, wie sie sich beispielsweise aktuell in den Energie- oder Telekommunikationsmärkten vollziehen.
- Entwicklung strategisch relevanter neuer Competencies, z.B. bei Verlagerung des Kerngeschäfts- oder bei Integrationsprozessen.

Implementierung des Gesamtsystems

Die Competency-basierte Vergütung betont die Entwicklung längerfristiger Erfolgsfaktoren. Ihre Implementierung sollte daher im Rahmen eines Gesamtsystems erfolgen, in dem ein ausgewogener Mix aus kurzfristig orientierten Vergütungskomponenten (z.B. einer von periodenbezogenen Zielgrößen wie Umsatz-/Deckungsbeitrag abhängigen variablen Vergütung) und am längerfristigen Erfolg ausgerichteten Vergütungskomponenten hergestellt wird. Dies wird erreicht, wenn die Einführung im Rahmen eines übergreifenden Performance Management-Instrumentariums wie Balanced Scorecard erfolgt.

Eine weitere Stufe der Integration von Competency-Orientierung und Ergebnisorientierung stellt die Verknüpfung von Gehaltssteigerungen mit Zielerreichungsstufen und Competency-Ausprägungen dar. Dadurch kann die Gesamtperformance stark gesteuert werden, indem sowohl die (periodenbezogene) Performance des Mitarbeiters als auch sein langfristiges Potenzial in Form der erreichten Competencies berücksichtigt werden. Ein Instrument zur Umsetzung stellt die »Pay Progression Matrix« dar (s. Abbildung 5 und 6). Wegen der hohen Komplexität sollte dieses Instrument nur bei Funktionen zum Einsatz kommen, in denen eine enge Bindung der kontinuierlichen Gehaltsentwicklung an die nachhaltige Gesamtperformance strategisch wichtig ist, z.B. bei Key-Account-Managern. Mit der Ausgestaltung der Pay Progression Matrix kann im Gegensatz zum oben dargestellten einfacheren System unterbunden werden, dass sich zielerreichungsabhängige Vergütung und Competency-Ausprägung in bestimmten Bereichen gegenseitig kompensieren können. Bei der praktischen Realisierung ist allerdings eine geringe Komplexität des Systems zumindest in der Einführungsstufe anzustreben.

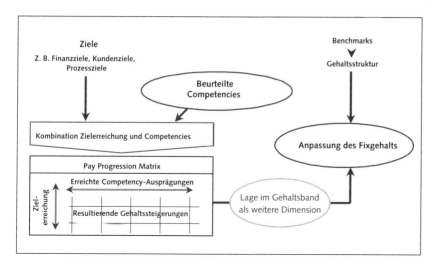

Abbildung 5:
Competency-
Orientierung und Pay
Progression Matrix

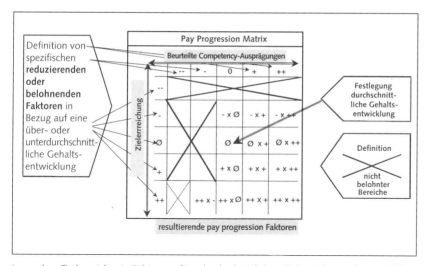

Abbildung 6:
Pay Progression Matrix

Legende: Ø bezeichnet Faktoren für durchschnittliche Zielerreichung bzw. mittlere
Competencies-Ausprägungen
+, ++ bezeichnen Faktoren für überdurchschnittliche Zielerreichung bzw. höhere
Competencies-Ausprägungen
-, -- bezeichnen Faktoren für unterdurchschnittliche Zielerreichung bzw. schwä-
chere Competencies-Ausprägungen

Strategien zur Einführung

Der Erfolg der Systemeinführung hängt wesentlich von folgenden Faktoren ab:

- Akzeptanz und Nachvollziehbarkeit der zugrundeliegenden Competencies
- Einfachheit und Transparenz des Gesamtsystems (Competency-basierte + andere Vergütungskomponenten)
- gelungene Verbindung mit übergreifenden Steuerungsinstrumenten (Balanced Scorecard, Beurteilungssystem)

Eine stufenweise Entwicklung des bestehenden Vergütungssystems kann die Erfolgsfaktoren am ehesten sicherstellen. Eine optimale Voraussetzung bildet die verzahnte oder zumindest stufenweise aufeinander aufsetzende Entwicklung:

- des übergreifenden strategischen Controlling (z. B. Balanced Scorecard)
- der an den Erfolgsfaktoren bzw. den identifizierten Wert-/Leistungstreibern orientierten Beschreibung von Competencies für die Funktionen mit der höchsten Wettbewerbsrelevanz
- eines gut handhabbaren Instrumentariums zur jährlichen Beurteilung der Competencies
- der zielabhängigen variablen Vergütungskomponente
- der Verknüpfung der Fixgehaltsentwicklung mit Competency-Ausprägung.

In der Praxis sind Unternehmen allerdings nur selten in der Lage, diesen Prozess idealtypisch zu vollziehen. Als pragmatische Lösung hat sich daher eine Vorgehensweise herausgebildet, die sich an bereits vorhandenen Zielen und Führungsinstrumenten orientiert mit folgenden vereinfachenden Merkmalen:

- Identifikation von und Beschränkung auf besonders erfolgskritische Funktionen (z.B. Top-Ebenen, Key-Account-Manager, Integrationsmanager, etc.)
- Integration des vorhandenen Beurteilungs- und Personalentwicklungs-Instrumentariums, soweit möglich
- Aufsetzen auf bestehendem Zielsystem bei Ableitung der Competencies
- Mögliche Integration in bestehendes Vergütungssystem.

Eine unternehmensindividuelle modulare Ausgestaltung sichert den Einführungserfolg; die Einführung wird darüber hinaus in jeder Stufe am Ausbau zum Gesamtsystem orientiert, das Strategie, Unternehmensziele, Competency-Entwicklung und Vergütungssystem in einem integrierten Instrumentarium zum Performance-Management umfasst. Bei der Weiterentwicklung der im Unternehmen bestehenden Instrumente ist es daher wichtig, über eine fest umrissene Vision zu verfügen, wie das künftige Gesamtsystem ausgestaltet sein soll. Dabei ist eine hohe Kompetenz im Human Resources-Management ebenso erforderlich wie in der Gestaltung erfolgsorientierter

Vergütungssysteme und strategischer Controllingsysteme. In der Beratungspraxis von Kienbaum hat sich gezeigt, dass die Verfügbarkeit bewährter Module wie

- Basismodule für Zielsysteme in einzelnen Branchen,
- Competency-Sets für erfolgsrelevante Schlüsselfunktionen sowie
- komplette Module für die Gestaltung von Vergütungssystemen

zur unternehmensindividuellen Ausgestaltung die Einführung erheblich erleichtert und wesentlich zum Realisierungserfolg beiträgt.

Bei der Realisierung eines Competency-basierten Vergütungssystems ist die Zusammenarbeit zwischen Personal-/Personalentwicklungsbereich mit Unternehmensplanung und Controlling sowie den verantwortlichen Führungskräften für die operativen Bereiche besonders gefordert. Die Ausrichtung als übergreifendes Instrument des Performance-Managements sprengt funktionale Grenzen und ersetzt sie durch die gemeinsame Verantwortung für den Unternehmenserfolg.

Teil III
Herausforderungen der Internationalisierung und Globalisierung

Führung in globalen Unternehmen

Prof. Peter Pribilla

Wir schreiben das Jahr 2005: Siemens Mitarbeiter Erwin Schnell erholt sich gerade auf Hawaii von einem anstrengenden Projekteinsatz in China. Nach einigen Wochen Urlaub möchte er wissen, welche neuen Projekte gerade angeboten werden. Erwin Schnell hat nämlich einen Vertrag als ›**Projektleiter**‹. Er klinkt sich ins Firmennetz ein und sieht sich die Videos mit den aktuellen Projektausschreibungen an. Dabei weckt ein Projekt in Brasilien sein Interesse: ein mobiles Kommunikationsnetz ist zu installieren. Die Vorgabezeit von nur 6 Monaten ist eine extreme Herausforderung, aber für das Projekt winkt eine dicke Prämie, die bei Terminunterschreitung noch verdoppelt werden kann. Erwin Schell bewirbt sich online um das Projekt. Hierzu gibt er sein ›**Kompetenzprofil**‹ in das ›**Projektnetzwerk**‹ ein. Auf Grund seiner bisherigen erfolgreichen Projektleitungen hat er sich auf verschiedenen Gebieten eine hohe Zahl von ›**Kompetenzpunkten**‹ erworben. Einige Tage später, nach etlichen E-Mails und Videokonferenzen, erhält Erwin Schnell von der Bereichsleitung in Kalifornien den Zuschlag. Ausschlaggebend waren nicht nur seine ›Kompetenzpunkte‹, sondern vor allem auch seine ›**Performancepunkte**‹ aus dem letzten Projekt. Nun gilt es für Erwin Schnell, die geeigneten Mitarbeiter zu rekrutieren. Hierbei verlässt er sich nicht nur auf sein persönliches Netzwerk, sondern vor allem auf die globale ›**Skilldatenbank**‹ des Unternehmens, in der Kompetenzen und Fähigkeiten der Mitarbeiter gespeichert sind. Durch Eingabe der gewünschten Anforderungsprofile bekommt er eine Liste möglicher Projektmitarbeiter. Einige Spezialisten müssen von extern dazu geholt werden – kein Problem mit dem großen Angebot von Hochschulen und Forschungsinstituten, die im firmeneigenen ›**Kooperationspartnerpool**‹ ihre Dienste anbieten ....

Verlassen wir an dieser Stelle Erwin Schnell und stellen fest, welche Tendenzen sich abzeichnen, die ein solches Szenario bald Wirklichkeit werden lassen könnten. Dabei soll vor allem auch untersucht werden, welche **Anforderungen** sich daraus an die **Führung und Zusammenarbeit** in global vernetzten Unternehmen ableiten lassen.

Globalisierung

Informations- und Kommunikationstechnik

Virtuelle Organisationsformen – die Arbeitswelt von morgen?

Führen in global vernetzten Unternehmen

Mitarbeiter und Führungskräfte auf dem Weg zur globalen Zusammenarbeit
Barrieren
Führen über Distanz
Integrationskräfte

Unternehmenskultur und Unternehmensleitbild als Grundlage für mentale Vernetzung

Erfahrungen bei Siemens

Aufgaben der Personalpolitik

Zusammenfassung

Literatur

Globalisierung

Über ›Globalisierung‹ ist schon soviel geschrieben worden, dass es schwer fällt, dem noch einen weiteren neuen Gedanken hinzuzufügen. Dieses Wort ist vielleicht auch deswegen so beliebt, weil es sich hervorragend als **Argumentations-Joker** verwenden lässt.

Nahezu jeder wirtschaftliche Vorgang und jede Forderung scheint sich mit ›Globalisierung‹ erklären oder begründen zu lassen – das geht hin bis zu den Ladenschlusszeiten, die allem Anschein nach vor allem deswegen verlängert werden mussten, weil sonst die Kunden zum Einkaufen abends alle nach New York fliegen würden ....

Dabei ist Globalisierung nicht erst ein Thema von heute. Bereits vor gut 100 Jahren fing die Welt schon an, zusammen zu wachsen. Dampfschiffe, Eisenbahnen, Telegraphie, der Panamakanal ließen die Entfernungen schrumpfen.

Diese Entwicklung hat sich seit jener Zeit – und vor allem in den letzten Jahren – extrem beschleunigt. Heute herrscht ein weltweiter Wettbewerb von Unternehmen und Standorten. Die Märkte werden immer stärker voneinander abhängig – durch den wachsenden Handel mit Gütern und Dienstleistungen, schnelle Kapitalbewegungen, durch Technologietransfer, durch die weltweit ständig steigende Arbeitsteilung und insbesondere auch durch die moderne Informations- und Kommunikationstechnik.

Das lässt die Produktionsfaktoren um den Erdball wandern und das Kapital für Investitionen dorthin fließen, wo es gute Gewinnchancen gibt. Eine weltweite Wettbewerbsarena ist entstanden.

Globalisierung: alter Trend mit neuer Dynamik

Informations- und Kommunikationstechnik

Eine der wichtigsten Voraussetzungen bei der Globalisierung ist die moderne Informations- und Kommunikationstechnik.

- Vor hundert Jahren brauchte ein Brief von Europa nach USA noch 3 Wochen. Heute kann man über weltweite Netze in Sekundenschnelle ›anytime and anywhere‹ kommunizieren und zwar zu immer günstigeren Kosten. Ein einziges Glasfaserkabel macht es heute möglich, dass alle Bewohner New Yorks gleichzeitig mit allen Einwohnern Londons telefonieren könnten.
- Heute haben über 100 Mio. Menschen einen Anschluss an das Internet und versenden rund 300 Mio. E-Mails pro Tag. Die Menge der Informatio-

Schnelle und moderne Informations- und Kommunikationstechnik als Voraussetzung für erfolgreiche Globalisierung

nen, die über das Internet verschickt wird, verdoppelt sich zur Zeit etwa alle 100 Tage.

- Wurde früher ein Motor konstruiert, dann mussten die Konstrukteure zwangsläufig alle am gleichen Ort tätig sein. Heute ist es üblich, dass Ingenieure in Japan, Deutschland und USA über tausende von Kilometern hinweg **simultan** am gleichen Motorenmodell arbeiten.

- Dauerte es früher 14 Tage, bis ein Vorgang mittels Mappenumlauf und Hausboten von Schreibtisch zu Schreibtisch transportiert und unterschrieben wurde, so kann der gleiche Vorgang heute elektronisch in ein paar Stunden erledigt werden.

Welche Rolle spielen Informationen überhaupt innerhalb der Wertschöpfungskette, also bei den einzelnen wertschaffenden Aktivitäten, die bei der Produkt- oder Leistungserstellung erforderlich sind?

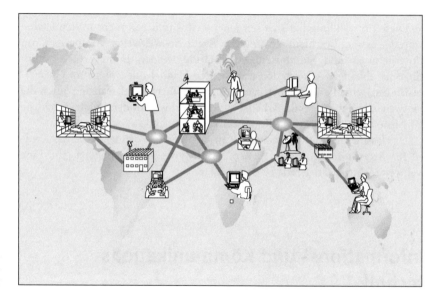

Abbildung 1:
Informationstechnologie
und globale
Wertschöpfung

Die Leistungserstellung erfolgt in vielen miteinander verketteten Einzelaktivitäten, die in global tätigen Unternehmen an verschiedenen Orten, über Abteilungs- und Standortgrenzen hinweg laufen – in einem fein verästelten Netz von Abläufen und Entscheidungswegen. **Alle** diese Aktivitäten werden durch Informationen angestoßen und gesteuert.

In die globale Wertschöpfungsstrategie müssen deshalb auch die nationalen und internationalen Niederlassungen und Werke, die Kunden und Lieferanten, die Berater, Logistikfirmen und Kooperationspartner und last-but-not-least auch die Tele-Arbeiter eingebunden werden.

Diese ›Tele-Integration‹ ist Voraussetzung für die weltweite, optimale Aufteilung der Wertschöpfungskette auf die jeweils günstigsten Standorte. Denn trotz der räumlichen Trennung soll alles so funktionieren, als ob alle Beteiligten im selben Gebäude sitzen würden.

Die Telekommunikation macht Informationen omnipräsent und ermöglicht dadurch die Dezentralisierung von Unternehmensfunktionen, die früher an einem Ort sein mussten, sonst hätten die Abstimmprozesse viel zu lange gedauert. Durch die Möglichkeiten der Kommunikation verliert also die Differenzierung von Unternehmens-Zentrum und Unternehmens-Peripherie wesentlich an Bedeutung.

Dadurch spielen dann auch regionale und nationale Grenzen eine immer geringere Rolle. Bitströme unterliegen keinen Zollschranken oder Grenzkontrollen. Alles wird fast überall und jederzeit verfügbar. Hierdurch verschwinden zunehmend die standort-gebundenen Vor- oder Nachteile von Ländern und Regionen.

Telekommunikation macht die Welt ›kleiner‹. Die digitalen Medien umgehen Raum und Zeit wie mit einem Bypass und beseitigen bzw. vermindern die Raum-Zeit-Probleme. ›**Death of Distance**‹ ist ein passendes Stichwort hierzu, welches der ›Economist‹ kürzlich prägte.

John Naisbitt – Autor von Büchern wie ›Megatrends‹ – bringt es auf den Punkt, wenn er sagt: »Telecommunications is the driving force that is simultaneously creating the huge global economy and making its parts smaller and more powerful«.

Daraus sieht man, dass die moderne Informationstechnik eine unabdingbare Voraussetzung, gleichzeitig aber auch einer der wesentlichen Treiber für die Globalisierung ist.

Virtuelle Organisationsformen – die Arbeitswelt von morgen?

Wenn heute das Thema ›Führung‹ angesprochen wird, muss auch die Frage gestellt werden: wie sieht die Arbeitswelt von morgen aus und welche Anforderungen wird sie haben?

Die Zukunft der Arbeit lässt sich nicht einfach durch Fortschreiben der heutigen Situation beschreiben. Es ist eine zunehmende Komplexität und Dynamik zu beobachten.

Betrachtet man die industrielle Entwicklung der Nachkriegszeit, so hatten wir es in den meisten Branchen bis in die 70er-Jahre überwiegend mit **Verkäufermärkten** zu tun. Liberalisierung und Globalisierung trugen dazu bei, dass sich die Gewichte nahezu in allen Bereichen hin zu **Käufermärkten** entwickelt haben. Wer in einem Verkäufermarkt erfolgreich sein wollte, sorgte durch die entsprechende Organisation dafür, dass die Losgrößen optimiert wurden, die Ausschussquoten gering waren und die Kosten stimmten.

Solche Konzepte führten zwangsläufig zu steilen Hierarchien. Alles hatte seine Ordnung. Das Bild vom ›**gut geölten Räderwerk**‹ war da wohl mehr als ein Symbol.

Kontinuität wird durch Diskontinuität abgelöst

Demgegenüber ist die heutige Situation eine völlig andere. Kundenwünsche entstehen jeden Tag neu. Kontinuität wird durch Diskontinuität abgelöst. Das Unternehmen, welches in der Lage ist, ein Produkt nach Kundenwunsch innerhalb eines möglichst kurzen Zeitraumes zu liefern, gewinnt. Wenn Funktionalität und Ausstattung in großem Umfang frei wählbar sein sollen, wird ein Produkt **individuell** für jeden Kunden **einzeln** gefertigt.

Die daraus resultierenden Anforderungen an die Strukturen eines Unternehmens sind erheblich: das beginnt mit einer völligen Integration aller Prozesse, von der Auftragsannahme bis zur Produktion, von der Lieferung bis zur Rechnungserstellung und erfordert letztlich eine übergreifende vernetzte Infrastruktur, bei der sämtliche Daten **konsistent** durch alle Prozesse geführt werden.

In der neuen Arbeitswelt verlieren damit die traditionellen Arbeits- und Organisationsmuster, die heute noch weitgehend auf gleichförmige Aufgaben und funktionale und tiefgestaffelte Organisationen ausgerichtet sind, an Bedeutung. Die **projektbezogene** Arbeit und die Arbeit in **Wertschöpfungsnetzen** nimmt kontinuierlich zu.

Unternehmen, die im globalen Wettbewerb mithalten wollen, müssen die günstigste Kosten-Leistungsrelation finden und einsetzen und so ihre Leistungsketten weltweit optimieren.

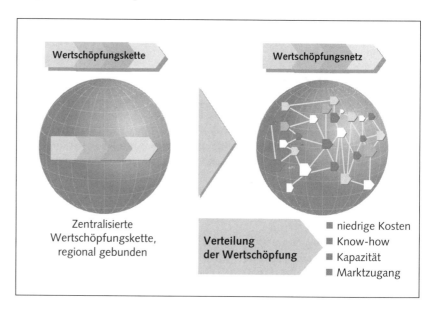

Wertschöpfungskette

Wertschöpfungsnetz

Zentralisierte
Wertschöpfungskette,
regional gebunden

Verteilung
der Wertschöpfung

■ niedrige Kosten
■ Know-how
■ Kapazität
■ Marktzugang

Abbildung 2:
Verteilung
der Wertschöpfung

Ein Unternehmen kann daher durch geschickte Kombination von regionalen bzw. nationalen Stärken seine gesamte Leistungsfähigkeit verbessern. Hierzu wird die – früher einmal in sich geschlossene und an einem Ort befindliche – Wertschöpfungskette aufgebrochen und weltweit jeweils auf die Standorte bzw. Partner verteilt, welche die Teilaufgaben jeweils ›am besten‹ lösen können.

Wo welche Aufgabe letztlich dann im globalen Wertschöpfungsnetz gelöst wird, hängt – zumindest auf lange Sicht – davon ab, wo das beste Know-how, der geeignete Marktzugang, ausreichende Kapazitäten und – nicht zuletzt – wo niedrige Kosten zu finden sind. Kapazitätsgrenzen können durch die flexible Einbeziehung von verteilten Ressourcen erweitert, Wissensdefizite durch Zuschaltung von entfernten Experten ausgeglichen werden.

Durch eine solche projektbezogene Zuordnung von Ressourcen entstehen **virtuelle Teams**. Dadurch kann ein Höchstmaß an Flexibilität und Effizienz erreicht werden. Entscheidend ist dabei die Fähigkeit solcher Netzwerk-Organisationen, sich schnell an Veränderungen anpassen zu können.

Erfolgsentscheidend ist die Fähigkeit von Netzwerk-Organisationen, sich schnell an Veränderungen anpassen zu können

Welche Konsequenzen hat das für die Zusammenarbeit und Führung?
Dazu fünf Punkte:

1. Zunehmende Komplexität
Virtuelle Strukturen sind gekennzeichnet durch ihren variablen Charakter und eine hohe Komplexität. Sie erfordern daher eine sehr gute **Koordination** der immer verteilter stattfindenden Aufgabenabwicklung. Virtuelle Strukturen können nur dann effizient sein, wenn die Vorteile größerer Flexibilität und Autonomie die Koordinations- und Kommunikationskosten überwiegen (Klein 1997).

2. Kompetente Nutzung der Medien
Mit den neuen Organisationsstrategien wird ein gezieltes Raum-Zeit-Management – also das Koordinieren von Menschen über tausende von Kilometern und unterschiedliche Zeitzonen hinweg – durch synchrone und asynchrone Medien zur Nutzung der Standortvorteile möglich.

Gezieltes Raum-Zeit-Management

Eine Grundvoraussetzung dafür ist jedoch eine intensive und konsequente Anwendung der neuen Formen der Telekommunikations- und Informationstechnik, also der optimalen Vernetzung aller Beteiligten durch den Einsatz von Voice-Mail und E-Mail sowie Video-Kommunikation, Virtual Reality-Anwendungen, Workflow-Applikationen oder Internet- bzw. Intranet-Kommunikation.

3. Kooperationsfähigkeit
Die telekommunikative Vernetzung ist nur eine der Voraussetzungen für die optimale Zusammenarbeit im globalen Wertschöpfungsnetz.

Die Arbeit in virtuellen Organisationsformen stellt einige nicht zu unterschätzende Anforderungen an die in diesem Netzwerk arbeitenden Menschen: sie müssen räumlich, organisatorisch und kulturell flexibel sein, sie müssen oft eine **Mehrfachqualifikation** haben und Fähigkeiten in Projekt- und Netzwerkmanagement vorweisen können. Und besonders wichtig: sie sollten eine hohe soziale und kommunikative Kompetenz aufweisen, d.h. sie müssen gleichzeitig besonders **kooperativ und konfliktfähig** sein.

Führung und die Mitarbeiter müssen ein neues Aufgaben- und Rollenverständnis entwickeln

4. Lernfähigkeit

Die Bereitschaft und die Geschwindigkeit zu ›lernen‹ zählen heute mit zu den wichtigsten Erfolgsfaktoren eines Unternehmens.

5. Werte und Ziele

Eine andere – aber weitaus schwieriger zu erreichende – Voraussetzung für die Zusammenarbeit ›in die gleiche Richtung‹ ist das gegenseitige Verstehen – ein gemeinsames Denken, Fühlen und Handeln aller Akteure. Dies wird um so besser funktionieren, je größer die Gemeinsamkeiten bei den **Werte- und Zielvorstellungen** sind. Und diese werden entscheidend geprägt von der **Führungskultur** einer Organisation oder eines Unternehmens.

Das Fazit für die Führung und die Mitarbeiter ist also ein neues Aufgaben- und Rollenverständnis.

Führen in global vernetzten Unternehmen

Führungs- und Mitarbeiterverhalten determinieren den Erfolg neuer Formen der Zusammenarbeit

Führungsverhalten und Mitarbeiterverhalten und -motivation haben letztlich den größten Einfluss darauf, ob die neuen Formen der Zusammenarbeit erfolgreich sind oder nicht. Sie sind möglicherweise sogar in dem Sinne determinierend, als ohne ein entsprechendes Führungs- und Mitarbeiter-Verhalten die neuen Formen der Zusammenarbeit kaum erfolgreich in die Praxis umgesetzt werden können.

Ein adäquater Führungsstil, der ausgerichtet ist an der Vision und den Zielen des Unternehmens, wird somit zur wichtigsten Voraussetzung dafür, den langfristigen Erfolg eines Unternehmens sicherzustellen. Denn wirtschaftlich erfolgreich können global agierende Unternehmen heutzutage nur dann sein, wenn es ihnen gelingt, die Mitarbeiter und Führungskräfte auf die neuen Anforderungen einzuschwören, so dass sie ihr Verhalten entsprechend ausrichten und die gesamte Belegschaft zu Höchstleistungen motiviert wird. Nur so können virtuelle Organisationsformen in global vernetzten Unternehmen wirklich funktionieren.

Führung und Zusammenarbeit spielen damit eine Schlüsselrolle bei der Umsetzung von Geschäftsstrategie in praktische Erfolge.

Doch was bedeutet Führen eigentlich?

Die Definitionen für Führung sind vielfältig – sie reichen vom militärisch kurzen

Definitionen von
Führung

- »Ziele setzen, planen, entscheiden, realisieren und kontrollieren« über
- »Erfolgsfaktoren so managen, dass übergeordnete Unternehmensziele erreicht werden – und zwar unter Einbeziehung der Mitarbeiter« bis hin zum
- »Ziele setzen und kommunizieren, Prozesse gestalten, Zusammenarbeit intern und extern fördern, motivieren, Feedback geben, die Vision vermitteln und die Unternehmenskultur prägen«.

Oswald Neuberger (1995) sagt dazu:

»Will man sich auf dem Gebiet der Führung orientieren, so trifft man auf unübersichtliches Gelände: es gibt beeindruckende Prachtstraßen, die aber ins Nichts führen, kleine Schleichwege zu faszinierenden Aussichtspunkten, Nebellöcher und sumpfige Stellen. Auf der Landkarte der Führung finden sich auch eine ganze Reihe Potemkinscher Dörfer, uneinnehmbarer Festungen oder wild wuchernder Slums«.

Nach Reichwald heißt ›Führen‹:

»Ziele setzen, Aufgaben und Beziehungen koordinieren«. (Reichwald 1998)

Diese Definition trifft den Kern der Sache am besten, denn sie vereint kurz und prägnant die Anforderungen, die sich aus den geschäftlichen Zielen ergeben mit den daraus resultierenden Anforderungen an die Führung. Nur wenn es gelingt, diese beiden Vektoren in dieselbe Richtung zu lenken, haben wir eine Chance, komplexe Organisationsformen auch wirklich erfolgreich zu führen.

Das Top Management hat vor allem die Aufgabe, aus der Unternehmensvision und den strategischen Unternehmenszielen die operativen Ziele zu entwickeln, die dann von den übrigen Führungskräften gemeinsam mit den Mitarbeitern in die Tat umgesetzt werden.

Aus Unternehmens-
visionen und Zielen
sind operative Ziele
abzuleiten

Dabei ist Führen, unabhängig vom Verantwortungsgrad, in erster Linie geschäftsbezogene Kommunikationsarbeit. Schließlich gilt es, die betroffen Mitarbeiter und Kollegen möglichst umfassend in Entscheidungen einzubeziehen, Ziele vorzugeben und möglichst direktes Feedback zu geben.

Ein Konflikt bleibt dem Topmanager allerdings nicht erspart: Er ist es, der in letzter Konsequenz für die Ergebnisse gerade steht. Der Grat zwischen Freiheit und Kontrolle ist schmal. Hier bedarf es einer ständigen Güterabwägung.

An dieser Stelle ein kurzes Zwischenresümee: wo kommen wir her, wo geht die Reise hin?

- Aus dem **organisatorischen** Blickwinkel hat sich das Management von Unternehmen von der routinemäßigen Abwicklung mit zentraler Steuerung hin zu innovativen und flexiblen Konzeptionen verschoben. ›**Management by...**‹, ›**Reengineering**‹ oder ›**Denken in Wertschöpfungsketten**‹ sind dabei sicherlich nur einige der Schlagworte. Mit zunehmender Ausnutzung glo-

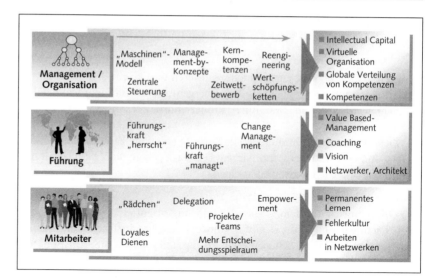

baler Standortvorteile entstehen virtuelle Organisationsformen, in denen global verteilte Kompetenzen zusammenwirken. Das ›**Intellektuelle Kapital**‹ gewinnt an Bedeutung.

Vom Manager zum Netzwerker

- Bei der **Führung** hat der Wandel der wirtschaftlichen Rahmenbedingungen aus dem ›Herrscher‹ und ›Patriarchen‹ **den** Managertyp herausgebildet, der sich und seine Mitarbeiter immer wieder auf neue Situationen einstellt und unterschiedliche Interessen integriert. Die Zukunft gehört dem ›Netzwerker‹, der Visionen entwickelt und auf der Basis von gemeinsamen Werten hochprofessionelle, interdisziplinäre und oft auch internationale Teams führt.

- Diese Entwicklung spiegelt sich auch beim **Mitarbeiter** und den Anforderungen wider, die an ihn gestellt werden. Vom funktionierenden ›Rädchen im Getriebe‹, von dem vor allem Fleiß und Loyalität erwartet wurde, entfernt man sich, die Aufgaben werden anspruchsvoller und die Handlungsspielräume umfassender. Eigeninitiative und Eigenverantwortlichkeit sind gefragt. Erfahrungen aus Teams und Projekten werden Zug um Zug auf die globale Ebene ausgedehnt. Durch permanentes Lernen werden die Kompetenzen erweitert und .... man darf selbstverständlich auch mal Fehler machen, wenn neue Wege beschritten werden.

Vor dem Hintergrund dieser Entwicklung sieht das am Anfang beschriebene Szenario schon nicht mehr ganz so utopisch aus ....

Mitarbeiter und Führungskräfte auf dem Weg zur globalen Zusammenarbeit

Das erfolgreiche Management weltweiter Netzwerke aus Personen, Organisationseinheiten und Technikkomponenten steht im Spannungsfeld von **differenzierenden** und **integrierenden** Kräften.

Barrieren

Die differenzierenden, also zentrifugal wirkenden Kräfte stellen Vernetzungs-barrieren dar. Solche Barrieren sind u.a. Autonomiestreben, kulturelle Vielfalt, geografische Distanz, unterschiedliche Zeitzonen, Misstrauen, Verteilungs-fragen oder auch Strategiekonflikte (Rieckmann 1996).

Vernetzungsbarrieren

Die meisten Mitarbeiter suchen aber stabile und berechenbare Strukturen. Nur für eine Minderheit der heutigen Mitarbeiter ist die Freiheit eines ›virtu-ellen‹ Unternehmens bereits ein erstrebenswertes Ziel. Und: Mitarbeiter wol-len sehen, mit wem sie es zu tun haben. Wie kann man sich mit jemandem koordinieren, den man gar nicht sieht? (Handy 1995)

Vor diesem Hintergrund muss die Frage gestellt werden:

- Wie wird in der Praxis über Distanz geführt? Und:
- Wie können die zentrifugal wirkenden Kräfte dazu gebracht werden, in die gleiche Richtung wie die Unternehmensstrategie zu denken? Oder andersherum gefragt: welches sind die Integrationskräfte oder Mittel, die dazu aktiviert werden müssen?

Führen über Distanz

Der ideale Führungsstil für global agierende Manager heißt »Führen durch Tele-Präsenz«.

Die Effizienz der Führung hängt stark davon ab, dass der Informationsfluss zwischen dem Manager und seinen Mitarbeitern und Partnern störungsfrei organisiert ist. Das häufige Reisen verschärft jedoch das Problem der Abwe-senheit vom Arbeitsplatz.

Als Lösung bietet sich das Führen der räumlich entfernten Mitarbeiter durch intensive Telekooperation mit autarker Nutzung der Telemedien an. Dadurch entfallen aber keineswegs die Reisen: auch ›Führen durch Tele-Prä-

Tele-Präsenz

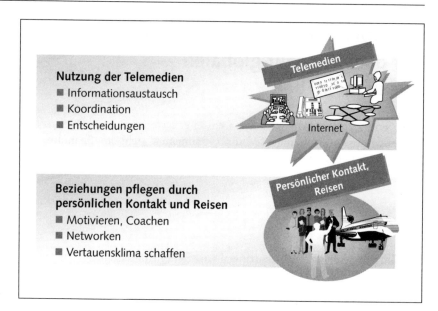

Abbildung 4:
Führen durch
Tele-Präsenz

senz‹ erfordert nach wie vor häufiges Reisen an die global verteilten Standorte der Mitarbeiter oder der Kooperationspartner, um vor Ort durch direkte Kontakte persönliche Beziehungen zu pflegen (Vergl. auch Pribilla, Reichwald, Goecke 1996).

Peter Drucker sagt zu dieser Frage sinngemäß: »Die wirklich wichtige Frage für das Management der 90er Jahre ist es, sicherzustellen, dass die Teile wie ein Netzwerk funktionieren«.

Globale Manager müssen mobil sein

Die intensive Nutzung der Telemedien ist dabei unabdingbar. Globaler Manager zu sein, bedeutet immer auch ›mobil sein zu müssen‹. Der **direkte** Kontakt zu internen und externen Partnern kann durch nichts ersetzt werden .... auch nicht – wie häufig behauptet wird – durch die Telemedien.

Trotz der telemedialen Verbindungen aller an diesem Prozess Beteiligten sei an dieser Stelle festgestellt, dass keine noch so perfekte **Konferenzschaltung ein Händeschütteln ersetzen kann!**

Knowledge-Management

Der Aufbau und die Pflege von internationalen Beziehungsnetzwerken sind nur der erste Schritt bei der Führung globaler Unternehmen. Sie werden zunehmend von Wissensnetzwerken ergänzt, bei denen jeder sein Wissen einspeist und damit anderen verfügbar macht. Mit diesem ›Knowledge-Management‹ hat eine völlig neue Ära des Managements begonnen.

Integrationskräfte

Die neuen Formen der Zusammenarbeit und des Führens setzen bestimmte Einstellungen bei den Beteiligten voraus. Sie müssen bereit sein für Veränderungen und fähig zu Kooperation und offener Kommunikation.

Solche Einstellungen aber werden durch persönliche Wertvorstellungen geprägt, die sich wissenschaftlich feststellen und messen lassen, etwa durch das Modell von Brian Hall und Benjamin Tonna (Hall 1995).

Die Integrationskräfte im Unternehmen sind damit in erster Linie die gemeinsamen Wertvorstellungen der Mitarbeiter und Führungskräfte, die sich in der Unternehmenskultur niederschlagen und die sich im gemeinsamen Denken, Fühlen und Handeln äußern.

Die **Führung** muss **Vertrauen** aufbauen durch das Schaffen von **Gemeinsamkeiten**. Das Vertrauen zwischen den Akteuren ist von entscheidender Bedeutung für eine globale Zusammenarbeit, denn ohne Vertrauen läuft wenig.

Gemeinsame Wertvorstellungen, die in der Unternehmenskultur verankert sind, werden zu zentralen Integrationskräften

Unternehmenskultur und Unternehmensleitbild als Grundlage für mentale Vernetzung

In den Unternehmen heute eine Vertrauenskultur zu schaffen, ist keine einfache Aufgabe. Viele Unternehmen sind heute noch durch eine so genannte ›Misstrauenskultur‹ – oder nennen wir es besser ›Kontrollkultur‹ – geprägt, die im Grunde genommen als selbstverständlich betrachtet wird. Sie basiert auf dem traditionellen Führungsverständnis und dem zugrundeliegenden ›Maschinenbild‹ vom Unternehmen und den darin arbeitenden Mitarbeitern als ›Rädchen‹.

Was ist nun ›Vertrauen‹?
Nach Krystek ist Vertrauen eine – risikobehaftete – Vorleistung, gewissermaßen ein Vorschuss in Erwartung späterer günstiger Ergebnisse (Krystek 1997).

Was ist Vertrauen?

Wenn jemand Vertrauen in ein gemeinsames Ziel oder andere Personen hat, dann bringt das innerhalb einer Gruppe oder Organisation erhebliche Vorteile:

Die Kommunikation läuft leichter und problemloser. Eine größere Offenheit sorgt für mehr Ehrlichkeit. Die häufig anzutreffende ›Filterfunktion‹ wird reduziert. Die Bereitwilligkeit steigt, Informationen schneller und freiwillig zu geben. Gleichzeitig nehmen Kreativität, Lernbereitschaft und Toleranz gegenüber unkonventionellen Ideen zu.

Abbildung 5:
Vertrauen und
mentale Vernetzung

Vertrauen und mentale Vernetzung als Erfolgsfaktoren

Alles in allem scheint es sicher zu sein, dass die Transaktionskosten durch Vertrauen gesenkt werden (Bierich in Krystek 1997).

Neben dem Vertrauen ist die »Mentale Vernetzung« das zweite wichtige Element. Sie ist sogar der entscheidende Faktor.

»Je mehr wir uns als Architekten virtueller Unternehmensstrukturen betätigen, desto klarer erkennen wir die Bedeutung der Vertrauensbasis – und mit ihr die Vorrangigkeit einer mentalen Vernetzung« (Reichwald 1998).

Für eine Organisation bedeutet ›Mentale Vernetzung‹, dass alle Partner innerhalb des Netzes in die gleiche Richtung denken, fühlen und handeln. Erfolgsfaktoren dafür sind **gemeinsame Ziele, ähnliche Wertvorstellungen, Verhaltensweisen und Entscheidungsmuster**, die mit den langfristigen Unternehmenszielen kongruent sind.

Und genau das wird durch eine starke Unternehmenskultur repräsentiert. Hierdurch ergibt sich ein ähnliches, wenn nicht gleiches Orientierungssystem für alle Beteiligten, welches zu einer einheitlichen Sichtweise der Dinge führt.

Zum Vergleich betrachte man, wie **gleich** etwa Politiker der **gleichen** Partei ein Ereignis beurteilen und wie **ungleich** Politiker **verschiedener** Parteien das gleiche Ereignis interpretieren ....

Minimierung von Reibungsverlusten und Koordinationsaufwand

Denn – wer gleiche Wertvorstellungen hat, der beurteilt auch gleiche Sachverhalte ähnlich und versteht sich besser. Das ist ein nicht zu unterschätzender Vorteil zur Minimierung von Reibungsverlusten und Koordinationsaufwand – insbesondere beim Zusammenspiel weltweit verteilter Partner.

Ähnliche Wertvorstellungen bieten auch ein Grundmaß an Stabilität und Kontinuität und sind eine wesentliche Voraussetzung für die Bindung an ein Unternehmen. Sie vermitteln eine Art ›Heimatgefühl‹ in Zeiten von permanenten Änderungen, denen insbesondere Mitglieder in virtuellen Teams ausgesetzt sind.

Denn je mehr sich die gewohnten Strukturen auflösen, um so mehr müssen andere Werte an deren Stelle treten, sonst wird die **Identität** mit dem Unternehmen verloren gehen.

Eine **starke Unternehmenskultur** zeichnet sich dadurch aus, dass die Menschen in der betreffenden Organisation – abgeleitet aus der **Vision** oder den langfristigen Unternehmenszielen – einem gemeinsamen **Leitbild** und damit gemeinsamen **Werten** folgen.

Wird ein gemeinsames Leitbild in einer global verteilten Organisation gelebt und befolgt, dann wird das ›entfernte‹ Führen von Mitarbeitern erheblich erleichtert, denn

Gemeinsame Leitbilder erleichtern das ›entfernte‹ Führen von Mitarbeitern in einer global verteilten Organisation

- es etabliert sich eine gemeinsame Zielsetzung und Vertrauensbasis und
- es wird ein gemeinsamer Orientierungsrahmen generiert, der bei unklaren Fällen schnellere Entscheidungen und Konsens herbeiführt.

Nur wenn alle diese Voraussetzungen erfüllt sind, wird sich ein Szenario, wie es anfangs skizziert wurde, in die Realität umsetzen lassen.

Erfahrungen bei Siemens

Am Beispiel des Unternehmens Siemens sei gezeigt, wie man in der Praxis ein solches Leitbild schaffen und wie man die Mitarbeiter davon so begeistern kann, dass sie ihr Verhalten darauf ausrichten.

Anlässlich der Feier zum 150jährigen Bestehen des Hauses Siemens Ende 1997 wurde die Vision vom zukünftigen Unternehmen aktualisiert (siehe Abb. 6).

Diese Ziele sind nur mit einer entsprechenden geistigen **Einstellung** und persönlichen **Verhaltensweise** jedes einzelnen Mitarbeiters zu erreichen.

In Vorbereitung der 150-Jahr-Feier wurde deshalb das Projekt ›Unternehmens-Identität und Leitbild‹ gestartet, in dem sowohl die Bereitschaft der Mitarbeiter zur Veränderung analysiert als auch das Unternehmensleitbild neu definiert wurden. Dem Projekt lagen empirische Werte von über 4 000 Mitarbeitern in aller Welt zugrunde.

Frühzeitige, aktive Mitarbeiterbeteiligung

Dabei wurde zunächst die Bereitschaft untersucht, herkömmliche Denk- und Handlungskategorien wie z.B. hohe Arbeitsteilung, Führung durch Kontrolle, Orientierung an Teilzielen und produktionsorientierte Wertschöpfung aufzugeben.

Und zwar zugunsten von abteilungsübergreifenden Teams und Prozess-orientierung, größerem Entscheidungsspielraum und partnerschaftlicher Führung sowie einer Orientierung am Gesamtziel und Wertschöpfung durch Wissen.

Das Ergebnis hat überrascht: 52% der Mitarbeiter sind bereit zum Wandel, 33% sagen von sich, dass sie diesen Wandel bereits vollzogen haben und nur 15% ziehen es vor, alles beim Alten zu belassen.

Als nächstes wurde festgestellt, welche Werteinstellungen die Mitarbeiter haben – also was ihnen besonders wichtig ist und wonach sie streben

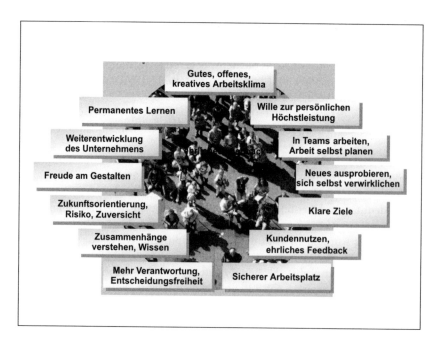

An dieser Stelle kann nicht auf alle Werte eingegangen werden. In Abbildung 7 findet man Werte wie Kundennutzen, ehrliches Feedback, gutes Arbeitsklima, Wille zur Höchstleistung oder Raum für eigene Entscheidungen zu haben. Aber auch: die Zukunft mitgestalten, permanentes Lernen, Zusammenhänge verstehen.

Die gefundenen Werte wurden dann nach bestimmten Kriterien strukturiert. Dabei haben sich so genannte Werteprofile herauskristallisiert.

Werteprofile

An einem Beispiel sei erklärt, was Werteprofile sind: wenn z.B. Werte wie Pioniergeist, Neugier, Veränderungsbereitschaft und Offenheit gegenüber neuen Ideen stark ausgeprägt sind, dann hat man ein Werteprofil, welches sehr gute Voraussetzungen für Innovationen bietet – also das Werteprofil ›Innovationsbereitschaft‹.

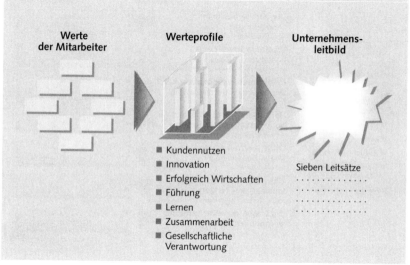

Abbildung 8:
Werte, Werteprofile und das Unternehmensleitbild

Solche Werteprofile sind starke Potenziale, die zeigen, wo die besonderen Energien, die Möglichkeiten der Mitarbeiter und deren Streben zu finden sind.

Insgesamt wurden sieben solcher Werteprofile festgestellt. Es sind

- Kundennutzen
- Innovation
- Erfolgreich Wirtschaften
- Führungsqualität
- Lernen
- Zusammenarbeit und
- Gesellschaftliche Verantwortung.

Werteprofile zeigen, wo die besonderen Energien, die Möglichkeiten und das Streben der Mitarbeiter liegen

Aus diesen sieben Werteprofilen der Mitarbeiter wurde das neue Unternehmensleitbild entwickelt.

Damit ist das Siemens Leitbild nicht – wie allgemein üblich – ein synthetisches Produkt, es ist nicht top-down entstanden, sondern es basiert auf den bei den Mitarbeitern des Unternehmens vorhandenen Energien und Potenzialen.

Die Werteprofile erscheinen analog in den Leitsätzen des Unternehmensleitbildes

Analog zu den **sieben** Werteprofilen, die bei den Mitarbeitern gefunden wurden, enthält das Unternehmensleitbild **sieben** Leitsätze, in deren Mittelpunkt die genannten Themen stehen.

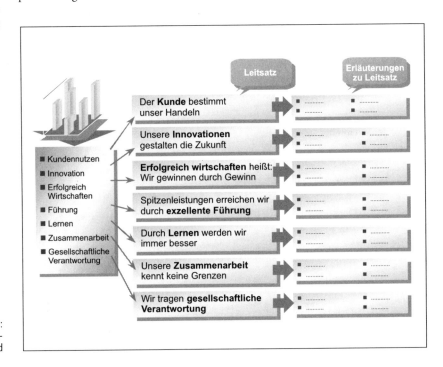

Abbildung 9:
Das Unternehmensleitbild

Die Leitsätze sollen hier nicht im Detail vorgestellt werden, denn es kommt an dieser Stelle weniger auf die konkrete Formulierung, als vielmehr auf die Vorgehensweise an. Das neue ›Siemens Unternehmensleitbild‹ wurde erstmals im Geschäftsbericht im Februar 1998 veröffentlicht und wird derzeit in einer breit angelegten Kampagne weltweit im Unternehmen kommuniziert.

Aufgaben der Personalpolitik

Das Leitbild als generelle Orientierung für das Denken und Handeln aller Mitarbeiter wirkt besonders intensiv auf die Ausrichtung der Personalpolitik. Diese soll ja u.a. die Rahmenbedingungen dafür schaffen, dass in einem Unternehmen die Menschen arbeiten, welche die aus den Langfristzielen resultierenden Aufgaben so gut wie möglich lösen können.

Denn – abgeleitet aus dem Unternehmensleitbild – werden Mitarbeiter und Führungskräfte gebraucht, mit denen es möglich ist, die Vision vom globalen und innovativen Netzwerk Realität werden zu lassen. Hierfür trägt die Personalpolitik mit dem Einsatz ihrer Instrumente für die Personalentwicklung und Führung besondere Verantwortung.

Die Personalpolitik trägt über Maßnahmen der Personalentwicklung besondere Verantwortung dafür, Visionen Realität werden zu lassen

Das heißt, die Personalpolitik und ihre Instrumente müssen konsequent auf das Unternehmensleitbild ausgerichtet sein. Die Personalpolitik muss aber gleichzeitig auch der Motor dafür sein, dass der Kulturwandel, also die Verhaltensänderung der Mitarbeiter in Richtung Leitbild in allen Bereichen und Regionen vorangetrieben wird.

Ein Leitbild schafft eine gemeinsame, langfristige Wertebasis für alle Mitarbeiter und sorgt damit für ein gleichartiges Geschäftsverständnis, eine gemeinsame Vertrauensbasis und macht dadurch die weltweite Zusammenarbeit erst möglich. Nur die konsequente Umsetzung macht Unternehmen auf Dauer erfolgreich.

Aus diesen Gründen ist das Leitbild bei Siemens auch gemeinsamer Nenner für alle Personalentwicklungs- und Führungsinstrumente.

Zusammenfassung

1. Globalisierung und rasante Entwicklung der Informationstechnik führen zu neuen Formen der Arbeit und der Zusammenarbeit.
2. Weltweit verteilte, flexible Wertschöpfungsnetze stellen neue Anforderungen an die Qualifikation und das Verhalten von Mitarbeitern und Führungskräften.
3. Führen heißt: Ziele setzen, Aufgaben und Beziehungen koordinieren.
4. Die Führungskraft wird zum ›Netzwerker‹.
5. Die beste Führungsmethode für global agierende Führungskräfte ist ›Führen durch Telepräsenz‹.
6. Zusammenarbeit und Führung sind um so effizienter, je größer die Vertrauensbasis und die mentale Vernetzung der Beteiligten sind. Beides erfordert gemeinsame Ziele, Wertvorstellungen und Verhaltensweisen.

7. Ein starkes Unternehmensleitbild und eine konsequente Personalpolitik sind in der Lage, die Wertvorstellungen und Verhaltensweisen in Richtung auf das langfristige Unternehmensziel zu verändern.

Damit kann dann auch das eingangs beschriebene Szenario mit Erwin Schnell zur gelebten Realität werden.

›Führung in globalen Unternehmen‹ hat noch viele weitere Aspekte:

Es ist ein grenzüberschreitendes Thema: Grenzen werden überwunden, die nationalen zum einen, aber auch die Grenzen zwischen wissenschaftlichen Disziplinen, zwischen Mensch und Technik.

Gleichzeitig ist es ein zukunftsträchtiges Thema, von dessen fundierter Konzeption und Ausgestaltung der Erfolg oder Misserfolg von Unternehmen abhängt. Es ist somit ein existenzielles Thema.

Und dennoch gibt es **kein Patentrezept**. Es gilt, immer wieder der Situation angemessen zu reagieren und notwendige Maßnahmen zu ergreifen.

Und in diesem Sinne sei Oswald Neuberger ergänzt:

»Es gibt keinen Masterplan. Die Wege der Führung müssen täglich neu gebaut werden.«

Führen in globalen Unternehmen: ein grenzüberschreitendes, zukunftsträchtiges und existenzielles Thema

Literatur

Hall, B.: Values Shift, Twin Lights Publishing, Rockport, MA, 1995, S. 124

Handy, C., Thinking about ... Trust and the virtual organisation, in: Harvard Business Review 1995, May/June, S. 40 – 54

Klein, S.: Entwicklungstendenzen im Management, Band 16, Schäffer-Poeschel Verlag, Stuttgart 1997, S. 43 – 59

Krystek, U.: Vertrauen als vernachlässigter Erfolgsfaktor der Internationalisierung, in: Krystek, U./Zur, E. (Hrsg.), Internationalisierung – eine Herausforderung für die Unternehmensführung, Berlin, Heidelberg 1997, S. 544, S. 546

Neuberger, O.: Führen und geführt werden, Stuttgart, Enke 1995

Pribilla/Reichwald/Goecke, Telekommunikation im Management – Strategien für den globalen Wettbewerb, Schäffer-Poeschel Verlag, Stuttgart 1996

Reichwald, R./et. al.: Telekooperation – Verteilte Arbeits- und Organisationsformen, Berlin, Heidelberg 1998, S.142

Rieckmann, H.: High Dynaxity und virtuelle Unternehmen, in: Landmesser, M./ Sczepan, J. (Hrsg.), Was morgen zählt ..., Neuhausen-Stuttgart 1996, S. 60

Vision & Leadership –
Ein Beispiel für ein
Cultural Change-Programm

Dr. Claus D. Rohleder

In »Change-Management«-Konzepten wird Wandel oftmals als ein Weg beschrieben, um ein bestimmtes Ziel einer organisatorischen Entwicklung zu erreichen.

Change-Management Konzepte sind jedoch auch geeignet, um bereits vorgenommene strukturelle Änderungen zu unterstützen und die damit verbundenen Anforderungen bezüglich Kommunikation und Verhalten nachhaltig zu implementieren.

Im Jahre 1991 hat der Unternehmensverband Boehringer Ingelheim eine strukturell-organisatorische Neuausrichtung vorgenommen, um den veränderten Anforderungen der einzelnen Märkte und insbesondere den Herausforderungen der zunehmenden Globalisierung auch der Pharma-Märkte besser entsprechen zu können.

Darüber hinaus sollte mit dem so genannten »Performance-Projekt« die Organisation als solche effektiver und wettbewerbsfähiger gestaltet werden. Mit diesem Projekt hatte Boehringer Ingelheim eine strategisch orientierte Reorganisation durchgeführt, die Kernprozesse und Verantwortlichkeiten neu definiert sowie die Strukturen sowohl im Hinblick auf globale Aktivitäten als auch lokale Anforderungen vereinfacht.

Die Beschäftigung mit den »harten« Faktoren in Zusammenhang mit der Einführung der neuen Struktur zog ergänzend eine Betrachtung der »weichen« Faktoren nach sich und machte bewusst, dass damit ein Veränderungsprozess der Unternehmenskultur einhergehen musste.

Um den mit der strategischen Neuausrichtung der Organisation verbundenen Erwartungen entsprechen zu können, wurden eine hierauf ausgerichtete Vision und entsprechende Prinzipien für die Führung und Zusammenarbeit entwickelt. Dies war der Beginn des Programms »Vision & Leadership«, eines unternehmensweit ausgerichteten Cultural Change-Programms.

Vision »Value through Innovation«

Führungsprinzipien

Implementierung der Vision & Leadership-Prinzipien

Folgemaßnahmen

Ergebnisse

Vision »Value through Innovation«

Der Prozess, eine neue Vision für Boehringer Ingelheim zu formulieren, basierte auf einer ausführlichen Standortbestimmung des Unternehmens bezüglich Führung, Verhalten, Beziehungen zu Kunden, zur Öffentlichkeit, zum Wettbewerb usw.

Wesentlich dabei war es, die Vision in einer verständlichen und kommunizierbaren Form zu formulieren. Dabei musste sie so gewählt werden, dass sie zugleich für die Mitarbeiter als auch für Kunden motivierend und attraktiv war. Intensive Diskussionen der Unternehmensleitung und der Gesellschafter führten zu der Formulierung der Vision »Value through Innovation«.

Value through Innovation drückt bildlich aus, wie Boehringer Ingelheim seine Zukunft sieht, nämlich als innovatives Unternehmen, das Werte für die Kunden, die Mitarbeiter, die Eigentümer und die Gesellschaft schafft.

Mit Visionen den Blick für die Zukunft prägen

Value through Innovation drückt auch aus, dass konstanter Wandel und Veränderung gewollt sind und die Grundlage für die Zukunft des Unternehmens bilden. Der Blick für die Chancen eines Wandels soll stärker geprägt werden als die Orientierung an Bedrohungen und Risiken.

Mit dieser Vision beschreiben Gesellschafter und Unternehmensleitung die Zukunft des Unternehmens. Die Vision ist gleichzeitig Ausdruck der gemeinsamen Erwartungen und Verpflichtungen. Die Vision soll helfen, die Geschäfte zu fördern und die Wettbewerbsposition zu stärken. Sie ergibt sich aus der Tradition und Kultur des Unternehmens. Sie baut auf der damaligen Situation auf und orientiert sich an künftigen Herausforderungen.

Die Visions Prinzipien

Die Visions Prinzipien lauten wie folgt:

Visionen formulieren

- Im Wandel liegt unsere Chance
  (Change is our opportunity)
- Werte schaffen heißt vorne sein im Wettbewerb
  (Value will be our competitive advantage)
- Innovation in allem ist unsere Herausforderung
  (Innovation in everything will be our challenge)
- Verschwendung ist unser Feind
  (Waste is our enemy)
- Unser unverwechselbarer Charakter ist unsere Stärke
  (Our distinctive character is our strength).

Wandel

Die Dynamik, mit der sich der Wandel in allen Bereichen von Gesellschaft, Industrie und Technologie vollzieht, wird sich in den kommenden Jahren weiter beschleunigen. Es gilt Wandel und Veränderungen zu akzeptieren und das Handeln und Bestreben laufend daran zu orientieren. Wandel und Verände-

Wandel als Selbstverständlichkeit akzeptieren

rung bieten die einzigartige Chance, das Geschäft weiterzuentwickeln, die Energie neu zu bündeln und neue Höchstleistungen zu erzielen.

Werte

Was Kunden von uns fordern, unterliegt dem Wandel jetzt und in Zukunft. Wir müssen Veränderungen voraussehen, damit unsere Produkte und unsere Dienstleistung stets den Erwartungen unserer Kunden entsprechen. Nur wenn verstanden wird, welchen Wert unsere Produkte für unsere Kunden haben, können wir ihnen dabei helfen, ihrerseits den Ansprüchen ihrer eigenen Kunden effizient und wirksam gerecht zu werden.

Innovation

Innovation bedeutet nicht Innovation um ihrer selbst willen. Sie bezieht sich auch nicht nur auf Forschung und Entwicklung, sondern gilt durchgängig für unser gesamtes Handeln. Alles was wir tun, jeder Prozess und jede Aufgabe kann besser, kostengünstiger und innovativer erledigt werden.

Verschwendung

Unsere Ressourcen sind knapp und wertvoll, dies gilt ganz besonders für unsere Mitarbeiter. Die Nutzung aller Ressourcen hat so effizient und effektiv wie möglich zu erfolgen.

Unverwechselbarer Charakter

Wir arbeiten weltweit in einem internationalen Unternehmen, das zahlreiche Kulturen vereint. Wir sind stolz auf unsere Vielfalt, unseren unverwechselbaren Charakter und unsere Firmengeschichte.

Führungsprinzipien

Visionen brauchen wirkungsvolle Führung, um Realität zu werden

Ausgehend davon, dass Vision and Leadership – Vision und Führung – untrennbar miteinander verbunden sind und jede Vision eine wirkungsvolle Führung braucht, um Realität zu werden, wurden neben den Visions-Prinzipien entsprechende Führungsgrundsätze definiert.

Diese geben allen Mitarbeiterinnen und Mitarbeitern bei Boehringer Ingelheim einen Handlungsrahmen, auf den sie sich beziehen können, unabhängig davon, in welchem Teil des Unternehmensverbandes sie tätig sind und mit welchen Aufgaben sie sich befassen.

Folgende Führungsgrundsätze wurden festgelegt:

- Unsere Vision zu realisieren ist unser Ziel
  (*Realising our vision* is our objective)

- Immer besser zu werden ist unser Bestreben
  (*Improvement* is our ambition)
- Teamarbeit ist unsere Aufgabe
  (*Teamwork* is our task)
- Beharrlichkeit ist unser Charakter
  (*Persistence* is our character)
- Kommunikation ist unser Schlüssel zum Erfolg
  (*Communication* is our key)
- Delegieren ist unsere Pflicht
  (*Delegation* is our duty)
- Ergebnisse zu erreichen ist unser Ziel
  (*Delivering results* is our goal).

Vision

Die Vision Value through Innovation, Werte schaffen durch Innovation, beschreibt die Richtung unseres Unternehmens und unsere gemeinsame Verpflichtung. Eine wesentliche Führungsqualität ist die Fähigkeit, unsere Vision verständlich zu machen und zu verwirklichen.

Besser werden

Unsere Welt steht nie still, und auch wir dürfen nicht stehen bleiben. Führung zielt darauf ab, besser zu werden. Besser zu werden heißt, die Chancen von heute und morgen zu erkennen und zu nutzen. Eine wesentliche Führungsqualität ist die Fähigkeit, das was wir tun und wie wir es tun ständig zu verbessern.

Führungsgrundsätze als Mittler für die Vision

Teamarbeit

Als weltweit operierendes, multikulturelles Unternehmen ist es von wesentlicher Bedeutung, grenzüberschreitend in Teams zu arbeiten, um Wissen und Erfahrung zielorientiert zu bündeln. Eine wesentliche Führungsqualität ist es daher, die Teamarbeit, insbesondere auch die internationale Teamarbeit zu fördern.

Beharrlichkeit

Führungsstärke erfordert persönliche Urteilsfähigkeit, Erfahrung und Phantasie. Auch Überzeugung, Vertrauen und Mut sind dazu nötig. Führungskräfte müssen vorausschauend sein. Sie wissen, dass Ergebnisse manchmal Zeit brauchen, und sie geben nicht beim ersten Hindernis auf.

Kommunikation

Um erfolgreich sein zu können, müssen Vorstellungen und Ziele deutlich gemacht werden. Wir müssen sowohl über unsere Fortschritte und Ergebnisse sowie über Erfolg und Misserfolg informieren. Mangel an Kommunikation ist ein Mangel an Führungsfähigkeit. Von daher wird die Fähigkeit zur wirksamen Kommunikation als wesentliche Führungsqualität und Schlüssel zum Erfolg angesehen.

Delegation

Als Unternehmen müssen wir weltweit wie ein einziges Team handeln, um Erfolg zu haben. Im Team müssen wir uns gegenseitig unterstützen und ein Klima des Vertrauens schaffen. Wir müssen delegieren und sicherstellen, dass jeder in die gemeinsamen Zielsetzungen eingebunden ist. Delegieren ist ein Grundsatz des Führens. Delegieren schafft eine Qualität der Führung, die Teams stärkt und eine Grundlage für Konsens und Vertrauen liefert.

Ergebnisse

Leistungsethik ist ein vitales Element der Führungsfähigkeit. Wirksame Führung verlangt nach Ergebnissen. Eine wesentliche Führungsqualität ist die Fähigkeit, Werte zu schaffen und Ergebnisse zu erreichen.

Implementierung der Vision & Leader-ship-Prinzipien

Top-down-Kommunikation der Visionen

Eine Vision kann nur dann erfolgreich sein, wenn sie gut kommuniziert wird und wenn sie von den Mitarbeitern akzeptiert und auch gelebt wird. Das Wertesystem der Vision, quasi ein Navigationssystem für die Mitarbeiter eines globalen Unternehmens, wurde in einem Top-down-Approach kommuniziert. Anfang 1994 bei der jährlichen Top Management-Konferenz des Unternehmensverbandes stellten die Unternehmensleitung und der Vorsitzende des Gesellschafterausschusses in einem kommunikativ entsprechend attraktiv gestalteten Programm die Vision vor. In ähnlichen Veranstaltungen, die in verschiedenen Regionen der Welt organisiert waren, wurde die Vision in gleicher Weise an weitere Ebenen des Managements der operativen Gesellschaften vermittelt.

Die Veranstaltungen waren jeweils interaktiv gestaltet und es bestand ausreichend Gelegenheit, über die einzelnen Visions Prinzipien zu diskutieren und das Verständnis hierfür zu vertiefen.

In einer weiteren Phase erfolgte die Kommunikation der Vision in den operativen Einheiten des Unternehmensverbandes.

Wesentlich für den erfolgreichen Launch der Vision »Value through Innovation« waren folgende Faktoren:

Erfolgsfaktoren des Launch

- Persönliches Engagement und sichtbare Verpflichtung der Gesellschafter, der Unternehmensleitung und des Top Managements.

- Klarheit und Konsistenz der kommunizierten Botschaften.
- Zügige, weltweite und stufenweise Top-down-Kommunikation der Vision in wenigen Monaten.

Um die Vision und ihre Umsetzung verfolgen zu können, wurde neben den Programmen in den Landesgesellschaften auch ein weltweiter »Value through Innovation«-Tag (VTI-Day) etabliert. Einmal im Jahr berichten am gleichen Tag die Mitarbeiter in allen Gesellschaften des Unternehmensverbandes über die Fortschritte und Resultate im Zusammenhang mit der Vision.

VTI-Tag

Über weltweite Video Konferenzschaltungen werden auch die diesbezüglichen Informationen mit Mitgliedern der Unternehmensleitung und des Top Managements zwischen den Landesgesellschaften ausgetauscht.

Der VTI-Tag ist inzwischen zu einer bewährten Einrichtung im Jahresablauf der Gesellschaften des Unternehmensverbandes geworden.

Die Führungsprinzipien sind in einem ähnlichen Prozess stufenweise topdown kommuniziert worden. Im Unterschied zu den Vision-Prinzipien wurden für die Leadership Prinzipien, in Zusammenarbeit mit international anerkannten Business Schools und Managemententwicklungsinstitutionen, Trainingsmaßnahmen für unser Management durchgeführt.

Zusammen mit dem Institute for Management Development (IMD) in der Schweiz wurde ein rund 1-wöchiges Trainingsprogramm für die Führungsgrundsätze entwickelt.

Trainingsunterstützung des Managements zur Umsetzung der Führungsgrundsätze

Ziel dieses Programms war es, das Verständnis für die Führungsprinzipien, quasi als unternehmerische Umgangs- und Verhaltensregeln, zu vertiefen und die praktische Umsetzung der Führungsprinzipien an konkreten Fallbeispielen und in live Situationen zu üben. Die Veranstaltungen hatten je rund 30 Teilnehmer, die international zusammengesetzt waren. Das Training fand im Wechsel zwischen Plenarsitzungen, Arbeit in Kleingruppen und Outdoor-Übungen von maximal 8 Personen statt. Die Kleingruppen bestanden aus international, funktions- und geschäftsübergreifend ausgewählten Teilnehmern.

Um auch hier eine möglichst schnelle weltweite Umsetzung des Programms zu erreichen, wurden diese Veranstaltungen nicht nur auf internationaler Ebene, sondern auch auf regionaler und lokaler Ebene durchgeführt. Bis heute haben nahezu 4000 Mitarbeiterinnen und Mitarbeiter des Unternehmens aus dem oberen und mittleren Management an diesen Veranstaltungen teilgenommen.

Die Ergebnisse der Leadership Seminare zeigten Stärken wie z.B. Resultatorientierung, hohe Identifikation mit den Aufgaben und Loyalität, aber auch eine Reihe von Verbesserungsnotwendigkeiten im Führungsprozess, u.a. auf den Gebieten Konfliktmanagement, Delegation, funktions- und länderübergreifendes Teamwork.

Wichtig für die Teilnehmer war die Erfahrung, dass ein großer Teil der Stärken und Schwächen relativ unabhängig von der jeweiligen Kultur war.

Folgemaßnahmen

Verankerung der Führungsprinzipien durch breiten Maßnahmenpool

Im Zusammenhang mit den Erfahrungen aus dem Vision- und Leadership-Prozess wurde eine Reihe von personalpolitischen Maßnahmen getroffen mit dem Ziel, die Verankerung der Führungsprinzipien sicherzustellen und entsprechende Schwächen zu beseitigen.

So wurde u.a. Informationsmaterial zum Vision und Leadership-Programm für alle neuen Mitarbeiter erstellt, das in Kombination mit gelegentlichen Einführungsseminaren für neue Mitarbeiter genutzt wird. Schriftliche Informationen, Videos und CD ROM's geben den Mitarbeitern auch die Möglichkeit, sich selbst schnell die gewünschten Informationen zu verschaffen.

Für Teilnehmer an den Leadership Seminaren werden in periodischen Abständen Follow-up-Maßnahmen angeboten.

Zielvereinbarungen als Basis für die variable Gehaltskomponente

Das Mitarbeitergespräch – zentrales Instrument für die Zielvereinbarungen zwischen Vorgesetzten und Mitarbeitern sowie für die Beurteilung der Zielerreichung und die Ermittlung der notwendigen Personalentwicklungsmaßnahmen wurde weiter verbessert. Weltweit wurde im Führungskräftebereich eine leistungsabhängige, resultatbezogene, d.h. variable Gehaltskomponente implementiert, deren Basis die im Mitarbeitergespräch getroffenen Zielvereinbarungen sind.

Um den Vorgesetzten eine bessere Rückkoppelungsmöglichkeit zum Führungsverhalten zu geben, wurde begonnen, das 360°-Feedback-Beurteilungskonzept einzuführen. In einzelnen Bereichen des Unternehmens sind darauf aufbauend gezielte Coaching Maßnahmen für Führungskräfte durchgeführt worden, um ihr Führungsverhalten, bezogen auf die Anforderungen der Führungsgrundsätze, gezielt verbessern zu können.

Um den internationalen Austausch und die internationale Erfahrung schon bei »High Potentials« und jüngeren Führungskräften zu entwickeln, wurde ein internationales Personalentwicklungsprogramm eingerichtet, für das derzeit rund 130 Teilnehmer in fünf international zusammengesetzten Gruppen benannt wurden – Europa, Asien, Süd- und Nordamerika. Diese Gruppen arbeiten über einen Zeitraum von rund 18 Monaten neben ihren normalen Aufgaben im Unternehmen an speziellen Projekten. Dabei liefern sie nicht nur Resultate für ihre Projekte, sondern lernen auch grenz-, kultur-, geschäfts- und funktionsübergreifendes Teamwork. Die bisherigen Erfahrungen mit diesen Programmen sind ausgesprochen positiv und ermutigend.

Ergebnisse

Die Erfahrungen mit dem Programm »Vision & Leadership« zeigen, dass es möglich ist, in kurzer Zeit in einem weltweit tätigen Unternehmen eine Veränderung der Unternehmenskultur nachhaltig einzuleiten und damit die Geschäftsentwicklung positiv zu beeinflussen. Voraussetzung dafür sind:

- Klare und verständlich kommunizierte Botschaften
- Einbeziehung möglichst aller Mitarbeiter in kurzer Zeit und
- positives Feedback über Fortschritte und Erfolge, das zu weiterer Verbesserung anspornt
- nachhaltiges und unmissverständliches Kommittment des Top Managements und entsprechend beispielgebendes Verhalten.

Vorraussetzungen für eine Veränderung der Unternehmenskultur

Die Zeit wird zeigen, ob Boehringer Ingelheim zu den wenigen Unternehmen gehört, die es »geschafft« haben. Kulturelle Veränderungsprozesse stellen mit die komplexesten Management- und Führungsaufgaben dar, die es im unternehmerischen Geschehen gibt.

Die Frage, ob man es erfolgreich zu Ende gebracht hat, lässt sich mit Sicherheit erst nach längerer Zeit beantworten. Bis dahin ist das Top Management gut beraten, nicht locker zu lassen und mit aller Konsequenz die Prinzipien vorzuleben und ihre Umsetzung zu sichern.

Teil IV
Innovative Strategien für Verkauf und Vertrieb – Dynamik erhöhen

Mobilisieren Sie Ihren Vertrieb oder Ihre Kunden werden Sie demobilisieren

Michael Lorenz

Vertriebe zeigen häufig eine stagnierende oder rückläufige Entwicklung. In kritischen Zeiten drohen sie in eine organisatorische Einbahnstrasse zu fahren. Diese unternehmensgefährdenden Tendenzen gilt es möglichst frühzeitig aufzubrechen und Maßnahmen einzuleiten, die zu einer positiven Trendwende führen.

Wendepunkte hin zu einer zielorientierten Strategie und Aktivität werden oft erst durch Marktveränderungen und extern verursachte Krisen ausgelöst. Solange muss eine Organisation aber nicht warten. Die Kehrtwende zum Positiven kann vom Unternehmen selbst initiiert werden, ohne zu warten bis der Markt festgefahrene interne Strukturen »sanktioniert«. Ansatzpunkte hierfür bieten humanressourcen-bezogene Veränderungsprozesse, die in der Lage sind, verkrustete Strukturen aufbrechen. Dabei geht es nicht um ein bisschen Kosmetik. Je nach Situation des Vertriebs ist das Ziel der implementierten Maßnahmen, entwicklungsfördernde Krisen auszulösen und zu gestalten, um die Organisation wieder in eine wachstumsfördernde Richtung zu bewegen.

Der Autor fokussiert in Form von 12 Regeln die wesentlichen Punkte, die es zu beachten gilt, und beschreibt in 10 Schritten, wie es gelingen kann, durch Veränderungen in den vertrieblichen Rahmenbedingungen, durch Restrukturierung der Vertriebsorganisation und durch Maßnahmen gemeinsam mit den Führungskräften und Mitarbeitern des Vertriebes diesen zu mobilisieren und wieder auf Erfolgskurs zu bringen.

Problematiken von Vertriebsstruktur, -organisation und Ablauf

Die »Gärtner«-Entscheidung
Schritt 1: Analysieren Sie schonungslos – und unbedingt unter Einbezug externer Unterstützung (Kunden, Partnerunternehmen, Führungskräfte anderer Bereiche) – die Ist-Situation

Die Pflicht – die nachfolgenden Schritte müssen Sie gehen
Schritt 2: Führen Sie zu Beginn der Reorganisation des Vertriebes eine Auditierung des Managements durch
Schritt 3: Visionsarbeit ist unerlässlich, Spielregeln helfen und Ziele richten aus
Schritt 4: »Bedrohen« Sie Ihren Vertrieb
Schritt 5: Restrukturieren Sie Ihre Vertriebsaufteilung
Schritt 6: Renovieren Sie zeitgleich Ihr Vergütungs- und Steuerungssystem

Die Kür – die nachfolgenden Schritte können Sie gehen
Schritt 7: Suchen Sie sich ein vernünftiges Benchmarking-Modell
Schritt 8: Beseitigen Sie den bürokratischen Wust in Ihrem Vertrieb
Schritt 9: Bi-direktionieren Sie Ihre Kommunikation
Schritt 10: Damit die erreichten Erfolge auch langfristig wirksam bleiben, überarbeiten Sie den Prozess Ihrer Mitarbeiterrekrutierung, -auswahl und -bindung

Problematiken von Vertriebsstruktur, -organisation und Ablauf

Komplexe Systeme tendieren immer dazu, einen Ruhezustand zu erreichen. Mit diesem abgewandelten ›Gesetz‹ aus dem Bereich der Thermodynamik lassen sich viele Vertriebsorganisationen beschreiben.

Betrachtet man die Situation genauer ist ›Business as usual‹ die Hauptprämisse. Steigerungsraten zum letzten Jahr bzw. Quartal liegen leicht oberhalb der (mäßigen) Erwartungen, die Kunden werden durchschnittlich unregelmäßig mit gleichbleibend schwacher (inzwischen aber auch von den Kunden nur noch erwarteter) Qualität betreut, neue Potenziale werden kaum substanziell erschlossen. Die Vertriebsleitung ist um Stabilität und Kontinuität bemüht, die Shareholder sind zufrieden mit dem Ausbleiben grob negativer Entwicklungen.

Dieser defensive Zustand innerhalb der ›Komfortzone‹ des Systems wird im Normalfall erst durch Einwirkung von außen aufgebrochen. Häufig sind

- kontinuierliche Umsatzrückgänge,
- anhaltende Margenschwäche,
- gravierende Probleme im Produktportfolio,
- auftauchende aggressive Wettbewerber und
- ein Rückgang in den besetzten Marktsegmenten

Häufig bewirken erst externe Faktoren Veränderung und Aktivität

Auslöser für Aktivitäten. Dynamik, die sich aus dem Inneren des Systems ergibt, ist dagegen selten zu registrieren.

Ist die Handlungsnotwendigkeit erkannt, wird im Normalfall zunächst eine längere Analysephase – häufig bereits allseits bekannter Probleme – angestoßen. Die Schwierigkeit zu Selbsterkenntnis der bestehenden Veränderungsnotwendigkeit führt am Ende der Analysephase in vielen Fällen zum Negieren oder Verleugnen der Ergebnisse. Aktionen der Neuorientierung bleiben somit erst einmal aus. Nach einer weiteren ›Gärungsphase‹ resultieren die lange benötigten Aktionen meist in hastig zusammengewürfelten Maßnahmen aus dem Standard-Repertoire, welche die Veränderung der Gebietsorganisation und/oder der kurzfristigen Motivation (z.B. durch Incentives) zum Ziel haben, aber häufig schlicht ›Druck‹ für die Mitarbeiter bedeuten.

»Pflaster« anstatt substanzieller Veränderungen

Das Ergebnis ist immer dasselbe: Eine substanzielle Veränderung, die die Grundregeln in Frage stellt, findet nicht statt. Die bisher schon genutzten ›Schrauben‹ werden – je nach Vorliebe – angezogen oder etwas gelockert, einige gute Leute gehen, die anderen ›verstecken‹ sich. Nimmt die Entwicklung keine Wende (was im Normalfall nicht von allein passiert), muss der Vertriebsleiter letztendlich gehen, und Berater werden ins Haus geholt, die – unterstützt von der Dramatik der Situation – häufig die nun wirklich gravierenden Veränderungsnotwendigkeiten umsetzen (müssen).

Diese Entwicklungen müssen nicht sein. Mit einer Reihe von Schritten lassen sich Zustände vermeiden, denen meist nur durch eine ›Komplettrenovierung‹ Abhilfe geschaffen werden kann.

Die »Gärtner«-Entscheidung

Führung und Steuerung des Vertriebs sind unseres Erachtens Prozesse, die der kontinuierlichen Pflege und Investition bedürfen. Jede Illusion des »es läuft doch gut« rächt sich früher oder später bitter. Der Aufwand für den ›Kahlschlag‹, wenn man Dinge hat ›zuwachsen‹ lassen, ist nicht nur hoch. Für den Unternehmenserfolg gravierend ist die Tatsache, dass der Vertrieb nach derartig massiven Eingriffen lange braucht, um zu einer neuen Form und zur kundenbezogenen Arbeitsweise zurückzufinden. Soweit sollte es nicht kommen!

Schritt 1:
Analysieren Sie schonungslos – und unbedingt unter Einbezug externer Unterstützung (Kunden, Partnerunternehmen, Führungskräfte anderer Bereiche) – die Ist-Situation.

Analyse der Ist-Situation als Voraussetzung für die Wahl der richtigen Veränderungsstrategie

Dieser Schritt ist wichtig, um nachfolgend die richtige Strategie – evolutionäre Strategie oder Sanierung – zu wählen.

Aus der HR-Sicht lassen sich Sanierungsnotwendigkeiten an folgenden Auffälligkeiten erkennen:

- Die Mitarbeiter im Außendienst glauben nicht mehr an Veränderungen und reagieren passiv und lethargisch auf den aktuellen Zustand.
- Vereinzelungs-Strategien, weitgehende Auflösung von Team-Selling-Strukturen, Lonely-Wolf-Syndrom.
- Neue Mitarbeiter verlassen sehr schnell (häufig innerhalb der Probezeit) das Unternehmen.
- Jüngere Mitarbeiter gehen, ältere Mitarbeiter übernehmen (wieder) die Führungsrollen.
- Niemand regt sich mehr über die allseits bekannten unbefriedigenden Zustände (Lieferzeiten / Produktqualität / Kosten etc.) auf.
- Mitarbeiter versuchen lediglich, ihre Profits zu maximieren (Schmerzensgeld-/›Bleibe‹-Forderungen) bzw. die Aufwendungen zu minimieren (zeitlicher Einsatz, Bereitschaft zu zusätzlicher Aufgabenübernahme).

Die Aufzählung ist sicher nicht vollständig. Wichtig ist der daraus zu ziehende Schluss:

Regel 1: Meistens wird zu spät ›renoviert‹ und viel zu lange nichts bzw. nur halbherzig verändert.

Aus Rücksicht auf ›Besitzstände‹ und um des falsch verstandenen lieben ›Betriebsfriedens‹ Willen scheuen sich viele Vertriebsmanager, frühzeitig mit deutlichen, wahrnehmbaren und intensiven Maßnahmen zu agieren – hier wird zu viel wertvolle Zeit verloren.

Frühzeitiges, aktives und antizipatives Handeln im Sinne des Unternehmens

Dabei soll es im weiteren nicht vorrangig um den Aspekt der inhaltlichen bzw. organisatorischen Veränderungen gehen. Regel zwei und drei weisen aber auf dieses wichtige Aufgabenfeld hin:

Regel 2: Sie können Vertriebe auf jede mögliche Art organisieren (regional, zielgruppenspezifisch, nach Produkten etc.) und jede dieser Formen kann sehr erfolgreich sein. Was nie erfolgreich sein wird, sind unterschiedliche Organisationskriterien. Jede Vertriebsorganisationsform kann brauchbar sein, wenn sie nur konsequent und eindeutig umgesetzt wird.

Eindeutig strukturierte Vertriebsorganisation

Regel 3: Menschen richten sich in ihrem Verhalten und ihren Einstellungen stark nach dem sie umgebenden System aus, d.h. Veränderungen, die *nur* an den Personen ansetzen (z.B. mehr oder weniger Geld etc.), sind nur in gewissem Rahmen und für sehr begrenzte Zeit wirksam.

Die besten Chancen ergeben sich, wenn man die Grundregeln ändert. Prüfen Sie daher insbesondere auf unvollständig implementierte Gebiets- bzw. Kundensegmentierung – und finden Sie eine eindeutige Zuordnung von Kunden zu Vertriebsmitarbeitern.

Nehmen Sie Abstand von komplizierten Zwei-Ebenen-Modellen (wie z.B. einer Matrix-Vertriebsorganisation). Bei diesen Modellen ist zu beachten, dass sie häufig theoretisch funktionieren, in der Praxis jedoch kaum umsetzbar sind. Solche Systeme beinhalten immer auch die – häufig deutlich unterschätzte – Notwendigkeit, Kultur, Führung, Steuerung und Kommunikation an das neue System anzupassen. Nicht jedes Unternehmen kann das leisten.

Verzichten Sie im Zweifel auf Multi-Level-Systeme (z.B. Key-Account-Management). Auch hier gilt, lieber einfache Systeme, diese aber effektiv etabliert und geführt, als komplexe Systeme mit modernen Bezeichnungen. Nicht jedes Unternehmen kann und will die für diese Systeme notwendige eigene Organisationsstruktur aufbauen und den Schulungs- und Kommunikationsaufwand zur Gewährleistung einer sauberen Ablauforganisation leisten. Auch setzt das System voraus, dass sich aus der Kundenstruktur eine sehr saubere Kundensegmentierung quasi automatisch aber keinesfalls erzwungenermaßen ergibt.

Einfache und überschaubare Strukturen haben eine bessere Chance auf Realisierung und Erfolg

Halten Sie Ihre Lösung so einfach und kundentauglich wie möglich – nur solche organisatorischen Veränderungen haben eine schnelle Chance auf Realisierung.

Rechnen Sie trotzdem bei gravierenden Vertriebsreorganisationen mit einem Verlust von 20 – 30% der Mitarbeiter. In jedem Change-Prozess verschieben sich die individuellen Gewinn- und Verlustrechnungen der Mitarbeiter. Dies kann und wird zu Wechselentscheidungen führen.

Lassen Sie trotzdem idealerweise keine Ausnahmen zu. In dieser Phase werden viel zu häufig – trotz besseren Wissens ›Workarounds‹ um ›wichtige‹ Mitarbeiter / Bezirksleiter / Führungskräfte erreicht, unter der die organisatorische Umsetzung später jahrelang leidet. Die Chance auf eine weitgehend saubere Implementierung haben Sie nur in der Sanierungsphase bzw. Renovierungsphase.

Die Pflicht – die nachfolgenden Schritte müssen Sie gehen

Schritt 2:
Führen Sie zu Beginn der Reorganisation des Vertriebes eine Auditierung des Managements durch

Die richtigen und wichtigen Kompetenzen für die Zukunft finden: Management-Auditierung

Insbesondere die Suche nach zukunftsfähigen Führungskräften ist ein entscheidender Erfolgsfaktoren für eine gelungene Reorganisation. Häufig finden sich unter den aktuellen Führungskräften nicht mehr als ein Drittel, denen nach einem strukturierten und gründlichen Audit eine tragende Rolle bei der zukünftigen Führung des Vertriebes zugeschrieben werden kann. Insofern empfiehlt es sich, die nächste Führungsebene mit zu auditieren. Dadurch gewinnen Sie ein weiteres Drittel der neuen Führung aus Mitarbeitern, die bereits Erfahrungen im Unternehmen und mit der spezifischen Kundenklientel haben. Das letzte Drittel muss dann häufig extern nachbesetzt werden.

Je mehr Informationen für das Audit zur Verfügung stehen, desto bessere Ergebnisse kann es erbringen. Idealerweise wird bzw. wurde im Unternehmen ein 360°-Feedback durchgeführt, in dem Kunden, Kollegen, Mitarbeiter und Vorgesetzte strukturierte Aussagen über die Führungskraft zu verschiedenen Dimensionen abgegeben haben. Beispiele für ein Ergebnis eines Management-Audits und eines 360°-Feedbacks finden Sie in Abbildung 1 und Abbildung 2.

Veränderungs- bereitschaft Verhaltens- kompetenz	deutlich unter- durchschnittlich	leicht unterdurch- schnittlich bis unterdurch- schnittlich	durchschnittlich	leicht überdurch- schnittlich bis überdurch- schnittlich	deutlich über- durchschnittlich
deutlich unter- durchschnittlich					
leicht unterdurch- schnittlich bis unterdurch- schnittlich		🧍🧍🧍🧍	🧍🧍🧍		
durchschnittlich		🧍🧍	🧍🧍🧍	🧍🧍🧍🧍	
leicht überdurch- schnittlich bis überdurch- schnittlich			🧍	🧍🧍🧍🧍🧍🧍	🧍🧍
deutlich über- durchschnittlich					🧍

■ Vertrieb
Anzahl = 11

■ Technik
Anzahl = 16

Finanzen
Anzahl = 8

Personal
Anzahl = 7

Abbildung 1:
Ergebnisse eines
Managment-Audits

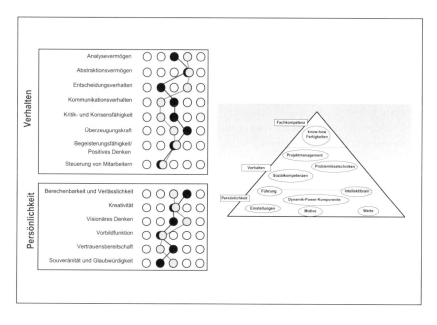

Abbildung 2:
360°-Feedback:
Vergleich
Selbstbild – Fremdbild

Regel 4: Kommunikation ist alles und alles ist Kommunikation.

Offene, klare und umfassende Kommunikation

Diesem Aspekt sollten Sie Ihre Hauptaufmerksamkeit widmen. Wesentlich ist von Anfang an eine deutliche und offene, sehr klare Kommunikation (»Die Lage ist ernst.«) unter Einbeziehung aller Beteiligten, d.h. Shareholder, Mitarbeiter, Kunden und Betriebsrat zu verfolgen. Ein wesentliches Ziel ist dabei bei allen Beteiligten hinsichtlich der Situationswahrnehmung eine emotionale Intensivierung (»Die Lage ist zwar ernst, aber nicht hoffnungslos.«) zu erreichen.

Aktive Pressearbeit ist ein weiteres Arbeitsfeld, wenn Ihr Unternehmen in der Öffentlichkeit steht. Zu Ihrem Vorteil können Sie hier die Bequemlichkeit vieler Pressevertreter nutzen, die lieber vorgefertigte Informationen publizieren, als sich selbst Gedanken zu machen.

Klare, offene und ehrliche Kommunikation hilft immer weiter. Problemzustände, die erst nach und nach ›ans Licht‹ kommen, verleiten zum ›nachbohren‹.

Schritt 3:
Visionsarbeit ist unerlässlich, Spielregeln helfen und Ziele richten aus

Schaffen Sie »Träume« und motivierende Zukunftsbilder

Visionen erfüllen die Funktion, den langfristigen, erhebenden Traum einer Unternehmung bildlich und damit greifbar zu machen.

Der Aufbau einer klaren, einfachen, gut kommunizierbaren und leicht verständlichen Vision ist frühzeitig zu erledigen:

- Die Vision erfüllt einen visionären Anspruch, beschreibt also gerade nicht einen monetären Erfolgsanspruch (»Wir wollen beim Umsatz Nr. 1 in Europa sein«).
- Die Vision hat einen zukunftsorientierten, nicht rückwärtsblickenden Anspruch.
- Die Vision hat ethische Aspekte, einen Anspruch der über das Kernziel einer profitorientierten Organisation deutlich hinausgeht.
- Die Formulierung der Vision fasst prägnant zusammen, warum es sich lohnt, sich dafür einzusetzen.
- Ausrichtung des ›Corporate Behavior‹ im Öffentlichkeitsauftritt (Presse, Messen, Analystenkonferenzen etc.) auf die Vision.
- Die Vision wird von einem Großteil der Mitarbeiter als eigentliche »Existenzberechtigung« betrachtet.

Ein gutes Beispiel hierfür sind die präzisen und einfachen Botschaften von Nokia (»Connecting People«) oder Microsoft (»Information at your fingertips«). Sie sind gekennzeichnet durch die oben angeführten Kriterien und –

mindestens genauso wichtig – sie wurden intensiv nach außen und innen kommuniziert.

Mitarbeiter wollen und brauchen eine langfristige Orientierung, einen Traum, für den es sich lohnt sich einzusetzen.

Eine nach innen orientierte Konkretisierung des Weges hin zur Erfüllung der Vision sind Guidelines. Hier empfehlen wir die Implementierung von (**Spiel-**)**Regeln**. Sie sind ein Codex, der beschreibt: »Wie sollen wir uns verhalten, wie wollen wir miteinander umgehen?«

Klassisch werden diese Spielregeln häufig als Unternehmensleitbilder entwickelt und eingeführt. Leider glänzen viele Leitbilder durch Überfrachtung, Realitätsferne und schwache Implementierung sowie durch nicht konsequente Einhaltung.

Nur wenn Sie es schaffen, hochkomprimierte, prägnante, einhaltbare und zukunftsorientierte Regeln zu definieren und dann dafür zu sorgen, dass jeder Vertriebsmitarbeiter sie wirklich verinnerlicht hat, daran glaubt und die Umsetzung und Einhaltung jeden Tag sehen kann, macht die Einführung von Spielregeln Sinn. Anderenfalls nehmen Sie lieber Abstand davon. Die Effekte sind sonst kontraproduktiv.

Spielregeln: Einfach, kontinuierlich kommuniziert und konsequent umgesetzt

Einfache Regeln, kontinuierlich kommuniziert (nicht nur einmalig als Verteilung einer Hochglanzbroschüre) und rigoros eingehalten, sind der Erfolgsfaktor. Die Spielregeln entsprechen den in jeder Organisation implizit vorhandenen Spielregeln und sind so gehalten, dass eine Diskrepanz zwischen täglichem Erleben und schriftlicher Spielregel möglichst vermieden wird bei gleichzeitigem »Aufforderungscharakter«.

Beispiele für interne Regeln, die versuchen, die oben definierten Ansprüche zu erfüllen, zeigt Abbildung 3. Sie finden dort sicher nicht die Aussage »Unser Kunde steht im Mittelpunkt« oder »Wir führen kooperativ«.

1. Glaube nie einer Führungskraft den Satz »Deine Zahlen sind mir nicht wichtig«.

2. Wir sind eine Vertriebsunternehmen (Customer first, first, first).

3. »Geht nicht« – gibt's nicht.

4. Gewöhn Dich daran: Die Aufgabe ist immer drei Nummern zu groß.

5. Im Zweifel gilt der Guerilla-Weg: Es ist leichter, um Entschuldigung als um Erlaubnis zu bitten. Nichts machen ist verwerflich.

6. Results count: Nicht das Produkt zählt im ersten Angang, sondern die Vermarktungsidee.

Abbildung 3:
The Hidden Rules

Ein global operierendes Telekommunikationsunternehmen liefert ebenfalls ein gutes Beispiel für interne und externe Spielregeln, die in hohem Maße die Kriterien erfüllen (vergleiche Abb. 4).

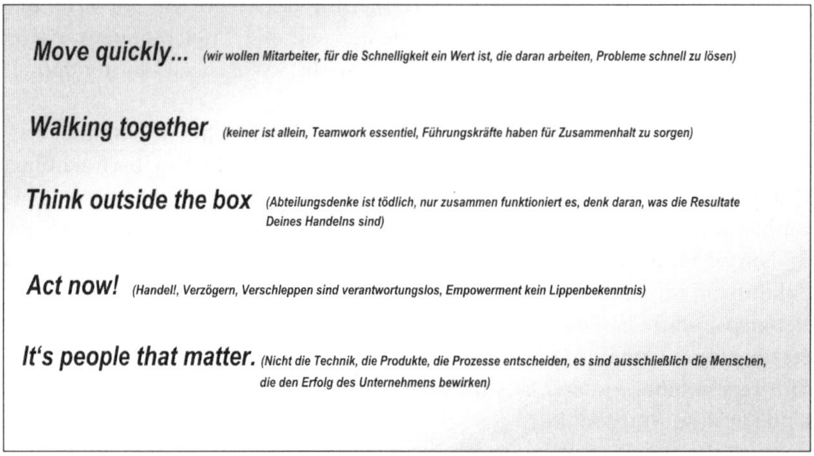

Move quickly... (wir wollen Mitarbeiter, für die Schnelligkeit ein Wert ist, die daran arbeiten, Probleme schnell zu lösen)

Walking together (keiner ist allein, Teamwork essentiel, Führungskräfte haben für Zusammenhalt zu sorgen)

Think outside the box (Abteilungsdenke ist tödlich, nur zusammen funktioniert es, denk daran, was die Resultate Deines Handelns sind)

Act now! (Handel!, Verzögern, Verschleppen sind verantwortungslos, Empowerment kein Lippenbekenntnis)

It's people that matter. (Nicht die Technik, die Produkte, die Prozesse entscheiden, es sind ausschließlich die Menschen, die den Erfolg des Unternehmens bewirken)

Abbildung 4:
Spielregeln eines
Telekommunikations-
unternehmens

Die Definition von **Zielen** bildet die operative Abrundung des Triumvirats **Vision, Regeln** und **Ziele**. Sie sind quasi der »taktische Ausführungsplan«. Auch wenn das Thema bereits seit 40 Jahren diskutiert wird, wird es doch häufig missverstanden. Wichtig zu begreifen ist, dass Ziele quasi wie ein Gummiband arbeiten müssen. Ziele sind rückwärtswirkend handlungsleitend, sie wirken von »hinten« nach »vorne«.

Ziele sind der »taktische Ausführungsplan«

- Ziele können wirkungsvolles Steuerungsinstrument sein, müssen es aber nicht in jedem Fall.
- Ziele setzen voraus, dass der Endzustand definiert, aber der Ausführungsweg weitgehend (im Rahmen der Spielregeln) frei wählbar ist.
- Ziele können uns müssen re-definiert werden, sind keinesfalls statisch.
- Ziele stellen hohe Ansprüche an die Führungskompetenz »Wer ein Orchester leiten will, muss andere spielen lassen« (*Herbert Karajan*).
- Ziele funktionieren nur, wenn das Ergebnis attraktiv, herausfordernd und motivierend ist, das kann nicht immer der Fall sein.
- Zentral ist jedoch, dass die Ziele ›committed‹ sind, also wirklich vereinbar und real vereinbart sind.

Jeglicher Versuch, Ziele zu ›vereinbaren‹, ohne die Interessen der Mitarbeiter einzubeziehen, ist Etikettenschwindel. Dies ist »Push«-Motivation (vergl. Herzberg, Frederick: Was Mitarbeiter wirklich in Schwung bringt, in: Harvard Manager 2/1988, S. 42 – 54). Vorher 1953

Schritt 4:
»Bedrohen« Sie Ihren Vertrieb

E-Commerce, Direct-Channels, virtuelle Marktplätze sind die aktuellen Schlagworte. Sie verursachen häufig Angst vor der Kannibalisierung im Vertrieb.

Kannibalisierung durch E-Commerce?

Hier bietet sich für Sie eine großartige Chance: Kannibalisieren Sie sich, aber richtig!

Die neuen internetbasierten Absatzkanäle bieten hervorragende Chancen, wenn Sie richtig eingesetzt werden. Entscheiden Sie konsequent: Welche Zielgruppen wollen wir mit welchen Produkten zukünftig mit E-Business-Lösungen betreuen? Für welche Kundengruppen ist unser Vertrieb bereits heute schon zu teuer?

Nutzen Sie die Chance, zu teure und ineffiziente, aber altvertraute und bequeme Vertriebsgewohnheiten im Rahmen der Einführung von E-Commerce-Kanälen zu verändern.

Natürlich führt das zu Unruhe – niemand würde erwarten, dass Vertriebsmitarbeiter passiv bleiben, wenn solche Veränderungen »drohen«. Die Frage ist, **wie** diese Diskussion im Unternehmen geführt wird, wie schnell Klarheit geschaffen wird, wie konsequent das Internet auch als Vertriebsunterstützungsinstrument für den heutigen personenbasierten Vertrieb etabliert wird.

Aber: Menschen wollen (auch in Zukunft) von Menschen kaufen. Abbildung 5 belegt dies eindrucksvoll. Niemand wird sich in Zukunft ›I fancy‹-Artikel (wie z.B. einen Ferrari) im Internet kaufen. Das sinnliche Erlebnis, die erotische Komponente, die Erhöhung des Selbstwertgefühls steht im Vordergrund. Und das können gute Verkäufer nun einmal besser vermitteln als ein Mouse-Klick im Internet.

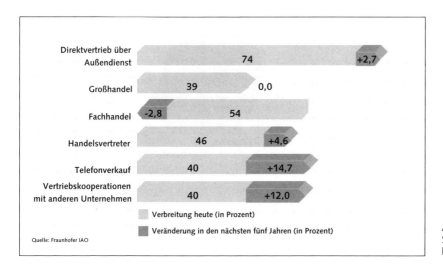

Direktvertrieb über Außendienst: 74 / +2,7
Großhandel: 39 / 0,0
Fachhandel: -2,8 / 54
Handelsvertreter: 46 / +4,6
Telefonverkauf: 40 / +14,7
Vertriebskooperationen mit anderen Unternehmen: 40 / +12,0

Verbreitung heute (in Prozent)
Veränderung in den nächsten fünf Jahren (in Prozent)

Quelle: Fraunhofer IAO

Abbildung 5:
So verändern sich klassische Vertriebswege

»Banking is necessary, Banks are not.« (Bill Gates).

Eine große Anzahl von ›I need‹-Artikeln wird hingegen eher früher als später über elektronische Kanäle vom Kunden bezogen werden. »Banking is necessary, Banks are not.« (Bill Gates).

Je austauschbarer die Waren werden, je vergleichbarer in ihren Eigenschaften und je einfacher applizierbar, desto weniger brauche ich – in Zeiten der ›Mausklick-Transparenz‹ – menschliche Unterstützung, um zu entscheiden, was gut und richtig ist.

Eine gute Chance also, um bei den Vertriebsmitarbeitern wirklich ernst zu machen mit Themen wie Qualifizierung (z.B. Baufinanzierung in Banken, siehe die regelmäßig katastrophalen Ergebnisse der Stiftung Warentest) oder Service.

Daraus folgt direkt der Schritt 5.

Schritt 5:
Restrukturieren Sie Ihre Vertriebsaufteilung

Wie bereits erwähnt, gibt es keine richtige Vertriebsorganisation, sehr wohl aber viele falsche. Sie können Ihren Vertrieb nach Branchen, Kundensegmenten, Regionen, Ländern, Produktgruppen, Themen etc. organisieren. Gut umgesetzt kann alles – für Ihre Kunden, Ihre Produkte und auch für Ihre Vertriebsmannschaft – erfolgreich sein.

Mit Sicherheit nicht erfolgreich ist hingegen folgende Methode (vergl. Abb. 6):

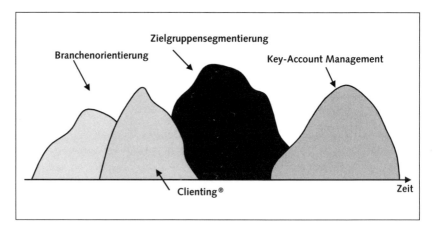

Abbildung 6: Einführung von verschiedenen vertrieblichen Systemen

Abbildung 6 stellt unklare und wechselnde »Strukturierung« des Vertriebs dar: Alle oder mehrere mögliche Vertriebsstrukturen werden zeitgleich oder in kurzen Abständen nacheinander eingeführt, nicht bis zum Ende umgesetzt, und schlussendlich dürfen sich die Mitarbeiter die Strukturierung des Vertriebs selbst aussuchen. Dieses Vorgehen hat mittel- und langfristig katastrophale Auswirkung auf die Arbeits- und Leistungsfähigkeit des Vertriebs.

Daher: Wählen Sie – losgelöst von den Empfehlungen amerikanischer Universitätsprofessoren (die nie einen Vertrieb geführt haben) – eine und nur eine mögliche Form der Aufstellung gegenüber dem Kunden und halten Sie diese nachhaltigst durch bis zu dem Zeitpunkt, wo sie aus gegebenem Anlass vom Grunde her verändert wird. Lassen Sie sich für die Überlegung, wie Sie die Veränderung vornehmen wollen, ausreichend viel Zeit und bedenken Sie die Konsequenzen gründlich. (Ihren Kunden ist es meist völlig egal, wie Sie aufgestellt sind, sie kennen und vertrauen ihrem Ansprechpartner und ihren Produkten/Dienstleistungen. Insofern ist ein Zeitdruck meist nicht real (vom Kunden oder Markt her) vorhanden, sondern wird irreal erzeugt.)

Wenn Sie sich dann gemeinsam mit den Vertriebsmitarbeitern und den Führungskräften auf eine neue Aufstellung geeinigt haben, setzen Sie sie **schnell** und **konsequent** um. Lassen Sie so wenig ›Spezialfälle‹ oder ›Sonderlösungen‹ wie möglich zu. Diese bergen immer die Gefahr, zu schnell eine den Gesamtprozess störende Eigendynamik zu entwickeln.

> Gut durchdachte, zügig eingeführte und konsequent umgesetzte Vertriebsstrukturen

Schritt 6:
Renovieren Sie zeitgleich Ihr Vergütungs- und Steuerungssystem

Regel 4: **Die Grundregel der Vergütung: »Wer mit Erdnüssen bezahlt, muss sich nicht wundern, wenn er von Affen umgeben ist.«**

Wählen Sie ausschließlich Vergütungs- und Motivationssysteme, die resultatsbezogen (Kundenzuwachs, Deckungsbeitrag, Marktanteil etc.) und nicht aufwandsbezogen (Zeit, Anzahl der Besuche etc.) Erfolg honorieren.

> Erfolgshonorierende Vergütungssysteme

Belohnen Sie nur, was herauskommt, nicht was an Aufwand investiert wurde. Jegliche Form von investitionsbelohnenden Anstrengungen (außer in Aufbauphasen) führt zu einer real nicht existenten Sicherheit und zur Intensivierung der Bemühungen, nicht unbedingt aber zum Erfolg.

Regel 5: **Messen Sie Leistungen von Vertriebsmitarbeitern nur an Variablen, die diese sehen, nachprüfen und beeinflussen können.**

Viele vertriebliche Vergütungssysteme versuchen, den einzelnen Mitarbeiter für etwas (mit-) verantwortlich zu machen, was er nicht beeinflussen kann. Ist z.B. die Vergütung an den Deckungsbeitrag gekoppelt, obgleich der Mitarbeiter die entstehenden Kosten nicht beeinflussen kann, versagt die Anreizfunktion des Vergütungssystems.

Dies führt zu einer inneren Abkehr des Glaubens an die Steuerungsgrößen, zu einer Aufkündigung des Commitments und zu Erhöhungen der ›Schmerzgehaltszulage‹.

Regel 6: Variabilisieren Sie so stark Sie können.

Transparenz und hohe Variabilität des Vergütungssystems

Variable Vergütungen sind das einfachste und effektivste Mitarbeiterbeteiligungsmodell. Schließlich ist der Mitarbeiter an seinem Erfolg mitbeteiligt. Indirekte, kompliziert zu verrechnende und intransparente Vertriebsvergütungsmodelle können nicht erfolgreich sein. Der Mitarbeiter wird keine Kopplung – eine Grundvoraussetzung für erfolgreiche vertriebliche Vergütungssysteme – zwischen Erfolg und Entlohnung erleben. Auch hier gilt ›KISS‹ (›Keep it simple and stupid.‹).

Regel 7: Wählen Sie möglichst wenig indirekte Vergütungsbestandteile (Bonussysteme).

Je indirekter die Kopplung zwischen individuellem Profit und Erfolg des Mitarbeiters, desto geringer der Gesamterfolg.

Lineare Modelle (direkter, für den Mitarbeiter rechenbarer Zusammenhang zwischen Erfolg und Profit) sind motivierender als »gedeckelte« (mehr Erfolg gibt weniger Profit) oder Stufenmodelle (häufig ungerecht, aber einfacher administrierbar, daher gerne angewendet) (vgl. Abb. 7).

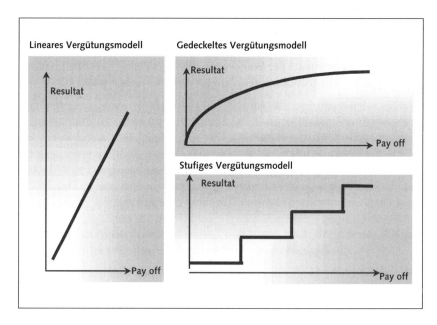

Abbildung 7:
Vergütungsmodelle

Die Kür – die nachfolgenden Schritte können Sie gehen

Die bis hier erreichten Effekte sollen weder »Schnellschüsse« noch kurzlebige Resultate sein. Das Ziel ist eine langfristige Sicherung des erreichten Status. Hierfür empfehlen sich einige weiterführende Maßnahmen.

Schritt 7:
Suchen Sie sich ein vernünftiges Benchmarking-Modell

Vernünftig heißt: wenige Variablen, die einfach erfassbar sind. Hierbei sollten Sie – wenn möglich – nicht nur innerhalb Ihrer Branche den größten, schnellsten, besten, kundenorientiertesten, flexibelsten etc. Wettbewerber suchen, sondern sich idealerweise aus Ihrer Branche hinaus bewegen. Die reine Branchenorientierung führt schnell zur ›Inzucht‹ und zum Übersehen guter und nutzbarer Entwicklungen in fremden Branchen.

Branchenübergreifendes Benchmarking

Regel 8: Vergessen Sie die großen »Dies-wird-alle-unsere-Probleme-beseitigen-Lösung«.

Lernen Sie von Unternehmen, die ähnliche Probleme haben bzw. hatten wie Sie selbst, und erkennen Sie, dass Schritte zur Lösung immer einen Erfolgsgaranten haben:

Regel 9: »Wenn wir das Problem verstanden haben, sind wir es immer konsequent und rücksichtslos angegangen, mit vielen kleinen Schritten, nie mit dem großen Wurf.«

Gerade bei der Implementierung der aus dem Benchmarking gewonnenen Erkenntnisse ist **Kaizen** (»Es gibt nichts gutes, außer man tut es.«) einer der wenigen möglichen Wege zum Erfolg. Sorgen Sie für die schnelle Umsetzung kleiner Maßnahmen (quick win's) und kommunizieren Sie diese entsprechend (»... und rede darüber.«).

Konsequentes, schrittweises Handeln und breite Kommunikation

Aber Achtung: ›Klauen‹ Sie nicht einfach Problemlösungen vom Wettbewerb. Meist ist es erforderlich, dass Sie ein eigenes System aufbauen, an dem Ihre Mitarbeiter mitgewirkt haben, welches von Ihren Führungskräften gewollt und verstanden wird und in die ›Denke‹ Ihres Unternehmens passt.

Schritt 8:
Beseitigen Sie den bürokratischen Wust in Ihrem Vertrieb

Ich persönlich habe noch nie einen Vertriebsmitarbeiter getroffen, der gerne für einen halbstündigen Kundenbesuch eine dreiviertel Stunde lang Eingaben in ein umständliches und unübersichtliches Kundenkontaktsystem vorgenommen hat. Aber ich habe häufig Mitarbeiter getroffen, die ihre eigenen Systeme parallel zu den betrieblichen Systemen pflegen, weil

- diese viel zu langsam und umständlich sind und
- man sich auf sie nicht verlassen konnte,
- Informationen nicht abrufbar waren, wenn sie gebraucht wurden,
- die Pflege des Systems zum Selbstzweck verkümmerte
- die von den Mitarbeitern mühevoll und zeitintensiv eingegebenen Informationen bei vertrieblichen Entscheidungen nicht herangezogen wurden.

Daher gilt:

Regel 10: »Bekämpft die Bürokratie im Unternehmen! Hasst sie! Tretet sie in den Hintern! Brecht sie!« (Jack Welch, Chairman von General Electric)

Es lebe der Vorgang!
(Heide Simonis)

Denken Sie an »Die Gärtnerentscheidung«: Leider hat unser ›Dschungel‹ Vertrieb immer die Tendenz ›zuzuwuchern‹. Listen, die niemand braucht, Statistiken, die keiner will, Auswertungen, dessen Nutzer schon längst nicht mehr da sind.

Leider wird fast nie jemand für die Abschaffung von obsolet gewordenen Verfahren und Abläufen belohnt, sondern immer nur für die aufwandgenerierende Neuerstellung. Fragen Sie Ihre Mitarbeiter und Führungskräfte, welche Kennzahlen sie wirklich lesen, verstehen und berücksichtigen, und reduzieren Sie das Reporting auf diese wesentlichen Größen. Der Rest fliegt sowieso in den Müll – oder schlimmer noch: Er füllt die Ablage und stiehlt wertvolle Zeit.

Regel 11: »Wenn Anpassungsfähigkeit an die Märkte fehlt, hilft Größe nicht weiter.« (Wendelin Wedekind, Porsche)

Bürokratie führt zu ›erfundenen‹, nicht kundenbezogenen, verwalterischen Aufgaben. Diese führen zur Verlangsamung der Prozesse und Abläufe und damit der Entscheidungen. Im Endeffekt greifen das Parkinson'sche Gesetz und das Peter-Prinzip (Laurence J. Peter, Raymond Hull.: Das Peter-Prinzip, Hamburg 1972). Egal, welcher Management-Trend nun gerade ›in‹ ist: Sorgen Sie auch in Zeiten der Zentralisierung dafür, dass die Vertriebseinheiten vor Ort klein und handlungsfähig bleiben. Schlank bleiben ist hier ein Lebensprinzip, Entschlackungskuren sind auf allen denkbaren Ebenen zu aufwendig.

Schritt 9:
Bi-direktionieren Sie Ihre Kommunikation

Vertriebe wollen hören, wo es lang geht – also reden Sie (vor Ort) Klartext. Aber sie wollen auch gehört werden – also hören Sie zu. Viel zu oft wird die Rolle des Vertriebs einseitig verstanden und gelebt. Aber nicht nur die ›Hand zum Markt‹, sondern auch das ›Ohr am Kunden‹ ist essentiell. Installieren Sie einen Dauerdialog, wo regelmäßig vertriebliche Ideen, Wahrnehmungen und Informationen besprochen und ausgetauscht werden.

Dauerdialog mit dem Vertrieb vor Ort

Und: Übernehmen Sie die Prinzipien erfolgreicher Kommunikation:

- Sie findet nie im Wohnzimmer, sondern immer in der Küche statt.
- Sie ist viel intensiver informell und bringt formal gar nichts (keiner sagt was).
- Sie muss Spaß machen (Chat-Kultur im Internet).

Nutzen Sie Ideen und Vorschläge Ihrer Mitarbeiter für vertriebliche Verbesserungen. Folgen Sie doch einer einfachen Idee:

Kombinieren Sie Ihr Incentive-System mit der menschlichen Sammelleidenschaft (Rabatt-Marken, Briefmarken, Pokemon-Karten) mit der Grundregel: Belohne selten, aber dann intensiv. Koppeln Sie ›Ideen‹ mit Punkten (Miles etc.). Die Punkte werden gesammelt und können eingelöst werden gegen Belohnungen, die kostbar und sehr attraktiv sind (attraktive Reisen, außergewöhnliche Events...), und daher auch nur gegen viele gesammelte Punkte eingetauscht werden können.

Mit wenig Aufwand haben Sie ein attraktives, vertriebliches ›Ideas and more‹-System anstatt eines der – weit verbreiteten – vor sich hindämmernden betrieblichen Vorschlagswesen.

Schritt 10:
Damit die erreichten Erfolge auch langfristig wirksam bleiben, überarbeiten Sie den Prozess Ihrer Mitarbeiterrekrutierung, -auswahl und -bindung

Die Grundregel der Mitarbeitergewinnung lautet: »Mitarbeiter wollen für Gewinner arbeiten.«

Mitarbeiter wollen für Gewinner arbeiten

Sie wollen stolz sein auf ihren Arbeitgeber, die erreichten Erfolge sowie das Image. Sie heften sich den Markennamen an und identifizieren sich mit diesem – also sorgen Sie dafür, dass Sie einen Namen haben bzw. dass er »gut klingt«.

In engen Märkten wird der ›War for Talents‹ zukünftig noch viel intensiver toben. Junge Professionals kennen ihren Marktwert und wollen sich auch nicht darunter verkaufen.

Regel 12:   Komm zu einem Sieger! (Nichts wirkt so anziehend wie Erfolg.)

Aber: Gute Mitarbeiter wollen auch gefordert werden – und das geht nur und ausschließlich über den einen wirklichen Motivator: die Aufgabe an sich.

Neben Entwicklungsmöglichkeiten und Herausforderungen gehören viel Flexibilität, Spaß und Atmosphäre zum Vertrieb des nächsten Jahrtausends. Und: ein wenig ›Mission‹ darf schon dabei sein. Nur »Profit generieren« stumpft auf die Dauer ab und reicht nicht als Ziel, um gute Leute zu halten.

Professionelle Personalauswahl vor Bauchgefühl

Bei der Auswahl von Vertriebsmitarbeitern verlassen sich immer noch viele Führungskräfte im Vertrieb auf ihre ›gute Menschenkenntnis‹. Leider hat diese den Nachteil, dass sie fast immer Mitarbeiter bevorzugt, die den wesentlichen Charakterzügen des Einstellenden entsprechen. Ähnlichkeit schafft Sympathie, aber leider nicht unbedingt Erfolg. Daher sollten Sie sich – auch wenn es etwas Aufwand verursacht – professionellerer Methoden der Personalauswahl bedienen. Verkäuferische Erfahrung und Kompetenz sieht man nun mal am ehesten in verkäuferischen Situationen, d.h. im praxisnahen Assessment-Center mit entsprechenden Gütekriterien.

Das zugrunde zu legende Anforderungsmodell kann man sehr einfach durch den 4F-Vertriebmitarbeiter beschreiben:

- **Focused**
- **Friendly**
- **Flexible**
- **Fast**

Sollte Ihnen dieser Artikel nun Mut gemacht haben, schon lang aufgeschobene ›Aufräumarbeiten‹ in Ihrem Vertrieb anzugehen, so war dies intendiert, denn:

Es gibt eigentlich nur 3 Arten von Vertrieben:

1. Vertriebe, die machen, dass etwas passiert...
2. Vertriebe, die schauen, was passiert...
3. und Vertriebe, die sich wundern, was passiert ist.

Besser, Sie gehören zu der ersten Gruppe.

Grundlagen einer innovativen Personalentwicklung in Direktvertriebsunternehmen

Dieter Babiel

Schossen Anfang der 80er-Jahre noch Personalentwicklungsabteilungen in allen Unternehmen, die etwas auf sich hielten, wie Pilze aus dem Boden, so verlangsamte sich dieser Trend wiederum im Laufe der 90er-Jahre. Als Personalentwickler wurden externe Fachleute rekrutiert, die sich zumeist aus Psychologen und Betriebswirten zusammensetzten, ohne Rücksicht auf praktische Erfahrungen in der Arbeitswelt und Menschenkenntnis. Personalentwickler fanden sich dann meist irgendwo in den Hierarchieebenen eines Unternehmens wieder, bevorzugt im Marketing oder Personalbereich, und mussten von Anfang an um ihre Existenzberechtigung kämpfen. Die so entstandene Kluft zwischen den »Weltverbesserern« der Personalentwicklung und der unternehmerischen Wirklichkeit konnte schließlich nicht lange bestehen bleiben.

In scheinbarem Widerspruch dazu steht die Ende der 90er-Jahre erlangte Erkenntnis unzähliger Unternehmensleitungen, dass die ständige Qualifizierung und Weiterentwicklung der Mitarbeiter die eigene Firma erst wettbewerbsfähig macht. Eine Herausforderung also, der sich sowohl Geschäftsleitungen als auch Personalentwickler nicht entziehen wollen. Unternehmen, die für sich das Attribut »innovativ« in Anspruch nehmen, müssen sich mit der Frage, wie sich ihre Mitarbeiter – angefangen von der obersten Führungsebene bis hin zu den Verkäufern im direkten Kundenkontakt – in den nächsten Jahren entwickeln sollen, beschäftigen.

Die folgenden Ausführungen beziehen sich größtenteils auf die gelebte Unternehmenskultur innerhalb der Würth-Gruppe[1], in der ich wesentliche Grundlagen der Personalentwicklung lernen und mich mit den Erfahrungen meines Personalentwicklungsteams weiterentwickeln durfte.

---

1   Die Würth-Gruppe (Sitz in Künzelsau) beschäftigt zur Zeit etwa 35.000 Mitarbeiter (davon über 17.000 im Außendienst) in 211 Gesellschaften weltweit und plant im Jahr 2000 einen Gesamtumsatz von über 10 Mrd. DM. (Stand: 03/2000)

Anforderungen an den Außendienst
Leistungsorientierung
Die Nähe zum Mitarbeiter

Anforderungen an die Einarbeitung und innerbetriebliche Qualifizierungsmaßnahmen
Aller Anfang: Die Rekrutierung neuer Außendienst-Mitarbeiter
Personalauswahl mit Kollegen und Mitarbeitern
Die Einarbeitung in den Außendienst
Die Einbeziehung der Lebenspartner/-innen
Fragen Sie Ihre Mitarbeiter!
Die Rolle der Führungskräfte in der innerbetrieblichen Fortbildung und
     Nachwuchsförderung
Personalentwicklungsmaßnahmen: Vom Ist zum Soll

Anforderungen an die Außendienst-Führung
Die Außendienst-Führungskraft: Bester Verkäufer?
Führen nach qualitativen Gesichtspunkten bringt Führungsqualität
Die Mitarbeiter-Fluktuationsrate als Messkriterium

Anforderungen an die Personalentwicklung im Vertrieb
Der Stellenwert von Personalentwicklung
Vertriebsmitarbeiter in der Personalentwicklung
Nachfrageorientierung und internes Marketing
Kosten oder nutzen Personalentwicklungsmaßnahmen?

Personalentwicklung als Bestandteil der Unternehmenskultur
Das Vorleben von Werten

Anforderungen an den Außendienst

»Der Mensch im Mittelpunkt des Unternehmens« fängt beim Auftreten, bei der Repräsentation gegenüber dem Kunden an. Sowohl alle zuarbeitenden Dienste eines Unternehmens als auch die gesamte Führungsphilosophie haben sich darauf konsequent einzustellen. Dafür bedarf es gut ausgebildeter Außendienst-Mitarbeiter, die die dahinterliegende Philosophie verstehen und zu vermitteln pflegen.

Das setzt bei Außendienst-Mitarbeitern voraus, nicht nur ein hohes Maß an Identifikation mit dem eigenen Unternehmen zu haben, sondern im wahrsten Sinne des Wortes eine positive Einstellung zur Firma, zu den Produkten dieser Firma, ja eine geradezu damit einhergehende Begeisterung den Kunden zu vermitteln.

Der Hauptansatz einer jeden Personalentwicklungs- und Führungsarbeit sollte darin bestehen, die Kluft zwischen diesem hohen Anspruch und der realen Einstellung, den realen Emotionen und Motivationen bei den Außendienst-Mitarbeitern stets so gering wie möglich zu halten, damit das Ziel, die Kunden für das eigene Unternehmen zu begeistern, nicht bloß eine Floskel bleibt.

Personalentwicklungsarbeit muss dazu beitragen, Differenzen zwischen Anspruch und Wirklichkeit so gering wie möglich zu halten

Der erste Ansatz, diese Kluft stets so gering wie möglich zu halten, beginnt bereits bei der Rekrutierung neuer Mitarbeiter. Die wesentlichen Anforderungen an Verkäufer in Direktvertriebsorganisationen lassen sich mit einem hohen Maß an Eigenmotivation, Eigenverantwortung und Selbstorganisation beschreiben. Bei der Auswahl neuer Außendienst-Mitarbeiter/-innen kommt es im wesentlichen auf die Bewertung dieser Kompetenz-Merkmale an.

Leistungsorientierung

Darüber hinaus müssen sich die Motivationen von Menschen, im Außendienst arbeiten zu wollen, in entsprechenden Anreizsystemen widerspiegeln. Eine Schlüsselrolle spielt hierbei das Außendienst-Bezahlungssystem. Das Problem an jedem Bezahlungssystem ist, dass es das bekommt, was es provoziert, nämlich genau die Wachstumsergebnisse, die am besten bezahlt werden. Eine starke Deckungsbeitrags-Orientierung fördert hohe Verkaufspreise (eher gewinn- als umsatzorientiert), eine starke Steigerungs- und Planerfüllungs-Orientierung (eher umsatz- als gewinnorientiert) fördert mehr Umsatz bei tendenziell geringerer Kalkulation. Objektiv wird es wohl nie das »richtige« Bezahlungssystem aller Direktvertriebsunternehmen in der Welt geben. Insofern kommt es auf zweierlei an:

motivationsorientierte Anreizsysteme für Außendienstmitarbeiter

1. Je nach Markt- und Unternehmenssituation muss ein Außendienst-Bezahlungssystem flexibel bleiben. Das heißt die Orientierung in Richtung

Außendienst-Bezahlungssysteme sind stark leistungs-orientiert

Umsatz oder in Richtung Gewinn muss rein theoretisch in notwendigen Zyklen wechseln können.

2. Es kommt vor allen Dingen darauf an, dass jedes Außendienst-Bezahlungssystem ein ausgesprochen hohes Maß an Leistungsorientierung beinhaltet. Das heißt der Anteil an sicherem Festeinkommen muss gering bleiben und noch weiter zurückgehen, während der Anteil an variabler Leistungsvergütung eher überproportional hoch sein muss, um die geplanten Unternehmensziele (Gewinn und/oder Wachstum) auf der Basis von mehr Leistung = mehr Einkommen auch zu erreichen.

So sollte neben dem klassischen Personalgespräch auch das Gespräch über das jeweilige Jahres-Zielgehalt selbstverständlich werden. Das fördert bei Außendienst-Mitarbeitern das Bewusstsein, dass der berechtigte Anspruch, viel Geld (und sogar überdurchschnittlich mehr als im Innendienst) verdienen zu können, auch immer deutlich mit »viel Arbeit« einhergeht. Wer wenig arbeiten möchte, sollte es sich überlegen, mit dieser Einstellung im Außendienst überhaupt arbeiten zu wollen, zumal sie zwangsläufig wenig Leistung und wenig Einkommen zur Folge hat.

Der Erfolg eines Außendienst-Mitarbeiters wird darüber hinaus mit einem höheren Maß an »Freiheit« belohnt. Freiheit in Bezug auf Controlling und Korrekturen durch seine Führungskraft.

Die Nähe zum Mitarbeiter

Voraussetzung hierzu ist wiederum, dass Außendienst-Führungskräfte ihre Hauptaufgabe auch tatsächlich im Bereich des Führens verstehen. Bloß der »beste Verkäufer« in seinem Team gewesen zu sein, reicht nicht aus, Außendienst-Mitarbeiter führen zu können. Es kommt vor allem darauf an, seinen Mitarbeitern in jeder Lage zu helfen, permanent bzw. wieder erfolgreich sein zu können. Und dies wird langfristig nur funktionieren, wenn der jeweilige Vorgesetzte echte Führungskompetenzen aufweist, indem er sein ganzes Tun auf die Stärkung der Selbstverantwortung seiner Mitarbeiter einstellt.

Echte Führungskompetenz bedeutet, die Selbstverantwortung der Mitarbeiter zu fördern

Der Vorbildeffekt einer Führungskraft kann nicht darin bestehen, dass sie ihren Außendienst-Mitarbeitern und sich ständig beweisen kann, dass sie mindestens so gut verkaufen kann wie diese, sondern sie wird hauptsächlich dadurch Akzeptanz und Anerkennung erfahren, dass sie seine Mitarbeiter zum selbstständigen und erfolgreichen Arbeiten animieren kann. Voraussetzung dafür ist der ständige Kontakt einer Führungskraft mit ihren Mitarbeiterinnen und Mitarbeitern. Außendienst-Führung spielt sich unter diesen Umständen in der Begleitung von Verkäufern beim Kunden ab. Silberkofferträger mit Hochglanz-Broschüren und schicken Anzügen, die die meiste Zeit des Tages darauf warten, dass in ihrem Büro ein Verkäufer oder so genannter Key-Account-Kunde anruft, sind passé.

Insofern bleibt die Außendienst-Führungskraft der wichtigste Partner, Orientierungsgeber und Helfer für Verkäufer. Darüber hinaus muss dem Verkäufer im Direktvertrieb in unserer Epoche wahrer Informationsüberflutungen das Arbeiten so leicht wie möglich gemacht werden, damit er sich beim Verkaufen wirklich auf seinen Kunden, seine Ziele und alles, was Erfolg verspricht, fokussieren kann. Die eingesetzten Verkaufsinstrumente, Kataloge, Musterartikel und Kundenbindungsinstrumente müssen über die Innenorganisation eines Unternehmens und über die jeweilige Führungskraft so auf den Verkäufer zugeschnitten sein, dass sie ihm helfen, seine Ziele bei seinen Kunden zu erreichen.

Führungskräfte sind Partner, Orientierungsgeber und Helfer für ihre Mitarbeiter

Anforderungen an die Einarbeitung und innerbetriebliche Qualifizierungs-maßnahmen

Erfolgreich im Direktvertrieb wird nicht bloß der, der über sämtliche verkaufstechnische Raffinessen und rhetorische Feinheiten verfügt, sondern der Verkäufer, der als ganzer Mensch wahrgenommen, ernst genommen und akzeptiert wird. Nicht der Meister im Verstellen, sondern der ehrliche, einsatzwillige Kaufmann ist gefragt, dem man vertrauen und den man jederzeit anrufen kann, wenn man ihn braucht.

Verkäufer als ganzen Menschen ernstnehmen und akzeptieren

Aller Anfang: Die Rekrutierung neuer Außendienst-Mitarbeiter

Gute Außendienst-Führungskräfte, die sich lieber wie ein väterlicher Begleiter als ein von oben herab diktierender Chef verstehen, können den Grundstein für solch partnerschaftliche Kundenbeziehungen legen. Eine beständige Kundenbindung entsteht zu allererst durch eine möglichst langfristige Mitarbeiterbindung im Außendienst. Die ernsten Bemühungen um eine langfristige Mitarbeiterbindung werden schon beim Prozedere für die Auswahl von neuen Außendienst-Mitarbeitern deutlich.

Für den Bewerber ist nach der Stellenanzeige der gesamte Rekrutierungsprozess die erste Visitenkarte seines neuen Arbeitgebers. Wichtig ist hierbei, dass seine Erwartungen erfüllt und evtl. gegebene Versprechen eingehalten werden. Deshalb sollte die Rekrutierung so intensiv wie möglich gestaltet sein,

Rekrutierungsprozess als Visitenkarte des Unternehmens

um beiden Seiten zahlreiche Möglichkeiten des »Einblicks in die andere Seite« zu geben. Erst dann ergibt sich eine vernünftige Grundlage für einen ordentlichen, beiderseitigen, kaufmännischen Abschluss, den Arbeitsvertrag. Um die entsprechende Sicherheit für diesen Abschluss zu erlangen, sollte sowohl der ideale Rekrutierungsprozess als auch die damit verbundenen Instrumente von der Personalentwicklungsabteilung wie folgt gestaltet, organisiert und begleitet werden:

Bewerbungsinterview mit Vorgesetztem und Kollegen/Kollegin

Die zuständige Führungskraft muss von Anfang an die leitende und entscheidende Person in dem gesamten Auswahlprozess sein. Nach Sichtung der schriftlichen Bewerbungsunterlagen lädt sie zum ersten Bewerbungsinterview ein. Hier sollte möglichst eine Kollegin/ein Kollege anwesend sein, um sich von vornherein ein breites Meinungsbild machen zu können.

Im Anschluss an dieses erste Interview sind zwei Begleittage des Bewerbers bei bereits tätigen Außendienst-Kollegen zu empfehlen. Zugegeben, der Aufwand ist sehr groß, jedoch erfährt die Bewerberin/der Bewerber auf diese Weise am meisten über sein künftiges Unternehmen, die Kunden und den Markt. Er erhält einen tiefen Eindruck über das, was ihm in seinem späteren Alltagsleben in diesem Unternehmen widerfahren wird.

Dieser Aufwand hat zwei Vorteile:

1. Er ist vergleichsweise gering gegenüber dem Aufwand, bei oberflächlicher Personalauswahl sonst häufiger Bewerber zu suchen, auszuwählen, einzustellen und einzuarbeiten.
2. Dieses Verfahren zeigt bereits, ob ein Bewerber die Basis-Anforderungen für einen Verkäufer erfüllt: Eigeninitiative, Ehrgeiz und Einsatzbereitschaft

Personalauswahl mit Kollegen und Mitarbeitern

Bevor die Führungskraft zum zweiten Interview einlädt, sollten in der Zwischenzeit die Außendienst-Kollegen, bei denen diese beiden Begleittage stattgefunden haben, über ihre Eindrücke bezüglich der Bewerber befragt werden. Hier können ganz einfache Fragestellungen im Vordergrund stehen, wie z.B. »War der Bewerber morgens pünktlich?«, »Wofür interessierte er sich am meisten?«, »Hat sich der Bewerber auch bei Kundengesprächen eingeschaltet?«, »Können Sie sich diesen Bewerber als neuen Kollegen im Team vorstellen?« etc.

Mitarbeiter einzubeziehen heißt Verantwortung und Anerkennung weiterzugeben

Die bereits tätigen Außendienst-Mitarbeiter/-innen in den Entscheidungsprozess mit einzubeziehen bedeutet auch, ihnen die entsprechende Verantwortung und Anerkennung bei so wichtigen Entscheidungen zukommen zu lassen. Die Mitarbeiterinnen und Mitarbeiter wissen dann, dass sie wirklich gefragt sind, wenn es um ihre Teambildung geht.

Voraussetzung für diesen Aufwand ist jedoch ein klares und weithin bekanntes Anforderungsprofil für (neue) Außendienst-Mitarbeiter. Sofern dieses nach gemeinsamer Erarbeitung mit ausgewählten Vertriebsführungskräften und -mitarbeitern vorhanden ist, empfiehlt sich für die abschließende Entscheidung ein Assessment-Center. Zugegeben, zum Thema Assessment-Center gibt es Für und Wider. Meiner Erfahrung nach liegt die Ursache hauptsächlich darin, dass viele falsche »Experten« teilweise Schindluder damit getrieben haben. Dabei ist und bleibt es immer noch eine der besten Beurteilungshilfen, wenn es darum geht, die sozialen Kompetenzen von Bewerbern deutlicher herauszufinden.

Deshalb kommt es bei der Durchführung von Assessment-Centern für künftige Vertriebsmitarbeiter im wesentlichen darauf an, viele verschiedene Simulationen in Bezug auf die spätere Arbeitswirklichkeit durchzuführen.

Der spätere Vorgesetze muss in jedem Fall als Beobachter anwesend sein. Wenn die anderen Beobachter sich aus Kollegen dieses Vorgesetzten sowie dem nächsthöheren Vorgesetzen zusammensetzen, und der Moderator wirklich ein »neutraler« externer oder interner Personalentwickler ist, kann bei entsprechender Kompetenz und Erfahrung schon nichts mehr schiefgehen.

Assessment-Center

Die Einarbeitung in den Außendienst

Sobald alle Beteiligten »Ja« zueinander gesagt haben, beginnt die Führung des entsprechenden Vorgesetzten, und nicht erst am ersten offiziellen Arbeitstag. Das heißt, regelmäßige Telefonate, ein Besuch beim zukünftigen Mitarbeiter zu Hause wie auch die vertiefende Vorbereitung auf die späteren Aufgaben beim Verkaufen im Direktvertrieb sind unerlässlich für die Vorbereitung und Einarbeitung. Hier bietet sich beispielsweise an, den neuen Mitarbeiter darum zu bitten, sich bis zu seinem ersten Arbeitstag zumindest schon einmal einen namentlichen Überblick über sein späteres Verkaufsgebiet zu verschaffen: Heutzutage Namen von Kunden aus dem Internet, dem Telefonbuch oder aus anderen Quellen zu sammeln, ist keine schwierige Aufgabe.

Ein Vorteil dieser Vorbereitung eines neuen Mitarbeiters liegt vor allem darin, dass er sich bereits etwas gewappnet fühlt, wenn er in die Einarbeitungsphase seines neuen Unternehmens eintritt.

Ein gesunder Mix aus Theorie- und Praxisphasen ist anschließend angezeigt: Produkt- und Verkaufsschulungen in der Zentrale sind ebenso wichtig wie der regelmäßige Kontakt vor Ort mit seiner Führungskraft und seinen Kollegen, die ihn peu à peu auf seine späteren Kunden vorbereiten.

Empfehlenswert in diesem Zusammenhang ist sogar die aktive Mitarbeit eines neuen Mitarbeiters bei einem oder mehreren Kunden – sofern dies von der Branche her möglich ist.

Mit dem »Ja« zur Einstellung beginnt die Führungsaufgabe des Vorgesetzten

Die Einbeziehung der Lebenspartner/-innen

Eine wichtige Bedeutung kommt der Einbeziehung der Lebenspartner/-innen aller neuen Außendienst-Mitarbeiter während der Einarbeitungsphase zu. Jede gewünschte Unternehmenskultur greift nur dann, wenn sie auch die Herzen der Lebenspartner ihrer Mitarbeiter erreicht.

Es lohnt sich, zwei bis drei Tage gemeinsam mit Mitgliedern aus der Geschäftsleitung und wichtigen zentralen Funktionen zu investieren, damit alle neuen Mitarbeiter – und vor allen Dingen deren Lebensgefährten – die Chance haben, verschiedene Damen und Herren aus den unterschiedlichsten Bereichen des Unternehmens persönlich zu erleben. Unabhängig davon, ob das schon während der Rekrutierung geschehen ist, empfiehlt es sich, dieses Partnerwochenende darüber hinaus nach den ersten zwei bis drei Wochen in der Unternehmens-Zentrale durchzuführen. Das macht eine gewünschte Unternehmens- und Führungskultur lebendig, zum »Anfassen«. Solch ein Vorgehen ersetzt hunderte Schriften und Bücher, Motivationskurse und vielleicht sogar den ersten kurzfristigen Wunsch nach einer Gehaltserhöhung.

Fragen Sie Ihre Mitarbeiter!

Dass Ihnen die Meinung Ihrer Mitarbeiterinnen und Mitarbeitern wichtig ist, sollten Sie von nun an permanent spürbar machen. Als ein wichtiges Hilfsmittel hierzu eignet sich natürlich die Mitarbeiterbefragung.

Zum einen spreche ich in diesem Zusammenhang von der regelmäßig jährlich stattfindenden »Bottom-up-Befragung«, in der alle Mitarbeiter eines Unternehmens die Möglichkeit haben, ihre Meinung zum Unternehmen, zum Einkommen, zu den Entwicklungsmöglichkeiten und zu ihren direkten und nächsthöheren Vorgesetzen deutlich zu sagen bzw. anonym aufzuschreiben. Es ist keine Frage, dass diese Beurteilungen »von unten nach oben« ernst genommen werden, wenn sie sauber analysiert und gemeinsam mit allen Mitarbeitern reflektiert werden, um gemeinsam Optimierungswege zu finden. Eine über Jahre hinweg stattfindende Langfrist-Betrachtung wird zeigen, ob die jeweilige Unternehmensleitung tatsächlich an der Beseitigung einiger Missstände interessiert ist und ordentlich daran gearbeitet hat.

Darüber hinaus sind anonyme Befragungen ganz neuer Mitarbeiterinnen und Mitarbeiter empfehlenswert, in denen es vor allen Dingen darum geht, herauszufinden, ob der Motivationsgrad auch wirklich auf dem gewünschten Stand ist.

Ein Unternehmen, das ernsthaft an einer außerordentlich langfristigen Mitarbeiterbindung – insbesondere im Außendienst – interessiert ist, beginnt bereits in den ersten Wochen und Monaten der Unternehmenszugehörigkeit mit derartigen Befragungen. Es ist schließlich bekannt, dass der Wunsch nach

Veränderung, nach Kündigung bereits frühzeitig in den Köpfen von Mitarbeitern entsteht. Leider all zu oft bereits kurz nach dem ersten Arbeitstag, nach der ersten unvorhergesehenen Frustration. Befragen Sie also Ihre neuen Mitarbeiter zwei bis drei Mal pro Jahr bis zum Ablauf von 24 Monaten.

Soviel Zeit braucht es wohl, um sich in einer völlig neuen Umgebung, dem neuen Unternehmen, seinen sämtlichen neuen Kunden gegenüber, im Team, mit seinem Vorgesetzen, mit der Unternehmens- und Führungskultur »zu Hause« – also sicher und wohl – zu fühlen. Geben Sie insbesondere im Direktvertrieb Ihren neuen Mitarbeitern soviel Zeit, sich zu integrieren. Oder besser gesagt: Nehmen Sie sich wirklich 24 Monate lang soviel Zeit wie irgend möglich, um Ihren neuen Mitarbeiterinnen und Mitarbeitern in Ihr Unternehmen zu integrieren!

24 Monate Integrationszeit

Die Rolle der Führungskräfte in der innerbetrieblichen Fortbildung und Nachwuchsförderung

Wenn »lebenslanges Lernen« nicht bloß die Phrase eines modernen Unternehmens sein soll, dann findet innerbetriebliche Aus- und Fortbildung nicht bloß während dieser ersten 24 Monate statt, sondern setzt sich danach fort und ist nicht alleine Angelegenheit einer Trainingsabteilung, sondern bleibt mehr oder weniger unter der Regie der Geschäftsleitung. Sie ist die Kraft, die bestimmt, wo es lang geht: Für die unterschiedlichen Gruppen und Hierarchiestufen aller Mitarbeiter und für die Zukunft des Unternehmens. Ständige Weiterbildung ist ein Muss – insbesondere in Direktvertriebsunternehmen, die mit der fortschreitenden Entwicklungsgeschwindigkeit ihrer Kunden nicht bloß mithalten wollen.

Wenn man der Entwicklungsgeschwindigkeit der Kunden voraus sein will, wird Weiterbildung zum Muss

Zum einen bedeutet dies, dass die Geschäftsleitung nicht nur im Rahmen der oben erwähnten Einarbeitungsphase an einem gemeinschaftlichen Partnerwochenende in der Zentrale erscheint, sondern dass sie selbst die eine oder andere Seminarveranstaltung durchführt – insbesondere da, wo die Vermittlung von Führungskultur im Vordergrund steht. Das macht Vorbilder aus und zeigt, welchen Stellenwert sie der Vermittlung bestimmter zentraler Themen beimessen. Das gilt auch für andere Führungsebenen eines Unternehmens: Wer könnte zum Beispiel besser die äußerst wichtige Gebietsentwicklungs- und Tourenplanung den Außendienst-Mitarbeitern vermitteln als eine Vertriebs-Führungskraft? Sie verfügt über die entsprechende praktische Erfahrung und kann mit Echtdaten aller im Seminar versammelten Verkäufer arbeiten.

Die Vorteile liegen auf der Hand: Einerseits beseitigt dieses Vorgehen die leidige Theorie-Praxis-Diskussion in Bezug auf innerbetriebliche Fortbildung, andererseits verpflichtet es wiederum die Führungskräfte eines Außendienstes, solche grundsätzlichen Themen nicht nur zu vermitteln, sondern diese gleichzeitig professioneller zu controllen. Eines sollte längst der Vergangenheit angehören: Elementar wichtige Themen (wie zum Beispiel die Gebietsentwicklungs- und Tourenplanung) zu schulen, diese in der Konsequenz dann aber nicht auf ihre Richtigkeit, Effizienz und anschließenden Prozesse hin zu überprüfen. So wie sich an Hand unterschiedlicher Kundenentwicklungen (wegen geändertem Einkaufsverhalten, anderer Abnahmemengen etc.) der Gebietsentwicklungsplan verändert, so muss sich auch monatlich darauf eine effiziente Tourenplanung verändern. Eine hervorragende Ansatzmöglichkeit, um elementare Seminarerkenntnisse in die Alltagspraxis einwirken zu lassen.

Voraussetzung dafür ist aber, dass die Führungskräfte ihr Controlling im Außendienst daran ausrichten. Unabhängig davon, ob Sie nun selber solch ein Seminar durchführen oder nicht. Falls nicht, ist es wiederum zwingend notwendig, dass die Inhalte genauestens zwischen Trainern und Führungskräften abgestimmt sind, damit diese in ihrer täglichen Führungsarbeit darauf aufbauen können. Der gleiche Ansatz gilt auch bei der Auswahl und Qualifizierung von Führungs-Nachwuchskräften: Auch hier müssen sich die jeweiligen Vorgesetzten ihrer Verantwortung für Nachwuchsförderung in Zusammenarbeit mit der Personalentwicklung stellen.

Personalentwicklungsmaßnahmen: Vom Ist zum Soll

Transparente Aus- und Fortbildungs- programme

Alles in allem muss ein Seminar in ein strukturiertes, für alle Mitarbeiter transparentes Aus- und Fortbildungsprogramm eingebettet sein. Dabei müssen die Themen und Inhalte von Seminaren für Vertriebsmitarbeiter und Führungskräfte stets zwei Ziele verfolgen:

1. Es muss sich um Maßnahmen handeln, die helfen, die heutige Arbeit besser bewältigen zu können. Hier ist der Ansatz also, den Ist-Zustand so gut wie möglich zu bewältigen, und zwar so, dass Maßnahmen angeboten werden, die helfen, geplante Ziele eines Unternehmens auch möglichst erfüllen zu können.

2. Der andere Ansatz – und der kommt meistens zu kurz – besteht darin, auch an »Morgen« zu denken, das heißt, den Mitarbeitern eines Unternehmens in Seminaren auch das notwendige Rüstzeug für die Bewältigung künftiger Aufgaben und Herausforderungen mit auf den Weg zu geben. Diese Herausforderungen können sich auf bevorstehende Markt-, Kommunikations- (Internet etc.) oder Produktänderungen beziehen.

Der zweite Ansatz ist in jedem Fall stärker für die Ausbildung von Führungskräften – insbesondere für die Auswahl von Nachwuchsführungskräften – zu berücksichtigen.

Wenn wir also von lebenslangem Lernen sprechen, denken wir zu allererst an die Personalentwickler, die den Blick über den Tellerrand hinaus leisten müssen, um sich selbst und dann die Mitarbeiter im Unternehmen zukunftsweisend fortzubilden.

Wenn Personalentwickler das nicht zuerst leisten, wer dann?

Es kommt also nicht auf die Menge an Qualifizierungsmaßnahmen, sondern auf die Qualität, die Inhalte an.

Anforderungen an die Außendienst-Führung

Für diejenigen Führungskräfte, die direkt Außendienst-Mitarbeiter führen, gilt: Führung findet direkt beim Kunden statt. Hier ist der Informations- und Marktplatz für Branchen- und Kundenkenntnisse. Als Führungskraft auf Tuchfühlung mit seinen Kunden zu sein, bedeutet, beste »Fühler« für Veränderungen und Entwicklungen im Markt zu haben.

Führung vor Ort beim Kunden – Führungskräfte als Coach

Des weiteren bietet dieser Führungsansatz vor allem den Vorteil, das Verkaufsverhalten seiner Mitarbeiterinnen und Mitarbeiter bestens beobachten und beurteilen zu können. Wenn sich Führungskräfte zunehmend als Coaches verstehen, gibt es keine bessere Möglichkeit, als seine Verkäufer täglich im Markt zu begleiten. Je nach Problemfeldern kann die Führungskraft durchaus mehrere Tage direkt nacheinander mit ein und demselben Verkäufer mitreisen.

Die Alternative wäre, seine Mitarbeiter vom Büro aus oder vielleicht auch im Rahmen von Verkäuferkonferenzen zu führen. Das Resultat ist dann meistens reine Kennzahlenbeurteilung mit anschließenden Appellen zur Optimierung von augenscheinlichem Fehlverhalten. Wo und wie jedoch exakt Korrekturen im Verkaufsverhalten von Mitarbeitern anzusetzen sind, bleibt dabei meist im Dunkeln. Quantitative Verkaufsergebnisse sind das Resultat qualitativer Arbeit. Um dem einzelnen Mitarbeiter wirklich bei der Verbesserung seiner Arbeitsqualität (sei es bei der Besuchsvorbereitung oder bei seiner Gesprächsführung beim Kunden) helfen zu können, muss die Außendienst-Führungskraft direkt vor Ort ermitteln, wo es hakt.

Die Außendienst-Führungskraft: Bester Verkäufer?

In diesem Zusammenhang muss darauf geachtet werden, dass die mitreisende Führungskraft während der Kundenbesuche den Verkäufer nicht »ersetzt«, indem sie die Gespräche führt. Um korrigieren zu können, muss die Führungskraft wissen, worin die Schwachpunkte im Verkaufsverhalten seiner Mitarbeiter liegen. In Feedback-Gesprächen tagsüber gibt es genügend Möglichkeiten, darüber zu diskutieren und in den darauffolgenden Gesprächen neue Methoden und Strategien auszuprobieren.

Lernen durch aktives Handeln anstatt »Zusehen«

Viele Führungskräfte im Außendienst erliegen der verführerischen Einstellung, ihre eigenen verkäuferischen Fähigkeiten bei Begleitungen ihrer Verkäufer unbedingt zeigen zu wollen. Dadurch entsteht nur ein kurzzeitiger Vorbildeffekt. Der Verkäufer selbst hat nichts gelernt, außer, dass er nun weiß, dass sein Chef tatsächlich auch verkaufen kann. Ihm bleibt somit nur, dessen Verhalten nachzuahmen, ohne dabei zu berücksichtigen, ob dessen Verhalten auch tatsächlich zu ihm passt. Richtig lernen kann der Verkäufer nur, wenn er selbst seinem Vorgesetzten zeigen kann, wie er arbeitet. Ein ganzer Mitreisetag (oder am besten mehrere hintereinander) bietet eine Fülle an Möglichkeiten, Feedback-Gespräche zu führen, Ansätze im Verkaufsverhalten zu verbessern und vor allen Dingen: Die Stärken des Verkäufers zu stärken.

Führen nach qualitativen Gesichtspunkten bringt Führungsqualität

Die qualitative Führung von Außendienst-Mitarbeitern heißt regelmäßige Personalgespräche mit gemeinsamen Vereinbarungen über Qualitätsverbesserungen zu führen. Hier kommt dem Controlling in Form von Hilfe vor Ort eine ganz wesentliche, aber oft vernachlässigte Bedeutung zu.

Personalentwicklung als wesentliche Führungsaufgabe

Eine hauptsächliche Führungsaufgabe besteht in der Personalentwicklung seiner Mitarbeiter. Dies rückt die persönlichen und sozialen Kompetenzen von Führungskräften noch mehr in den Vordergrund und muss bei der Ausbildung und Qualifizierung einen mindestens ebenbürtigen Stellenwert erfahren wie betriebswirtschaftliche und unternehmerische Kompetenzen.

Wer seinen Außendienst-Mitarbeitern tagtäglich helfen kann, ihnen Perspektiven aufzeigt, in der Lage ist, in qualitativen Personalgesprächen Optimierungsansätze zu vermitteln, beansprucht zu Recht das Attribut des Führens. Das regelmäßige gemeinsame Besprechen von Anforderungsprofilen zur Ermittlung von Verbesserungspotenzialen eines jeden Mitarbeiters ist hier sehr nützlich.

Die Mitarbeiter-Fluktuationsrate als Messkriterium

Selbstverständlich werden Außendienst-Führungskräfte ebenfalls nach Leistung, die auf Kennzahlen basiert, bezahlt. Nicht unmittelbar für Umsatz und Gewinn verantwortlich zu sein (sondern nur mittelbar über seine Außendienst-Mitarbeiter) birgt die Herausforderung in sich, sich als Vorgesetzter weniger dem aktiven Verkaufen als vielmehr dem tatsächlichen Führen zuzuwenden. Und das mit dem Ziel, stets eine hohe Mitarbeiterbindung an das Unternehmen sicherzustellen. Es muss schließlich kein »Naturgesetz« sein, dass eine Außendienst-Organisation über eine wesentlich höhere Mitarbeiter-Fluktuationsrate verfügt, als Innendienst-Organisationen. Die Schäden, die durch eine hohe Fluktuationsrate im Außendienst entstehen, sind schließlich unermesslich. Denken wir nur an die oftmals damit einhergehende Kundenfluktuation sowie die unglaublich hohen Kosten (in Bezug auf Ausbildung, Gehälter etc.) und die zeitlichen Kapazitäten, die Führungskräfte aufbringen müssen, um neue Mitarbeiter wieder zu suchen, einzustellen und einzuarbeiten.

Insofern ist die Höhe der Fluktuationsrate gleichzeitig ein wesentlicher Indikator für die jeweilige Führungsqualität, die insofern messbar wird. Es ist also eine Überlegung wert, die Entwicklung der Mitarbeiter-Fluktuationsrate einer jeden Außendienst-Führungskraft als variablen Anteil in die Führungskräfte-Leistungsvergütung mit einfließen zu lassen.

Mitarbeiterfluktuation als Qualitätskriterium

Anforderungen an die Personalentwicklung im Vertrieb

Wie Sie aus den bisherigen Ausführungen bereits schließen, darf sich Personalentwicklung im Vertrieb nicht bloß als Institution eines Unternehmens verstehen, sondern vor allen Dingen als Führungsaufgabe der Außendienst-Chefs.

Gerade in größeren Unternehmen geht es dennoch oftmals nicht ohne eine entsprechende professionelle Abteilung. Diese muss zum Ziel haben, die oben genannte Philosophie von Personalentwicklung zu vermitteln.

Andernfalls ergeht es vielen Personalentwicklungs-Abteilungen so, dass sie quasi neben allen Innen- und Außendienst-Organisationen existieren und ständig Akzeptanzkämpfe ausfechten müssen. Die einzig erworbene Akzeptanz erstreckt sich dann meist darauf, dass bestimmte notwendige Führungsaufgaben all zu gern an eine Personalentwicklungsabteilung erfolgreich delegiert wurden: Getreu dem Motto »Bei Problemen mit einem Mitarbeiter schicke ich diesen erst einmal auf ein Seminar«.

Personalentwicklung als Führungsaufgabe, nicht als Institution

Der Stellenwert von Personalentwicklung

Keine Frage: Eine Personalentwicklungsabteilung ist für mittelgroße und große Unternehmen wichtig, um in Bezug auf Personalförderungsmaßnahmen, Personalentscheidungen und Qualifizierungsnotwendigkeiten die nötige Objektivität sowie den entsprechenden Ansporn zu wahren. Unter ihrer Federführung werden die hier dargestellten Maßnahmen langfristig angelegt.

Zuordnung der Personalentwicklung zum Vertriebsressort

In Direktvertriebsunternehmen sollte eine Personalentwicklungsabteilung Idealerweise dem Vertriebsressort – und nicht irgendwelchen Marketing- oder Personalbereichen – zugeordnet sein. Dadurch wird sichergestellt, dass die Personalentwicklung in ihren Aktivitäten und Maßnahmen mithilft, die Unternehmensziele zu realisieren. Erst recht im Vertrieb können Seminare am besten auf ihre Praktikabilität überprüft werden. Da bietet es sich an, das Team der Personalentwickler nicht ausschließlich von extern und klassischerweise durch Psychologen und Betriebswirte zu besetzen, sondern hauptsächlich durch interne Kollegen aus dem Vertrieb.

Vertriebsmitarbeiter in der Personalentwicklung

Ehemalige Verkäufer und Außendienst-Führungskräfte, die über ein entsprechendes Trainer-Potenzial verfügen, können hervorragende Personalentwickler werden. Wenn sie in der Lage sind, ihre eigenen Erfahrungen zu abstrahieren und die wesentlichen Erkenntnisse strukturiert in Trainings weitervermitteln können, bereichern sie jede Personalentwicklung und damit das Unternehmen. Sie wissen, wovon sie reden, und können ihre Führungsfähigkeit, Verhaltensänderungen bei Mitarbeitern zu bewirken, nutzbar machen.

Vertriebs-Personalentwicklungsabteilung als ideale »Durchlaufstation« für Nachwuchsführungskräfte

Wenn eine gute Vertriebs-Personalentwicklungsabteilung in ihren Maßnahmen alles abbildet, was zum erfolgreichen Verkaufen und zu einer erfolgreichen Außendienstführung notwendig ist, eignet sie sich durchaus als »Durchlaufstation« für Nachwuchsführungskräfte. Wer als Nachwuchskraft beispielsweise zwei bis drei Jahre lang in einer Personalentwicklungsabteilung mitgearbeitet hat, muss anschließend genügend »Handwerkszeug« besitzen, um sich bestens für eine Weiterentwicklung im Unternehmen zu empfehlen. Unter diesen Gesichtspunkten wächst in einer Personalentwicklungsabteilung unternehmerisches Denken und Handeln. Solche Personalentwickler eignen sich jederzeit als »Feuerwehr«, um an verschiedenen Brandherden im Vertrieb – sei es bei Führungsproblemen oder im Verkauf – löschen zu helfen.

Nachfrageorientierung und internes Marketing

Um sich als Dienstleister zu verstehen, muss eine Vertriebs-Personalentwicklung ihr Angebot nachfrageorientiert ausrichten. Das bezieht sich zum einen auf die Nachfrage, die seitens der Unternehmens- bzw. Vertriebsleitung besteht, zum anderen auf den Sogeffekt von Seiten der Außendienstmitarbeiter und Führungskräfte, der durch zielgerichtete, attraktive und praxistaugliche Maßnahmen entsteht. So bleibt das Personalentwicklungs-Angebot in Bewegung, wirkt nicht statisch und richtet sich nach den wirklichen Bedürfnissen des Vertriebs und der Mitarbeiter aus.

Dienstleistungsorientierung heißt nachfrageorientierte Aufgabengestaltung

Zugleich kommt es darauf an, die erfolgreichen Personalentwicklungsmaßnahmen im Unternehmen zu vermarkten. Es vermeidet den möglichen Eindruck, hier würde sozusagen »im stillen Kämmerchen« gearbeitet und sorgt gleichzeitig für eine hohe Transparenz und Attraktivität aller Personalentwicklungs-Aktivitäten. Eine eigene Hauszeitschrift, die sich mit Personalentwicklung im Vertrieb (Verkauf und Führung) beschäftigt, kann hier als provokatives und vorausschauendes Instrument, garniert mit Best Practice-Beispielen, wertvolle Dienste leisten.

Darüber hinaus muss sich eine vertriebsorientierte Personalentwicklung mit grundsätzlichen Fragestellungen beschäftigen, wie zum Beispiel:

- Integration von Seiteneinsteigern (Trainees im Vertrieb).
- Welche Möglichkeiten gibt es, das Know-how von erfahrenen »alten Hasen« im Verkauf oder in der Führung am Ende ihrer Laufbahn für das Unternehmen nutzbar zu machen?
- Wie kann das Berufsbild »Verkäufer« endlich aufgewertet werden und den Stellenwert im Unternehmen und in der Gesellschaft erhalten, den es verdient? In diesem Zusammenhang lohnt es sich, eine Berufsausbildung zum Verkäufer zu etablieren, die es leider immer noch nicht gibt.
- Wie muss eine langfristig angelegte Nachwuchskräfteförderung im Sinne eines ständig vorhandenen Nachwuchspools angelegt werden, so dass das Unternehmen ständig darauf zurückgreifen kann, und andererseits junge Top-Mitarbeiter nicht frustriert auf ihre Weiterentwicklung warten?

Kosten oder nutzen Personalentwicklungs-maßnahmen?

Über die Erfolgsmessung von Personalentwicklungsabteilungen oder -maßnahmen lässt sich bekanntermaßen trefflich streiten. Es stellt sich die Frage, welchen Ansatz verfolgt ein Unternehmen mit der Implementierung von Personalentwicklung. Werden Personalentwicklungs-Maßnahmen als Kosten-

Erfolgsmessung für Personalentwicklungen bleibt schwierig

faktor bewertet oder als notwendige Investition für die Weiterentwicklung der Mitarbeiter betrachtet?

Steigende Umsatzzahlen nach Verkaufsseminaren sollte es immer geben. Die Frage ist nur, wie lange dieser Trend anhält, bis er sich wieder auf das Normalmaß nivelliert. Was aber ist mit Veranstaltungen für Nachwuchskräfte? Der Erfolg solcher Maßnahmen lässt sich in der Regel erst nach vielen Jahren messen, wenn diese Kollegen in aktiver Führungsverantwortung stehen.

Erfolgsmessung von Personalentwicklungsmaßnahmen über die MitarbeiterFluktuationsrate

Es dürfte wohl unbestritten sein, dass es neben der Personalentwicklung noch zahlreiche andere Indikatoren (wie z.B. den Vorgesetzten vor Ort) gibt, die den Erfolg oder Misserfolg eines Mitarbeiters beeinflussen. Insofern bietet sich ein anderer Ansatz über die Erfolgsmessung von PersonalentwicklungsMaßnahmen an, nämlich ebenfalls die Entwicklung der MitarbeiterFluktuationsrate.

Letztlich müssen alle Personalentwicklungsaktivitäten darauf abzielen, mitzuhelfen, möglichst die »richtigen« Mitarbeiter einzustellen, diese optimal in das jeweilige Unternehmen zu integrieren, sie gut auszubilden und auf ihre bevorstehenden Aufgaben vorzubereiten – mit anderen Worten: Dafür zu sorgen, dass jeder Mitarbeiter am richtigen Platz ist und möglichst erfolgreich, motiviert und lange mitarbeitet. Hier ist die Einflussnahme einer jeden Personalentwicklungsabteilung immens hoch. Wenn ein Gleichklang zwischen Unternehmenskultur und -zielen sowie den Aktivitäten der Personalentwicklung besteht, ist es durchaus angebracht, den Erfolg einer solchen Abteilung anhand der Fluktuationsrate zu messen. Das beinhaltet gleichzeitig die Notwendigkeit, in allen Aktivitäten eng mit sämtlichen Führungsebenen des Vertriebs zusammenzuarbeiten.

Personalentwicklung als Bestandteil der Unternehmenskultur

Kundenorientierung beginnt im Innendienst

Wenn der Außendienst in einem Direktvertriebsunternehmen notwendigerweise als wichtigste Unternehmenseinheit angesehen wird, müssen alle Maßnahmen und Organisationen dieser Einheit dienen. Kundenorientierung beginnt nicht im Vertrieb, sondern im Innendienst. Der wichtigste Kunde von Innendienst-Mitarbeitern ist der Verkäufer. Das gleiche gilt für jede Außendienst-Führungskraft: Der wichtigste Kunde ist der Mitarbeiter. Diese Voraussetzungen ermöglichen dem Verkäufer, ein Höchstmaß an Zufriedenheit bei seinen Kunden zu erlangen. Sowohl der Verkäufer als auch jede dahinter stehende Organisation müssen sich anhand ihrer Schnelligkeit in Service, Angebotserstellung, Reklamationsbearbeitung und ihrer Erreichbarkeit messen lassen, ob sie geradezu Kundenbegeisterung beabsichtigen.

Anhand von transparenten und für alle Mitarbeiter zugänglichen Kennzahlen kann hier durchaus ein gesunder interner Wettbewerb in den Verkaufsteams, aber auch innerhalb der Vertriebsorganisation bestehen.

Dies erfordert natürlich auch den Kundenkontakt von sämtlichen Mitarbeitern eines Direktvertriebsunternehmens. Regelmäßige Mitreisen im Außendienst sind da an der Tagesordnung, um das Geschäft, den Markt, die Produkte des Unternehmens und hauptsächlich die Kunden nie aus den Augen zu verlieren. Das fördert ein hohes Ansehen des Außendienstes im Unternehmen und sorgt für eine echte Dienstleistungsmentalität der dahinterstehenden Innendienst-Organisationen – bis hin zur EDV-Abteilung, die unter diesen Umständen dafür Sorge trägt, dass sämtliche Verkäufer-Software so benutzer- und kundenfreundlich ist wie irgendmöglich.

Dienstleistungs-mentalität in der Innendienst-organisation zwingend

Das Vorleben von Werten

Eine langfristige Mitarbeiter- und Kundenbindung kann allerdings nur in einem berechenbaren Unternehmen entstehen, das geprägt ist von einer Führungskultur, die Werte wie Ehrlichkeit, Geradlinigkeit und Bescheidenheit konsequent praktiziert. Das strahlt aus. Auf Mitarbeiter und Kunden, die immer wissen, woran sie sind und sich sicher und wohl mit dem Unternehmen fühlen können.

Gelebte Unterneh-mens- und Führungs-kultur strahlt auf Mitarbeiter und Kunden aus

Voraussetzung dafür ist, dass alle Vertriebs-Führungskräfte vorleben, dass sie für ihre Mitarbeiter da sind und nicht die Mitarbeiter für ihre Führungskräfte. Dann macht es Spaß, sich in einer wirklich dynamischen Organisation zu befinden, die vielfältige Entwicklungsmöglichkeiten im Vertrieb bietet.

Auch den Kunden gebührt ein Mitspracherecht in modernen Direktvertriebs-Unternehmen. Produkt- und Marktinnovationen kommen nicht nur im direkten Kundenkontakt zur Sprache (und versickern dann oft auf dem Weg bis hin zur Unternehmensleitung), sondern auch z.B. in Produkt- oder Kundenbeiräten.

Die Basis für eine erfolgreiche Vertriebsarbeit ist letztlich die penible Einhaltung manchmal ganz banaler Standards. Unternehmen, die solche Standards in Bezug auf ihre Personalentwicklung – und damit auf ihre Führungskultur – sowie auf ihre konsequente Kundenorientierung einhalten, bleiben attraktiv und ihren Wettbewerbern immer ein großes Stück voraus.

Dynamisierung – Innovation im Vertriebsbereich. Ein Praxisbeispiel

Prof. Dr. Utho Creusen

Der nachfolgende Beitrag zeigt auf, dass der Erfolg eines Unternehmens in Zukunft noch stärker vom Werteempfinden der Kunden abhängen wird. Die Kunden wenden sich den Anbietern zu, welche ihre Bedürfnisse und Erwartungen respektieren und erfüllen: Spitzenservice ist gefragt.* Im Handels- und Vertriebsbereich wiegt die richtige Einstellung gegenüber den Kunden schwer, d.h. kundenorientiertes Handeln und Denken des Managements und insbesondere der Mitarbeiter »an der Front«. Aus Studien über Kundenloyalität geht hervor, dass Stammkunden aufgrund guter Beziehungen zu den Mitarbeitern die Kasse zum Klingeln bringen und zusätzlich die Mund-zu-Mund-Propaganda kräftig ankurbeln.

Die **aktive Einbeziehung der Mitarbeiter in unternehmerische Entscheidungen** und Prozesse bietet **langfristig ein Erfolgspotenzial**, das einem Unternehmen – neben einer **soliden Bilanz** und **sicheren Arbeitsplätzen** – auch einen **hohen Goodwill** einbringt, dessen wirklicher Wert dem Unternehmen in kritischen Zeiten einen echten Rückhalt bietet. Kommunikationsarbeit muss kontinuierlich be- und vorangetrieben werden, um bei den in- und externen Zielgruppen Vertrauen zu bilden, ohne das heute kein Unternehmen mehr im Markt agieren und bestehen kann.

Den OBI Marketing und Personalmanagementansätzen liegt die wichtigste Voraussetzung eines erfolgreichen Unternehmens zugrunde: **gemeinsam mit allen Mitarbeiterinnen und Mitarbeitern eingefahrene Wege zu verlassen, Wandel zu akzeptieren und kontinuierliche Verbesserung zu forcieren und zu initiieren.**

---

* (vgl. *Zimmermann*, Urs: Profit dank Kundenservice; 1998, S. 42)

Der Markt bestimmt das Handeln

OBI – Ein Unternehmensporträt

Zufriedene Kunden machen erfolgreich

Partizipative Mitarbeiterführung

Der Kunde sagt, wo es langgeht
Messen führt zu Veränderung
»OBI Barometer«
OBI Kundenforen
Das Produkt über den Produkten: »OBI-Magazin« – »OBI-Ratgeber« –
»Gewusst wie«

Trainings- und Ausbildungskonzepte

Literatur

Der Markt bestimmt das Handeln

Schon lange haben sich die Märkte branchenübergreifend von einem Verkäufer- zu einem **Käufermarkt** entwickelt. Kundenwünsche gilt es auf allen Ebenen zu erfüllen, Kundenerwartungen gleichermaßen zu übertreffen. Der internationale Konzentrationsprozess schreitet zudem immer weiter voran. Nur die Unternehmen, die sich des Kundenzuspruchs sicher sein und ihr Unternehmen auf eine finanziell solide Basis stellen können, werden sich in dieser angespannten Situation langfristig behaupten, Arbeitsplätze sichern sowie eine »Daseinsberechtigung« in den Augen der Kunden erlangen können.

Vom Verkäufer zum Käufermarkt

Die Bau- und Heimwerkermarktbranche war lange Zeit nicht von der allgemeinen wirtschaftlichen Stagnation betroffen. **Trends wie** »Cocooning« oder die »Flucht in Vermögenswerte« trugen u. a. dazu bei, dass Baumarktbetreiber auch in wirtschaftlich angespannten Zeiten weiterhin schwarze Zahlen schrieben. Aber nicht nur die Tatsache, dass einige Branchen besser von Trends profitieren oder sich schneller auf neue Erfordernisse einstellen können, führt alleinig zu Erfolg.

Der Erfolg eines Unternehmens hängt immer auch in großem Maße von den Menschen ab, die dahinter stehen. Ideen werden von Menschen geboren und auch von ihnen umgesetzt. Leider wird hin und wieder vernachlässigt, dass gerade die **Mitarbeiter die wichtigste Ressource eines Unternehmens** sind. Nicht nur Ablaufprozesse, Herstellungsverfahren oder Computertechnologien müssen an neue Herausforderungen angepasst werden, auch die Menschen müssen in den Wandlungsprozess einbezogen, permanent geschult und weitergebildet werden. Von **visionärem Personalmanagement** kann dann die Rede sein, wenn zusammen mit den Mitarbeitern zukunftstaugliche Konzepte erarbeitet werden und die Unternehmenskultur auf einer **partizipativen Mitarbeiterführung** fußt.

Unternehmenserfolg wird von Menschen gemacht

Besonders im Handel sind es die Menschen, die bei austauschbaren Produkten, Einkaufs- und Handelskonzepten den »feinen Unterschied« beim Kunden ausmachen. Ob sich ein Kunde in einem Geschäft wohlfühlt, ob er sich gut und kompetent beraten fühlt, ob er mit dem erbrachten Service und den angebotenen Dienstleistungen zufrieden ist, wird in großem Maße davon abhängen, wie er von den Mitarbeitern des Geschäftes behandelt, beraten, begrüßt und verabschiedet wird. Ob er diesen Händler weiterempfiehlt oder ob er Stammkunde wird, wird dadurch entschieden, wie ihm begegnet wird. Auf einem so hart umkämpften Feld wie dem Handel, kann dies für ein Unternehmen nur bedeuten, sich durch die Auswahl und Kompetenz seiner Mitarbeiterinnen und Mitarbeiter einen klaren Wettbewerbsvorteil zu sichern und den Vertriebsbereich beständig an neue Herausforderungen anzupassen.

Mitarbeiter gestalten den feinen Unterschied in der Kundenzufriedenheit

OBI – Ein Unternehmensporträt

Eine zentrale Anlaufstelle für den Hausbau

Basierend auf einer **Organisationsstruktur des Franchising** wurden die OBI Bau- und Heimwerkermärkte 1970 gegründet. Die Innovation, die aus den USA kommend durch OBI in Deutschland eingeführt wurde, bestand darin, verschiedene Fachgeschäfte aus den Bereichen Do-it-yourself, Heim- und Handwerken unter einem Dach zu vereinen und dadurch den Kunden ein umfangreiches Sortiment für den Hausbau an einer zentralen Anlaufstelle anzubieten.

Franchising verbindet wie keine andere Organisationsform die **Vorteile eines Großunternehmens** – in bezug auf Einkaufs- und Lieferkonditionen sowie die Etablierung einer bekannten und starken Marke – mit denen eines **mittelständischen Unternehmertums** – wie der direkte Kundenkontakt vor Ort als auch die Motivation, dass selbstständige Unternehmer motivierter und engagierter für ihren wirtschaftlichen Erfolg arbeiten.

Die große Akzeptanz durch die Kunden zeigte, dass Bedarf an Bau- und Heimwerkermärkten bestand und sich die Nachfrage nicht verringerte, sodass das OBI Produkt- und Dienstleistungsangebot ständig erweitert wurde. Für OBI begann vor 30 Jahren eine Erfolgsgeschichte, die sich bis heute fortsetzt. So zählte OBI 1999 einhundert Millionen zahlende Kunden. Als die Nummer 1 in der deutschen Bau- und Heimwerkermarktbranche erwirtschaftete OBI im Jahr 1999 mit 339 Märkten in Deutschland und über 60 weiteren in Italien, Österreich, Ungarn, Tschechien, Polen, Schweiz und Slowenien, mit mehr als 300 integrierten und freistehenden Gartenparadiesen ein Umsatzvolumen von über 7,54 Milliarden DM.

22.000 Mitarbeiter gestalten den Unternehmenserfolg von OBI

Für diesen Erfolg zeigen sich über 22.000 OBI Mitarbeiterinnen und Mitarbeiter verantwortlich, die sich auf einer Gesamtverkaufsfläche von über 1,5 Millionen m² täglich den Kundenbedürfnissen stellen und versuchen, auch einmal das Unmögliche möglich zu machen. Am 1.6.00 wurde mit dem gleichen Anspruch der erste OBI Markt in China eröffnet.

Der erste OBI Markt wurde 1970 in Hamburg-Poppenbüttel auf einer Fläche von 870 m² eröffnet; die OBI Märkte der neuen Generation verfügen mittlerweile über Gesamtflächen von bis zu 30.000 m². Alleine an dieser Größenordnung zeigt sich, dass logistische, organisatorische und informative Prozesse neue Strukturen erfordern, um aus einer derartigen Verkaufsfläche und Warenpräsentation auch den optimalen wirtschaftlichen und sozialen Nutzen zu ziehen.

Im Laufe der letzten dreißig Jahre haben sich die Bedürfnisse der OBI Hauptzielgruppen – Haus-, Wohnungs- und Gartenbesitzer – verschoben und erweitert. OBI ist stets darauf bedacht, Trends frühzeitig zu erkennen, aufzugreifen und in innovative, kundenfreundliche Konzepte umzusetzen.

Zufriedene Kunden machen erfolgreich

Von jeher sind **zufriedene Kunden das Unternehmensziel Nummer 1**. Diesem Anspruch wird auf allen Unternehmensebenen nachgekommen. Bei OBI wurde frühzeitig erkannt, dass nicht alleine durch ein tiefes und breites Produkt- und Sortimentsangebot Kunden zu gewinnen und zu halten sind, vielmehr muss es »ein Produkt über den Produkten« geben. Für OBI ist dies ein **umfangreiches Service- und Dienstleistungsangebot kombiniert mit einer freundlichen und fachlich kompetenten Beratung durch die Mitarbeiterinnen und Mitarbeiter** in den OBI Märkten. Kommuniziert und dokumentiert wird dieses Streben in der seit 1994 eingesetzten, zusammenfassenden Werbeaussage »Bei OBI bekommen Sie nicht nur alles zu kaufen, sondern auch alles erklärt... alles in OBI.«

OBI schreibt Kundenzufriedenheit und -orientierung in allen Bereichen groß: So erschöpft sich das Marketing bei OBI nicht nur in einer individuellen – auf die besondere Wettbewerbssituation vor Ort zugeschnittene – Standort-, Sortiments- und Preispolitik und einer ausgefeilten Werbestrategie. In dem Maße, wie die gesamte Handelslandschaft rationalisiert wurde und wird und der Kunde als »emotionales Element« auf der Strecke bleibt, muss der Handel – als Schnittstelle zwischen Industrie und Konsument – die Initiative ergreifen und das System wieder menschlicher gestalten. Der Handel muss den Kunden immer wieder neu entdecken. Heutzutage gibt es nicht nur ein Verkaufskonzept, das ausschließlich Gültigkeit besitzt, vielmehr existieren die unterschiedlichsten Konzepte nebeneinander. So möchte ein Kunde heute eine ausführliche und persönliche Beratung haben, bevor er sich zum Kauf entscheidet, während er sich morgen lieber ganz bequem und unpersönlich von seinem PC aus in virtuelle Shopping Malls einklinkt und das Produkt auf diese Weise erwirbt.

Das Produkt über dem Produkt: Ein umfangreiches Service- und Dienstleistungsangebot

Handel als Schnittstelle zwischen Industrie und Konsument

Partizipative Mitarbeiterführung

Die Mitarbeiterinnen und Mitarbeiter sind und bleiben das wichtigstes Bindeglied zwischen Kunden, Lieferanten, gesellschaftlichen und politischen Zielgruppen, denn sie sind nach wie vor dafür verantwortlich, die richtigen Informationen, die nachgefragte Dienstleistung zur richtigen Zeit in den entsprechenden Kommunikationskanälen und in der erwarteten Freundlichkeit zur Verfügung zu stellen. Dies erfordert Flexibilität eines jeden einzelnen Mitarbeiters, einen raschen Informationsfluss zwischen allen Entscheidungsträgern, also von der Unternehmensspitze bis zu den verantwortlichen Mitarbeitern.

Mitarbeiterinnen und Mitarbeiter: wichtigstes Bindeglied zwischen Kunden, Lieferanten, und gesellschaftlichen und politischen Zielgruppen

partizipative Mitarbeiterführung

Die Unternehmensphilosophie von OBI betont eine **partizipative Mitarbeiterführung**. Entscheidungen werden auf der Ebene der höchsten Kompetenz getroffen. Produkte und Kernleistungen der einzelnen Wettbewerber werden immer austauschbarer. Kaufentscheidungen werden verstärkt durch emotionale Zusatznutzen ausgelöst. OBI versucht durch einen hohen Dienstleistungs- und Servicegrad eine hohe Kundenzufriedenheit und folglich auch eine hohe Kundenbindung zu erreichen. Um diesem Anspruch gerecht zu werden, bedient sich OBI u.a. der **GRID-Managementtechnik**.

Der GRID-Organisationsentwicklungsansatz geht von einer verhaltenswissenschaftlichen Theorie aus. Sie besagt, dass beim Zusammenarbeiten von Menschen zwei Dimensionen ausschlaggebend seien: die Beachtung zwischenmenschlicher Beziehungen und die Beachtung von Leistungsaspekten (*Blake/Mouton*: Grid-Management-Konzept, 1986). Beide Dimensionen werden in einem Gitter (englisch: grid) in Form eines Koordinatensystems dargestellt. Auf der horizontalen Achse werden **sachlich-rationale Aspekte** abgelesen, auf der vertikalen **sozio-emotionale Aspekte** (siehe Abb. 1).

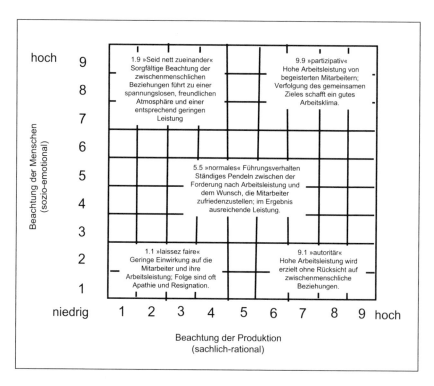

Abbildung 1:
»GRID-Führungsgitter«
nach Blake/Mouton

Die Kombinationsmöglichkeiten bieten ein großes Spektrum in der Beschreibung von Führungsverhalten. Angestrebt wird ein 9,9-Führungsstil: er verbindet eine hohe Leistungsbereitschaft mit einer hohen Menschenorientierung.

Der 9,9-Führungsstil wird partizipativ genannt, weil davon ausgegangen wird, dass alle Betroffenen ein gemeinsames Ziel formulieren und verfolgen. Dieser Aspekt wird in der OBI Philosophie formuliert: »Betroffene werden zu Beteiligten gemacht.« Dadurch, dass alle Mitarbeiter und Führungskräfte am Entscheidungsprozess beteiligt werden, gibt es eine hohe Identifikation aller mit den getroffenen Entscheidungen. Diese Form von Leistungsorientierung schafft – neben einem guten Betriebsklima – ein innovatives Potenzial, das das Unternehmen voranbringt und neuen gesellschaftlichen, politischen und sozialen Tendenzen anpasst.

»Betroffene werden zu Beteiligten gemacht«

Bei OBI gibt es ein **Führungsdreieck**, das die Geschäftsabläufe gemeinsam bestimmt. Es besteht aus der OBI Systemzentrale (als Franchisegeber), dem Franchisepartner (als Franchisenehmer) und der Marktleitung vor Ort. Gemeinsam werden Geschäftsstrategien entwickelt und zusammen mit den Mitarbeitern umgesetzt. **Entscheidungen** werden stets **einstimmig** getroffen. Nur wenn Entscheidungen von allen Entscheidungsträgern akzeptiert und verabschiedet werden, sind auch alle bereit für Entscheidungen Verantwortung zu übernehmen.

Ergänzt wird bei OBI eine »gesunde Streitkultur«, die Betroffene zu Beteiligten macht, durch die Nutzung kreativer Techniken. So werden beispielsweise für alle Mitarbeiterinnen und Mitarbeiter Seminare zur Schulung in der Technik »Die sechs Hüte des Denkens« nach Dr. Edward de Bono angeboten. Hierbei handelt es sich um eine Technik, die Diskussionen klar strukturiert, indem alle Teilnehmer gleichzeitig über Vorteile oder Nachteile oder Alternativen nachdenken und dadurch kreatives Potenzial besser kanalisiert wird. Es soll gewährleistet werden, dass partizipative Führungstechniken und die Nutzung kreativer Potenziale gemeinsam dem Ziel dienen, innovative Konzepte und Strategien zu entwickeln und umzusetzen sowie im Wettbewerbsumfeld führend zu bleiben und den Kunden ein Höchstmaß an Kompetenz und Service bieten zu können.

Einstimmige Entscheidungsfindung und eine »gesunde Streitkultur«

Der Kunde sagt, wo es langgeht

Die Zeiten, in denen »nur« die Produktivität über die Wettbewerbsfähigkeit von Unternehmen entschieden hat, sind vorbei. Immer wichtiger wird in Zukunft die Fähigkeit, mit neuen Produkten und Serviceleistungen Märkte und Marktnischen zu besetzen, bevor es die Wettbewerber tun. Immer mehr Unternehmen bieten immer austauschbarere Waren und Dienstleistungen an. Der Wohlstand lässt kaum Bedürfnisse offen. In diesen Märkten überzeugt nur das Neue, das, was aus der Menge hervorsticht.

Mit neuen Produkten und Serviceleistungen Märkte und Marktnischen besetzen

»Man muss die Marktentwicklung aus der Perspektive des Kunden betrachten. Das ist schwer, weil man als Insider in gewisser Weise betriebsblind

Die Marktentwicklung muss aus der Perspektive des Kunden betrachtet werden

wird, die unbefangene Sicht eines Kunden immer mehr verliert. Man muss aber trotzdem versuchen, sich ein Stück weit diese Naivität und Unbefangenheit zu erhalten, mit der ein normaler Mensch seinen Einkauf tätig. Da kann es oft sehr hilfreich sein, neben dem Studium von Marktforschungsergebnissen mit den Kunden direkt in Kontakt zu treten und sie zu fragen, wie das Sortiment oder der Service von ihnen empfunden wird. So hat man immer ein offenes Ohr dafür, was die Kunden an Neuem wünschen. Diese Entwicklung gilt es voranzutreiben« (Hommerich/Creusen/Maus, Die Chance Innovation, 1993, S. 33).

Vor 20 Jahren wollten die Kunden in erster Linie gute Produkte zu möglichst niedrigen Preisen. Sie begannen, selbst Hand anzulegen. Und wer ist heute der »typische Heimwerker«? Der biedere Familienvater im Blaumann, der werkelt, um zu sparen? Oder der Hobbybastler, der eine kreative Freizeitbeschäftigung sucht? Das Basteln am Feierabend hat sich in der Hitliste der Hobbies zum Volkssport Nr. 1 entwickelt, der mittlerweile in allen Bevölkerungsschichten gleichermaßen beliebt ist. Jeder dritte Bundesbürger, so haben Fachleute herausgefunden, repariert, renoviert und werkelt regelmäßig in den eigenen vier Wänden. So wie bei allen menschlichen Vorlieben wandeln sich auch die Wünsche von Bastlern im Laufe der Zeit. Für OBI ist es eine ständige Herausforderung, flexibel auf die veränderten Ansprüche der Kunden zu reagieren.

Angebote für die persönliche Selbstentfaltung einer Vielzahl von Kundengruppen

Die Kunden sind anspruchsvoller geworden und kaufen nicht nur die Produkte pur, sondern sie fordern immer mehr den Service und emotionale Reize rund um das Produkt. Die Bau- und Heimwerkermarktbranche muss immer mehr Angebote für die **persönliche Selbstentfaltung** der Kunden bieten, um den Kunden bei der Verwirklichung ihrer Träume vom exklusiven und individuellen Lebensstil entgegenzukommen. »Den« Kunden gibt es im Jahr 2000 nicht mehr. Mittlerweile haben wir es mit einer **Vielzahl an Kundengruppen** zu tun, deren Bedürfnisse weit auseinander liegen.

Lag der Warenschwerpunkt früher auf den Bereichen des »Hard-Do-it-yourself«, so geht der Trend heute in die Richtung des »Soft-Do-it-yourself«, des schöneren Wohnens. Dieser Wandel hat auch Einfluss auf das Baumarkt-Klientel. Besonders deutlich wurde dies, als OBI als erstes Unternehmen der Branche die Pflanze als Dekorationselement ins Sortiment einführte – der Durchbruch war geschafft. Von nun an gelang es, Frauen als »neue« Zielgruppe in die Märkte zu holen. Das Ergebnis: Heute sind rund ein Drittel aller aktiven und 50 Prozent aller gelegentlichen Heimwerker Frauen.

Neben diesen Änderungen im Sortiment setzt OBI setzt seit einigen Jahren **kompromisslos auf Kundenorientierung und -bindung**, noch bevor der Servicegedanke in Deutschland zum Zauberwort der Wirtschaft avancierte. OBIs Ziel ist der Aufbau einer langfristigen Kundenbindung an das Unternehmen durch die Verbesserung der Servicekomponente. Kundenbindung kann zwar kein Produkt ersetzen, jedoch kann sie im Zuge der Austauschbarkeit von Kernleistungen zwischen den Wettbewerbern als ein für die Kaufentscheidung ausschlaggebender und emotionaler Zusatznutzen für den Kunden interpretiert werden.

Messen führt zu Veränderung

Den Anspruch jeden Tag besser zu werden, kann OBI, wie alle anderen kundenorientierten Unternehmen, nur erfüllen, wenn zum einen der eigene Standort innerhalb der Branchen und zum anderen die Kundenwünsche bekannt sind. Was möchte der Kunde? Ist er zufrieden? Werden die Bemühungen um besseren Service wahrgenommen? Wie werden die Dienstleistungen bewertet? Eine Steigerung der Kundenorientierung basiert auf der **detaillierten Kenntnis der Erwartungen** der Kunden. »Grundlage eines kundenorientierten Anbieters ist es, die eigene Position aus der Sicht der Kunden zu kennen sowie die Entwicklungstendenzen in der Erwartungshaltung auf Kundenseite aufzugreifen und diese mit den auf Marktseite realisierbaren Leistungs- und Servicequalitäten abzugleichen« (Meyer/Dornach: Das Deutsche Kundenbarometer, 1996, S. 3).

Das **Deutsche Kundenbarometer** liefert zu den Themen Qualität und Zufriedenheit Informationen mit dem Ziel, die Leistungsqualität und die Kundenzufriedenheit in Deutschland zu steigern. Seit 1992 hat sich das Deutsche Kundenbarometer zu einem wichtigen Instrument für alle Unternehmen und Organisationen entwickelt, die der Kundenorientierung besondere Bedeutung beimessen. Die Ergebnisse des Deutschen Kundenbarometers, bei dem das Bielefelder Marktforschungsinstitut Emnid Endverbraucher aus allen Dienstleistungsbranchen befragt, zeigen, dass die Kunden mit dem gebotenen Service in Deutschland unzufrieden sind. Das betrifft auch die Bau- und Heimwerkermarktbranche. Im Deutschen Kundenbarometer werden regelmäßig die aus Kundensicht wahrnehmbaren Qualitätsfaktoren und deren Bedeutung für die Zufriedenheit und für eine langfristige positive Beziehung der Kunden zum Unternehmen bestimmt. Die Kunden beanstandeten vor allem Mängel in der Freundlichkeit des Verkaufspersonals, in der Sortimentsübersicht, im Service, im Preis-Leistungs-Verhältnis und der Warenpräsentation.

Insgesamt wurden ca. 175.500 Einzelinterviews mit 28.366 Bundesbürgern in den alten Bundesländern und 4.032 Bundesbürgern in den neuen Bundesländern durchgeführt. Über drei Millionen Einzelfragen wurden im Befragungszeitraum von vier Monaten gestellt (vgl. Meyer/Dornach: Das Deutsche Kundenbarometer, 1996). Im Gegensatz zur negativen Entwicklung innerhalb der Bau- und Heimwerkermarktbranche, verbesserte sich aus Sicht der Kunden der Globalzufriedenheitswert von OBI im Deutschen Kundenbarometer von 1994 bis heute kontinuierlich.

Steigerung der Kundenorientierung durch detaillierte Kenntnis der Erwartungen der Kunden

Kundenbarometer

»OBI Barometer«

Globalzufriedenheitswert für alle OBI-Märkte

Die Befragung der Kunden im Deutschen Kundenbarometer errechnet einen Globalzufriedenheitswert für alle OBI Bau- und Heimwerkermärkte in ganz Deutschland. Um die Kunden besser verstehen und individuellere Maßnahmen in den OBI Märkten einleiten zu können, wird seit 1995 jährlich in Deutschland und seit 1997 in den ausländischen OBI Märkten eine Kundenbefragung – das »OBI Barometer« – durchgeführt.

Ziel ist, den Kunden eine Möglichkeit zu einem direkten Feedback über OBI zu geben. Überlegungen zur Verbesserung des Services haben bei OBI einen hohen Stellenwert und werden nicht nur als aktuellen Trend im Handel verstanden, sondern sie sind eingebettet in die Unternehmenskultur.

In den über 400 OBI Märkten im In- und Ausland werden insgesamt über 80.000 Kunden zu Themen wie »Globalzufriedenheit«, »Auffinden eines Ansprechpartners«, »Produktauswahl«, »Freundlichkeit«, »Fachberatung« usw. befragt. Nach Beendigung des Marktbesuches werden die Kunden mittels Fragebögen nach ihrem persönlichen Eindruck befragt. Die herausragende Marktstellung OBIs innerhalb der Branche soll mit bestem Service behauptet und ausgebaut werden. Die Ergebnisse des »OBI Barometers« liefern ein verlässliches Meinungsbild, aus dem sich Trends ablesen und entsprechend umsetzen lassen. Die Kundenaussagen bestätigen, dass noch nicht in allen abgefragten Punkten die Qualität erreicht ist, die die Kunden erwarten. In einigen Kriterien widerum konnten messbare Verbesserungen herbeigeführt werden.

Das »OBI Barometer« liefert jedem OBI Markt **individuelle Daten**. Die Marktleiter und ihre Teams sind auf diese Weise ständig gefordert, Kritik, Wünsche und Anregungen der Kunden umzusetzen. Anhand der Ergebnisse aus dem »OBI Barometer« müssen konkrete Maßnahmen getroffen werden,

Individuelle Daten ermöglichen es, die individuellen Schwachstellen zu verbessern

die im Markt – gemäß dem OBI Leitbild »Betroffene zu Beteiligten machen« – erarbeitet wurden. Die Mitarbeiter werden maßgeblich an dem Prozess zur Steigerung der Kundenorientierung beteiligt. **Jeder OBI Markt kann** auf diese Weise seine individuellen Schwachstellen verbessern und somit **seine Kunden** zufriedenstellen.

Das Gesamtergebnis des »OBI Barometers« und des Deutschen Kundenbarometers fließen zusätzlich wiederum in einen Gesamtverbesserungsprozess bei OBI ein: Jeweils drei Schwerpunktthemen werden in jedem Jahr ausgewählt, an denen das gesamte Unternehmen gemeinsam verstärkt arbeitet. Das Befragungskonzept wird ständig weiterentwickelt, um die Verlässlichkeit der ermittelten Daten zu steigern. Das Feedback der Kunden aus dem »OBI Barometer« hat entscheidend zu dieser Steigerung beigetragen.

OBI Kundenforen

In den 80er Jahren wagte OBI ein Experiment, das alle bisher bewährten Marketingstrategien in den Schatten stellte. Zum ersten Mal waren es die Kunden selbst, die im Rahmen eines »Rollentauschs im Marketing« ihren »Freizeitmarkt der Zukunft« entwerfen sollten. An jeweils zwei Samstagen schlüpften die Kunden in den »Kundenforen« in die Position des Architekten, des Personalchefs oder des Marketingchefs bei OBI, mit dem Ziel, Überlegungen anzustellen, wie die neuen Sortimente, die neue Verkaufsberatung, der neue Service, die neue Kommunikationsstrategie für die OBI Märkte der Zukunft aussehen könnten.

Die Kunden wünschten sich den OBI Markt als »Lern-Shop«, als »Ideen-Börse« und als »Animationsgeschäft«. Die Ratschläge der Kunden, die alle darauf herausliefen: »**Verkauft das Hobby, dann verkauft sich die Ware von selbst**«, wurde in der Folgezeit kontinuierlich umgesetzt. Das begann bei der Dreiteilung der Warenpräsentation in »Ausbauen«, »Erfolgreich Heimwerken« und »Schöner Wohnen« und setzte sich in der konsequenten Bündelung der Sortimente nach den Bedürfnissen der Kunden fort, die das Leben erleichtern und verschönern und helfen.

Die in regelmäßigen Abständen durchgeführten Gesprächsrunden mit OBI Kunden, in denen die Kunden in den Dialog mit Marktleitern und Marktmitarbeitern treten, sind ebenfalls eingebettet in die OBI-typische Führungsphilosophie »Betroffene zu Beteiligten machen«.

Die Ideen, die OBI aus diesem Feedback erhält, werden geprüft und bei Eignung in Marketingstrategien umgesetzt. Die Teilnehmer der »Kundenforen« wissen, dass OBI ihre Anregungen und Verbesserungsvorschläge ernst nehmen. Ihre Bindung an den OBI Markt ist im Nachhinein um ein vielfaches Vielfach höher. Der durch die »Kundenforen« angestoßene Dialog setzt sich auch abseits des offiziellen Rollentauschs fort. Das Feedback der Kunden ist für die Marktleitung ein wichtiger Indikator im Hinblick auf die Verbesserung des Dienstleistungsangebotes. OBI animiert seine Kunden, ständig Verbesserungsvorschläge vorzutragen – die Kundenmeinung gibt den Ausschlag.

Rollentausch im Marketing

Regelmäßig durchgeführte Gesprächsrunden mit Kunden

Das Produkt über den Produkten: »OBI Magazin« – »OBI Ratgeber« – »Gewusst wie«

Schon bevor die Zufriedenheit der Kunden durch das Deutsche Kundenbarometer ermittelt wurde, nahm OBI die neuen Kundenbedürfnisse sehr ernst: Die Erwartungen der Konsumenten an einen Heimwerkermarkt stiegen und steigen ständig. Ziel von OBI war, seinen Kunden viel mehr als nur qualitativ hochwertige Sortimente zu bieten. OBI bot und bietet das »Produkt über den Produkten«, eine Vielzahl von Ideen und Know-how rund um die kreative Freizeitgestaltung. Das Angebot reicht von Ideen und Anregungen für das Do-it-yourself über eine animierende Warenpräsentation, bis hin zu Heimwerkerkursen und Schulungen.

neue Kommuni-
kationswege
zu Kunden

Ende der 80er-Jahre rüttelten die Ergebnisse einer Image-Analyse das Unternehmen so gewaltig auf, dass OBI begann, einen vollkommen neuen Weg im Marketing zu beschreiten. Alarmiert durch das Urteil der Kunden, dass es keinem Bau- und Heimwerkermarkt bislang gelungen sei, sich ein eigenständiges Profil im Wettbewerb zu verschaffen, wurde die Kommunikationsstrategie zu den Kunden völlig neu gestaltet. Als erstes Unternehmen in der Branche warb OBI mit Beilagen, die farbige Abbildungen enthielten, und wiederum als Erster führte OBI eine Serie leicht verständlicher Anleitungsbroschüren für Heimwerkerarbeiten ein – die »Gewusst wie«-Hefte –, die in den OBI Märkten kostenlos abgegeben wurden. Heute gehört dieser Service zum Standard aller Baumärkte.

1988 wurde – resultierend aus Diskussionsrunden mit OBI Kunden – eine Heimwerkerzeitschrift nur für OBI entwickelt, die Ideen und Anregungen zum Heimwerken mit verständlichen Anleitungen verbinden sollte. Das »OBI Magazin« ist kostenlos und erscheint vierteljährlich in einer Auflage von ca. 700.000 Heften. Die Verteilung erfolgt über die OBI Märkte. Zusätzlich zu jedem »OBI Magazin« sind in den Märkten spezielle Bauanleitungen mit Materiallisten kostenlos erhältlich. Das »OBI Magazin« wurde als eine der besten IVW-geprüften Kundenzeitschriften eingestuft. Heimwerkern führt – nur noch übertroffen von der Reiselust der Deutschen – die Hitliste der Hobbies an: In 41 Prozent der Haushalte in den alten Bundesländern und in 64 Prozent derer in den neuen Bundesländern werkelt man nach Feierabend.

OBI als engagierter
Partner für mehr
Aktivität und
Eigeninitiative
in der Freizeit

Das »OBI Magazin« greift den Trend auf, dass sich die Bundesbürger in ihrer Freizeit verwirklichen möchten und Bestätigung suchen, indem mit den eigenen Händen etwas Neues, etwas Einzigartiges geschaffen wird. OBI liefert die Anleitung in Form des »OBI Magazins« und durch das umfangreiche Sortiment in den OBI Märkten. Selbstverständlich findet der Hobbyheimwerker alle benötigten Materialien bei OBI.

Weiteren Kundenwünschen folgend wurde 1990 zum ersten Mal der »OBI Ratgeber« – in einer Auflage von ca. 2,5 Millionen Exemplaren – herausgebracht, eine Art Katalog, der die ganze Vielfalt des OBI Sortiments mit Produktbeschreibungen, Preisangaben und Verarbeitungshinweisen übersichtlich zusammenstellt. Ein »OBI Ratgeber« erläutert das OBI Sortiment im Gartenbereich. Seit Mai 1997 ist der »OBI Ratgeber« im Internet unter »http://www.obi.de« aufrufbar. Alle Produkte aus dem Ratgeber können über das Internet ausgewählt und online bestellt werden. So wächst OBI immer mehr in die Rolle eines Partners, der »Lebenshilfe« im Sinne eines konkreten Engagements für mehr Aktivität und Eigeninitiative in der Freizeit anbietet (vgl. Maus: Wie gerne dienen wir Deutschen?, o.J.).

OBI fühlt sich nicht nur seinen Kunden gegenüber zur Kundenorientierung verpflichtet. Die OBI Mitarbeiter sind ebenfalls Bestandteil dieser Bemühungen. In diesem Zusammenhang lautet die wichtigste Maxime: »**Nur zufriedene Mitarbeiter produzieren zufriedene Kunden.**« Wie die nachfolgenden Beispiele zeigen, werden die Mitarbeiter entsprechend gefördert.

Trainings- und Ausbildungskonzepte

Aus- und Weiterbildung sind das Fundament des Unternehmens OBI. Gut ausgebildete Mitarbeiter und solche, die bereit sind, sich weiterzuentwickeln, bilden die Voraussetzung dafür, dass die fachliche Beratungskompetenz des Personals in den OBI Märkten ein beständig hohes Niveau hat. Zum Dienstleistungsangebot der OBI Systemzentrale für die OBI Märkte gehört es, den Mitarbeitern eine solide Ausbildung anzubieten, um so in die Zukunft zu investieren, Chancen zu eröffnen, Weiterbildungsangebote zu entwickeln, zu qualifizieren und zu motivieren. Ziel ist es, engagierte Mitarbeiter zu haben, die sich mit ihrem Unternehmen identifizieren, die qualifiziert, kundenorientiert und kostenbewusst denken und arbeiten und dadurch eine **wichtige Erfolgssäule** bilden.

Aus- und Weiterbildung als Voraussetzung für kompetente Mitarbeiter

Die OBI Bau- und Heimwerkermärkte bieten vielfältige Ausbildungs- und Weiterbildungskonzepte an. Bei all diesen Maßnahmen wird immer auf ein ausgewogenen Verhältnis zwischen Theorie und Praxis geachtet. Bei OBI gab es 1.300 Auszubildende im Jahr 1999. Im Vergleich zum Vorjahr ist dies eine Steigerung um 12 Prozent.

Engagierte, motivierte und flexible Schulabgänger mit einem Haupt- oder Realschulabschluss können eine zweijährige Ausbildung zum »**Verkäufer im Einzelhandel**« oder eine dreijährige Ausbildung zum »**Kaufmann im Einzelhandel**« in den OBI Märkten absolvieren. Die OBI Systemzentrale bildet Bürokaufleute aus. Neben der Vermittlung der theoretischen Ausbildungsinhalte durch Berufsschulen, werden die Auszubildenden in OBI eigenen Seminarreihen geschult, die von Marktleitern oder Experten vor Ort durchgeführt werden. Hintergrundwissen zum Marktgeschehen und interne Abläufe wie z. B. Warenwirtschaft werden intensiviert.

OBI kooperiert seit 1984 mit den staatlichen Berufsakademien in Mannheim, Lörrach, Heidenheim und Dresden. Dort wird zum »**Diplom-Betriebswirt (BA), Fachrichtung Handel**« ausgebildet. Als Einstiegskriterium für diese Ausbildung wird die allgemeine Hochschulreife vorausgesetzt. Diese dreijährige Ausbildung findet im dualen System statt. In dreimonatigen Intervallen wechseln die Studenten zwischen den praktischen Ausbildungsblöcken im OBI Markt und den Theoriephasen an den Berufsakademien. Der Studienab-

Kooperation mit Berufsakademien

schluss ist seit 1995 dem einer Fachhochschule gleichgestellt. Die Ausbildung an den Berufsakademien ist einer der wichtigsten **Eckpfeiler zur Stärkung des Führungskräftepotenzials aus den eigenen Reihen.**

OBI Akademie

Über die 1993 gegründete »OBI Akademie« haben Mitarbeiterinnen und Mitarbeiter die Möglichkeit, ihren Karriereweg bei OBI systematisch zu verfolgen und wie in einem Baukastensystem Schritt für Schritt neue Karrierechancen zu realisieren. Gemäß der Unternehmensphilosophie, jedem qualifizierten und engagierten Mitarbeiter persönliche Wachstumschancen zu bieten, fördert OBI die Fähigkeiten und Neigungen seiner Mitarbeiter. Die »OBI Akademie« bietet Programme an, die den Mitarbeitern ermöglichen, Fach- oder Führungskräfte zu werden. Damit dies nicht nur auf der theoretischen Ebenen geschieht, wird großer Wert auf Anwendbarkeit und Umsetzung der erlernten Kenntnisse gelegt. So bietet OBI für angehende Führungskräfte seit Jahren die Möglichkeit, eine **Ausbildung zum Handelsfachwirt** zu absolvieren oder sich im Rahmen der so genannten **Top-Center I, II und III** zum stellvertretenden Marktleiter, zum Marktleiter oder darüber hinaus weiterzuqualifizieren. Voraussetzungen für einen Karriereverlauf bei OBI sind Engagement, Einsatzbereitschaft und Flexibilität.

Innerhalb des umfangreichen Weiterbildungsangebotes können unterschiedliche Fachqualifikationen erworben werden: Merchandisingbeauftrager, Ausbilder, Umweltberater oder Master-Verkäufer.

Ergänzung durch interaktive Lernprogramme

Der »**OBI Master-Verkäufer**« ist ein von OBI in Kooperation mit der Industrie- und Handelskammer (IHK) zu Köln entwickelter Weiterbildungsabschluss, den alle Mitarbeiterinnen und Mitarbeiter erwerben können. Im Rahmen eines **Fernstudiums**, das eine zeitlich individuelle Einteilung des Lernpensums ermöglicht, qualifizieren sich die Mitarbeiter zum sortimentsübergreifenden Fachberater anhand von Lehrbriefen. Abgeschlossen wird die Schulung mit einer Prüfung vor der IHK zu Köln. Die Otto Wolff von Amerongen Stiftung und der Deutsche Industrie- und Handelstag (DIHT) verliehen OBI 1996 für die Initiative »OBI Master-Verkäufer« den **Initiativpreis Aus- und Weiterbildung** und würdigten ein Weiterbildungsprogramm, das seit Einführung im Mai 1993 über 4.000 Mitarbeiter genutzt haben. Inzwischen wird dieses Fortbildungsprogramm auch als interaktives Lernprogramm »Master Online« auf CD Rom angeboten. Damit wird OBI den Zeichen der Zeit gerecht, moderne Informations- und Kommunikationstechnologien in den Unternehmensablauf zu integrieren und den Mitarbeitern den Umgang mit denselben zu ermöglichen. Fortschritt fängt bekanntlich vor der eigenen Tür an.

Literatur

Blake, Robert R./Mouton, Jane S.: Verhaltenspsychologie im Betrieb, das neue Grid-Management-Konzept. Econ Verlag, Düsseldorf. 2. Auflage, 1986

Hommerich, Brigitte/Creusen, Utho/Maus, Manfred: Die Chance Innovation, Wiesbaden, 1993

Maus, Manfred: Wie gerne dienen wir Deutsche? Ein Plädoyer für mehr Kundenorientierung im Handel, Das Manuskript, Wermelskirchen, o. J.

Meyer, A./Dornach, F.: Das Deutsche Kundenbarometer 1996 – Qualität und Zufriedenheit, Hrsg.: Deutsche Marketing Vereinigung e.V. und Deutsche Bundespost Postdienst. Düsseldorf u.a., 1996

Zimmermann, Urs: Profit dank Kundenservice. ALPHA. Der Akademiker der Schweiz, 4./5.07.1998

Teil V
Neue Führungs- und Personalstrukturen

Führungsorganisation und Führungsinstrumente als Voraussetzung des Wandels

Dr. Jürgen Maaß

Die bestimmenden Faktoren des Unternehmenserfolges haben sich im Laufe des letzten Jahrzehnts gewandelt. Klassische Erfolgsfaktoren wie etwa Kapitalausstattung, Größe oder technologische Vorsprünge verlieren zunehmend an Bedeutung. Mobilität und erleichterter Zugang zu Kapital und Wissen sind wesentliche Ursachen dafür. Erfolgsbestimmend werden andere Faktoren, wie etwa die Fähigkeit, Neues zu schaffen, mit Wissen umzugehen oder flexibel auf Umfeldveränderungen reagieren zu können. Die Faktoren Human Capital und Organisation werden damit zu entscheidenden Stellgrößen des Unternehmenserfolges.

Henkel leitete frühzeitig einen Entwicklungsprozess ein, um die Lernfähigkeit des Unternehmens zu steigern. Resultierende Veränderungen beziehen sich auf die Führungsorganisation, einer Neudefinition von Aufstiegs- und Karrieremöglichkeiten, Incentive-Systemen sowie Zielvereinbarungs- und Feedback-Verfahren.

Führrungsorganisation und Führungsinstrumente als Voraussetzung des Wandels

Literatur

Führungsorganisation und Führungsinstrumente als Voraussetzung des Wandels

»Unternehmen entwerfen heute Strategien, deren Einführung aus dem einfachen Grund unmöglich erscheint, weil niemand effektiv Strategien der 3. Generation mit Organisationen der 2. Generation einführen kann, die durch Manager der 1. Generation geführt werden«[1]. Mit diesem zugegebenermaßen pointierten Wortspiel haben Bartlett und Goshal schon vor einiger Zeit darauf hingewiesen, dass der Erfolg von Unternehmen davon abhängt, wieweit es gelingt, dass sich Mensch und Organisation den sich ändernden Umfeldanforderungen anpassen.

Die erfolgreichen Unternehmen werden schließlich diejenigen sein, die am schnellsten die Voraussetzungen für solche Anpassungen schaffen und denen es gelingt, Organisation und Mitarbeiterpotenziale auf diesem Wege in einen Gleichklang zu bringen. In unserem Wettbewerbsumfeld reicht es heute nicht mehr aus, dass Strategien entwickelt werden und dann lediglich darauf hingewirkt wird, dass alle anderen den Strategien auch folgen. Die erfolgreichen Organisationen zeichnen sich dadurch aus, dass sie wissen, wie man Fähigkeiten, Engagement und vor allen Dingen Lernpotenziale auf allen Ebenen einer Organisation erschließt und in Zielerreichung umwandelt. Die so genannten weichen Faktoren, insbesondere aber die Lerngeschwindigkeit der Organisation, werden damit zu einem neuen Differenzierungspotenzial im weltweiten Wettbewerb. Wettbewerbsvorsprünge ergeben sich nicht zuletzt dadurch, dass die Lerngeschwindigkeit der eigenen Organisation größer ist als die Änderungsgeschwindigkeit der Umfeldbedingungen.

Fähigkeiten, Engagement und Lernpotenziale zu erschließen und in Zielerreichung umzuwandeln zeichnet erfolgreiche Organisationen aus

Lernende und damit für den Wandel aufgeschlossene Unternehmen zeichnen sich schließlich durch die Bereitschaft aus, sich ständig zu verbessern. Lernende Unternehmen verändern sich in der Mehrheit nicht durch sprunghafte Veränderungen, sondern durch einen kontinuierlichen Prozess der kleinen Schritte.

Das setzt eine gewisse Sensibilität und Wahrnehmungsfähigkeit der Organisation voraus und zwar nicht nur auf Markt- und Umweltveränderungen, sondern auch auf Veränderungen im Unternehmen selbst, auf Führungsklima, auf Identifikation der Mitarbeiter mit dem Unternehmen oder auf sich ändernde Erwartungshaltungen der Mitarbeiter. Damit wird die Unternehmenskultur zu einem eigenständigen Wettbewerbsfaktor in einem immer kompetitiver werdenden Umfeld.

Unternehmenskultur als Wettbewerbsfaktor in einem immer kompetitiver werdenden Umfeld

---

1   Bartlett, Ch./Goshal, S.: Matrix Management – Not a structure, a frame of mind, Harvard Business Review, July/August 1999, S.144

Das Initiieren, Gestalten und Steuern all dieser Prozesse entwickelt sich damit zu einer strategischen Aufgabe des Personalmanagements. Im einzelnen bedeutet dies, dass das Personalmanagement Rahmenbedingungen schaffen muss, die Veränderungsprozesse ermöglichen, fördern und deren Nachhaltigkeit sichern. Wandel vollzieht sich nicht von allein, er bedarf fester Strukturen, die sich an den Erfolgsfaktoren des Wandels orientieren sollten (vgl. Abb. 1).

Der Wandel braucht feste Strukturen

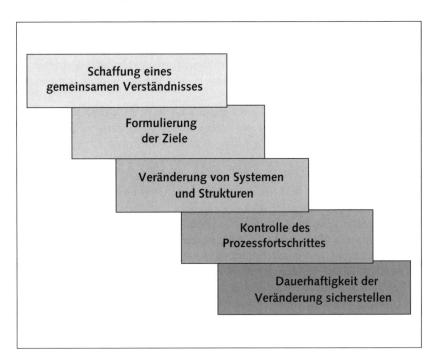

Abbildung 1:
Erfolgsfaktoren
des Wandels

Bei Henkel z.B. wurde 1991 ein Entwicklungsprozess eingeleitet, der zum Ziel hatte, die Veränderungsfähigkeit und die Lernfähigkeit der Organisation zu erhöhen, um sie für den globalen Wettbewerb fit zu machen. Auf die notwendigen Veränderungen von Strukturen und die diesen Prozess unterstützenden personalpolitischen Instrumente soll im Folgenden eingegangen werden.

Ausgangspunkt des Prozesses war zunächst eine weltweite Führungskräftebefragung, ergänzt durch eine eingehende Analyse des gesellschaftlichen Wandels und der Anforderungen von Menschen an Organisation und Arbeitsumfeld. Auf der Grundlage der so gewonnenen Ergebnisse wurden dann die Ziele der Neuorientierung entwickelt. Sie lassen sich am deutlichsten in dem Gedanken der Vertrauensorganisation zusammenfassen, einer Organisations- und Unternehmenskulturvorstellung, die auf dem Verantwortungsbewusstsein des einzelnen und der Ziel- und Leistungsorientierung der Organisation fußt.

Die Vertrauensorganisation ist gekennzeichnet durch

- weitreichende Delegation von Verantwortung
- Aufgabenorientierung statt Statusorientierung
- offene Kommunikation
- Teamorientierung
- Ziel- und Leistungsorientierung.

Damit wurde ein Ansatz gewählt, der in vielen Feldern Veränderungsprozesse ausgelöst und Voraussetzungen für kontinuierliche Lernprozesse geschaffen hat.

Die Veränderung der Führungsorganisation spielte dabei eine zentrale Rolle. Spiegelte doch die bestehende gewachsene Organisation das Grundmuster aller Organisationen wider. Die traditionellen Organisationen waren nahezu ausschließlich unter dem Gesichtspunkt einer direktiven Steuerung und Kontrolle von Prozessen entstanden. Der Taylorismus und die Prinzipien der Massenfertigung hatten dabei Pate gestanden. Das führte in den meisten Fällen zu tief gestaffelten Leitungshierarchien mit langen Entscheidungs- und Kommunikationswegen. Flexible, auf schnelle Markt- und Umfeldveränderungen reagierende Organisationen entstehen nur dann, wenn die Leitungsorganisationen aus den Anforderungen des Marktes gestaltet und Verantwortlichkeiten soweit wie möglich nahe am Markt positioniert werden (vgl. Abb. 2).

Flexible, schnell reagierende Organisationen entstehen, wenn die Leitungsorganisationen aus den Anforderungen des Marktes gestaltet und Verantwortlichkeiten nahe am Markt positioniert werden

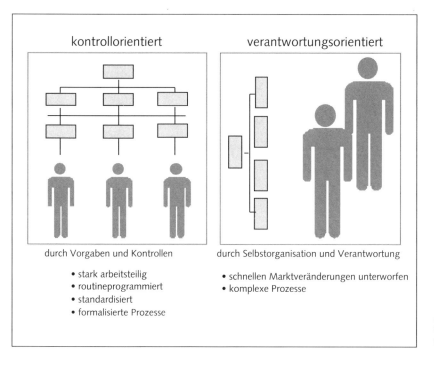

kontrollorientiert

verantwortungsorientiert

durch Vorgaben und Kontrollen

- stark arbeitsteilig
- routineprogrammiert
- standardisiert
- formalisierte Prozesse

durch Selbstorganisation und Verantwortung

- schnellen Marktveränderungen unterworfen
- komplexe Prozesse

Abbildung 2: Organisation der Leitung

Anpassen des Führungsverhaltens und der unterstützenden personalpolitischen Instrumente

Das Ergebnis ist dann eine flachere Leitungshierarchie mit kurzen Entscheidungswegen und zum Markt verlagerten Kompetenzen. Damit ist notwendigerweise eine größere Span of Control und eine größere Delegation von Verantwortung verbunden. Voraussetzung für das Funktionieren einer solchen Führungsorganisation ist allerdings, dass damit auch konkrete Führungsverhaltensweisen geändert und entsprechende unterstützende personalpolitische Instrumente installiert werden.

Die Abflachung der Leitungshierarchien erfolgte bei Henkel durch das Setzen einer allgemeinen Zielvorgabe. Als Ziel wurde formuliert, die Span of Control, also die Anzahl der einer Führungskraft direkt unterstellten Mitarbeiter, innerhalb eines 3-Jahreszeitraums zu verdoppeln. Dieser Weg führte dazu, dass nicht eine generell geltende Lösung, also etwa die Abschaffung einer bestimmten Hierarchieebene im gesamten Unternehmen, sondern organisationsspezifische Ansätze gewählt wurden. Damit kam es auch nicht zu abrupten Einschnitten in die Organisation, vielmehr wurde ein organischer Prozess des Delayering eingeleitet. Neue Organisationen mit verkürzten Entscheidungsstrukturen wurden in vielen Fällen im Zusammenhang mit ohnehin geplanten personellen Veränderungen installiert. Am Ende des Prozesses standen deutliche Erweiterungen der Verantwortungsbereiche der einzelnen Führungskräfte, aber auch unterschiedliche Organisationstiefen in den verschiedenen Organisationseinheiten. Dabei wurde deutlich, dass die Frage nach der Sinnhaftigkeit einer hierarchischen Ebene letztlich immer die Frage ist, ob diese Ebene einen eigenständigen Beitrag zur Wertschöpfung des Gesamtprozesses leistet oder nicht. Nur eine eigene spezifische Wertschöpfung rechtfertigt letztlich eine Leitungsebene.

Die Frage nach der Sinnhaftigkeit einer hierarchischen Ebene trifft die Frage ist, ob sie einen eigenständigen Beitrag zur Wertschöpfung des Gesamtprozesses leistet oder nicht

Wichtig war auch, dass bei diesem Gedanken einer verantwortungsgesteuerten Organisation nicht mehr der Status, also ein formeller Titel, im Vordergrund stand und die Positionierung der Mitarbeiter in der Organisation bestimmte, sondern sich die Wertigkeit ausschließlich durch die wahrgenommenen Aufgaben ergibt. Die Fokussierung der Mitarbeiter auf die persönliche Entwicklung innerhalb der Hierarchie führt zu einer Fehlsteuerung von Energien. Hierarchieorientierte, karrierefokussierte Mitarbeiter orientieren sich weniger an den Notwendigkeiten ihrer Aufgabe oder des Marktes, sondern primär an den Regeln der Hierarchie. Das führt einerseits zu einer Verkrustung bestehender Strukturen, andererseits auch zu einer Festigung der Bürokratie und zur Erhöhung der Schwellen für neue Ideen, Kreativität und Innovation. Henkel hat daher im Zuge dieses Prozesses die Titel im Innenverhältnis abgeschafft und durch funktionale Bezeichnungen ersetzt. Es gehörte aber auch zu den Lernerfahrungen, dass im Außenverhältnis, insbesondere gegenüber Kunden und Lieferanten, Titel nicht vollständig verzichtbar sind. Gerade auch auf der internationalen Bühne haben Titel immer noch ihren Stellenwert und dienen als Orientierungshilfe für das Umfeld.

Die Abflachung der Führungshierarchie führt zwangsläufig zu einem Wegfall von Führungspositionen und damit von Aufstiegs- – und zumindest in der herkömmlichen Betrachtungsweise – von Karrieremöglichkeiten. Es geht also auch darum, die gewohnten Karrieremuster neu zu definieren. Aufstieg kann in flacheren Organisationen nicht mehr vorrangig als Aufstieg in der formalen Hierarchie definiert werden, sondern er muss sich verstärkt durch die Wertigkeit der Position gemessen am Unternehmenserfolg und durch die Kompetenz des Einzelnen bestimmen. Hierarchie und Karriere müssen entkoppelt werden, um neue Perspektiven zu schaffen. Die bisherigen Positionsbewertungssysteme, die im wesentlichen noch von einer statischen Aufgabenbetrachtung ausgehen, werden sich in Bewertungsansätze wandeln müssen, die einer dynamischen, prozessorientierten Aufgabenwahrnehmung gerecht werden. Schon heute gibt es immer weniger fest strukturierte Organisationseinheiten, sondern viele Aufgaben werden in wechselnden Prozess- und Projektteams erledigt (vgl. Abb. 3).

Aufstiegs- und Karrieremöglichkeiten orientieren sich an der Wertigkeit der Position für den Unternehmenserfolg und durch die Kompetenz des Einzelnen

	von	zu
Organisations-struktur	Pyramide funktional linienorientiert statisch	Fläche übergreifende Teams fließend anpassungsfähig
Aufgaben	statisch eng fokussiert	dynamisch breit angelegt
Karrieren	beförderungsorientiert vertikaler Aufstieg	orientiert an Kompetenz und Verantwortungs-bewusstsein laterale und vertikale Entwicklung

Abbildung 3: Organisation und Aufgaben im Wandel

Die praktische Konsequenz daraus ist, dass die Positionsbewertungssysteme mit breiteren Bewertungsspannen und breiteren Gehaltsbändern operieren, dem so genannten Broad Banding. Flukturierende Positionswertigkeiten und unterschiedliche individuelle Kompetenz lassen sich dadurch besser und ohne den zusätzlichen Akt einer Hierarchieveränderung einfangen. Gleichzeitig werden die Systembegrenzungen zurückgeführt und den einzelnen Vorgesetzten mehr Freiraum in der Gehaltszumessung eingeräumt.

Von der hierarchie-orientierten Karriere-leiter zu einer auf-gaben- und kompe-tenzorientierten Sichtweise

Bei Henkel ist dieser Prozess von der hierarchieorientierten Karriereleiter zu einer Kombination aus aufgaben- und kompetenzorientierter Betrachtungsweise in 2 Schritten erfolgt. 1992 wurde die aus 13 Titeln bestehende Hierarchie in eine Struktur mit 9 auf Stellenbewertungen aufbauenden Gehaltsstufen überführt. In einem weiteren Schritt im Jahre 1998 erfolgte dann die Reduzierung von 9 auf 5 Gehaltsbänder (vgl. Abb. 4).

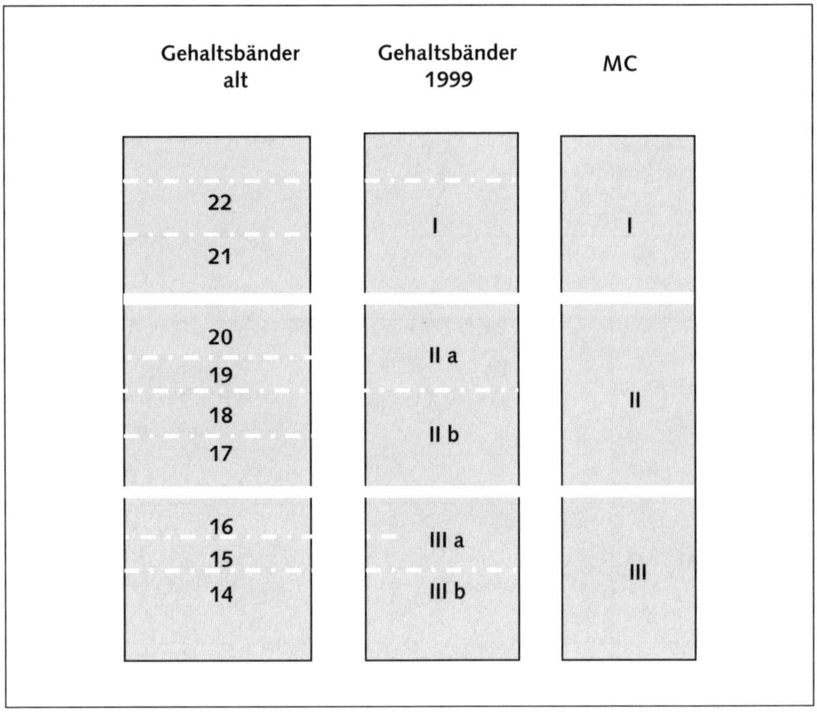

Gehaltsbänder alt	Gehaltsbänder 1999	MC
22		
21	I	I
20	II a	
19		
18	II b	II
17		
16	III a	
15		
14	III b	III

Abbildung 4:
Gehaltsbänder und MC

Damit verknüpft war eine Ausdehnung der Gehaltsbänder auf eine Spreizung von 65 % bezogen auf den Eingangswert des jeweiligen Gehaltsbandes. Dieser erweiterte Spielraum steht dem Vorgesetzten zur Verfügung, um auf sich ändernde Aufgabenwertigkeiten und unterschiedliche Beiträge zu den Organisationszielen ohne traditionelle Beförderungsschritte reagieren zu können. Die Positionierung und die Weiterentwicklung im Gehaltsband hängen von der Komplexität der Aufgabe sowie von der Leistung und dem Potenzial des Mitarbeiters ab. Der obere Teil des Gehaltsbandes ist als **Premium Zone** definiert. Sie ist den Mitarbeitern vorbehalten, deren Aufgabenkomplexität groß ist, die eine herausragende Leistung zeigen und ein hohes Potenzial zur Weiterentwicklung besitzen (vgl. Abb. 5). Solche Mitarbeiter sind vorrangig Kandidaten zur Beförderung in das nächsthöhere Gehaltsband oder hervorragende Spezialisten.

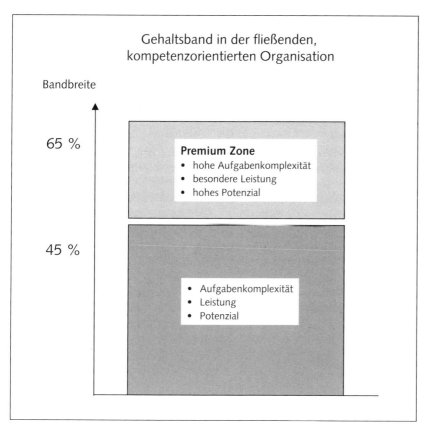

Gehaltsband in der fließenden, kompetenzorientierten Organisation

Bandbreite

65 %

Premium Zone
- hohe Aufgabenkomplexität
- besondere Leistung
- hohes Potenzial

45 %

- Aufgabenkomplexität
- Leistung
- Potenzial

Abbildung 5:
Gehaltsbänder

Die Gehaltsbänder werden jeweils einem von insgesamt 3 Management Circles zugeordnet. Sie bilden eine Orientierungsfunktion für die unternehmensweite Kommunikation und für die Organisationstiefe. Ziel ist es, die Gesamtorganisation so weiterzuentwickeln und abzuflachen, dass ein Management-Circle möglichst immer nur eine Unterstellungsebene repräsentiert.

Dieses Führungsstrukturmodell unterstützt einerseits den Prozess zu flacheren Leitungshierarchien, andererseits setzt es Impulse zu einem neuen Karriereverständnis: Karriere ist nicht nur als vertikaler Aufstieg in der Organisation, sondern als horizontale Entwicklung, als Möglichkeit zur persönlichen Kompetenzerweiterung zu verstehen.

Karriere als horizontale Entwicklung, als Möglichkeit zur persönlichen Kompetenzerweiterung

In dem Umfang, in dem Hierarchien und damit auch Führung über Hierarchien abgebaut und individuelle Handlungsspielräume von Führungskräften ausgedehnt werden, wird das Setzen eines Handlungsrahmens über normative Regeln wie etwa Unternehmensleitsätze, Führungsgrundsätze oder organisationsbezogene Leitsätze um so notwendiger. Henkel hat daher für sich

Notwendigkeit von Unternehmens- leitsätzen und Führungs- grundsätzen

ein Unternehmensleitbild und Unternehmensleitlinien entwickelt, also einen Set von unternehmenspolitischen Werten und Zielen, an denen sich Mitarbeiter und Führungskräfte in ihrem Handeln orientieren. Im Hinblick auf die Führung und die Führungsorganisation spielen dabei die 1992 neu entwickelten Leitlinien für Zusammenarbeit und Führung eine ganz besondere Rolle. Sie bilden die Grundlage für die Führungs- und Leistungserbringungsprozesse in einer Organisation, die durch weitgehende Delegation von Verantwortlichkeiten, durch Vertrauen in die Leistungsbereitschaft und Leistungsfähigkeit der handelnden Mitarbeiter und Führungskräfte bestimmt ist. Die Grundsätze spiegeln gleichzeitig eine Neuorientierung im Führungsverständnis wider. Anders als in den vorhergehenden Grundsätzen, die in den 70er Jahren entstanden waren, wird Führung nicht nur als einseitiger Prozess der Einflussnahme von Vorgesetzten auf Mitarbeiter verstanden, sondern viel-

Führung als zweiseitiger Kommuni- kationsprozess

mehr als ein zweiseitiger Kommunikationsprozess, in dem auch die Mitarbeiter einen aktiven Beitrag zur Gestaltung des Führungs- und Zusammenarbeitsprozesses leisten müssen. Jeder Mitarbeiter wird so in eine gemeinsame Verantwortung eingebunden.

Getragen werden die Leitlinien für Zusammenarbeit und Führung von dem Grundgedanken des vertrauensvollen Umgangs miteinander: »Vertrauen ist eine unerlässliche Voraussetzung für erfolgreiche und persönlich befriedigende Zusammenarbeit. Nur wer positiv über den anderen denkt und ihm die Lösung von Aufgaben auch zutraut, weckt in ihm den Willen zur Leistung und zur Verantwortung. Vertrauen setzt voraus, dass alle Mitarbeiter die für das Unternehmen verbindlichen Verhaltensregeln beachten und im Sinne des Gesamtunternehmens handeln«. So ist der entsprechende Grundsatz formuliert. Weitere Leitlinien befassen sich mit der Frage der Delegation: »Entscheidungen sind dort zu treffen, wo die beste Kompetenz vorhanden ist«, mit ergebnisorientiertem Arbeiten und Führen, mit der Leistungsbeurteilung und der aktiven Informationsweitergabe oder mit der Verpflichtung, sich für neue Ideen einzusetzen, um nur einige zu nennen (vgl. Abb. 6). Die Grundsätze stützen einerseits das Organisationskonzept ab, andererseits skizzieren sie den Handlungsrahmen des Einzelnen.

Eine andere Ebene der Unterstützung der Organisation durch Leitlinien stellt z. B. das für das weltweite Personalmanagement entwickelte Leitbild Personal dar. Es fokussiert die Mitarbeiter auf ihren strategischen Beitrag zum Unternehmenserfolg und auf wesentliche Einzelziele. Ähnliche Leitlinien wurden für andere Unternehmensteile erstellt.

Flachere Hierarchien und größere Verantwortungsbereiche setzen eine neue Qualität von Information und Kommunikation voraus. Verantwortlich und unternehmerisch kann nur derjenige handeln, der nicht nur aufgabenbezogene, sondern auch übergeordnete unternehmenspolitische Informationen erhält. Der Erfolg heutiger Organisationen hängt schließlich auch davon ab, mit welcher Geschwindigkeit eine Organisation die wesentlichen Informationen erkennt, verarbeitet und in der geeigneten Form weiterleitet. Füh-

Vertrauensvoll miteinander umgehen

Entscheidungen dort treffen, wo die beste Kompetenz ist

Ergebnisorientiert arbeiten und führen

Die Leistungen des anderen sorgfältig beurteilen

Offen miteinander reden

Dem anderen Informationen aktiv geben und nicht vorenthalten

Bei einem Konflikt Gefühle nicht unter Argumenten begraben

Die Unterschiede der Meinungen, Argumente und Kulturen nutzen

Sich für neue Ideen einsetzen

Eignung bestimmt die Übertragung von Aufgaben

Sich partnerschaftlich aufeinander einstellen

Sich zur Führung verpflichtet fühlen

Abbildung 6:
Leitlinien für
Zusammenarbeit
und Führung

rungskräfte werden damit mehr und mehr zu einem Manager der Diffusion von Informationen und Verantwortlichkeiten. Dabei spielt die Nutzung und der unverkrampfte Umgang mit den neuen Informationsmedien eine wichtige Rolle. Andererseits liegen die Gefahren auf der Hand: die Informationsfülle nimmt zu während die Häufigkeit individueller Informationskontakte abflacht. Um so wichtiger ist es daher in der geänderten Führungsorganisation Kommunikationsplattformen zu installieren, die es ermöglichen, Informationsprozesse als Dialogprozesse zu gestalten. Mitarbeiter und Führungskräfte müssen die Möglichkeit erhalten, ihre Meinungen und Sichtweisen an ihre direkten Vorgesetzten oder an das Top-Management zurückzuspielen. Diskussionsveranstaltungen zwischen Vorstand und Mitarbeitern – so genannte Runde Tische – sind daher bei Henkel wichtige Dialogplattformen ebenso wie regelmäßige Abteilungsgespräche, Managementkonferenzen, Mitarbeiterbefragungen oder Führungsworkshops zur Förderung der Zusammenarbeit in einzelnen Organisationseinheiten. Alle diese Maßnahmen bilden die dialogorientierte Ergänzung zu den klassischen One-Way-Informationen wie etwa regelmäßige Führungsbriefe, E-Mail-Informationen und Mitarbeiterzeitung.

Führungskräfte als Manager der Diffusion von Informationen und Verantwortlichkeiten

Flachere Leitungsstrukturen, ein prozessorientiertes Networking und immer häufiger anzutreffende Matrix-Organisationen erfordern eine höhere Teamfähigkeit als die klassischen linearen Organisationsstrukturen. Immer mehr Aufgaben werden zukünftig außerhalb der klassischen Linienorganisation in Teamstrukturen erledigt. Tun wir genug, um die Teamfähigkeit zu fördern? Seminare und Teamtrainings alleine genügen hier sicherlich nicht. Wir müssen auch sicherstellen, dass unsere Führungssysteme in ihrem Systemansatz den Teamgedanken so abbilden, dass entsprechende Verhaltensreize ausgelöst werden. Das heißt zunächst einmal, dass die Vergü-

Flachere Leitungsstrukturen, prozessorientiertes Networking und Matrix-Organisationen erfordern eine höhere Teamfähigkeit

Teamleistung und -fähigkeit werden honoriert

tungs- und Förderungssysteme dahingehend ergänzt werden müssen, dass nicht alleine die individuelle Leistung, sondern ebenso Teamleistung und Teamfähigkeit entsprechend honoriert werden. Die bei Henkel praktizierten Gehaltssysteme für Führungskräfte enthalten daher bewusst einen Incentive-Baustein, der die Erreichung von Teamzielen honoriert (vgl. Abb. 7). Darüber hinaus ist die Teamfähigkeit ein festes Beurteilungsmerkmal in allen Beurteilungs- und Förderungssystemen.

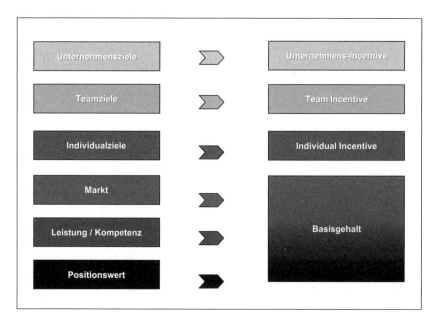

Abbildung 7: Gehaltssystematik

Die Erhöhung des Stellenwertes von Teamfähigkeit in einer Organisation ist letztlich auch eine wesentliche Voraussetzung für das Funktionieren einer effizienten Wissensdiffusion. Unter dem Begriff des Wissensmanagements werden derzeit in vielen Unternehmen und Institutionen Überlegungen angestellt, wie man die Prozesse organisieren kann, um Wissen aufzubauen, zu sammeln, zu systematisieren und den potenziellen Nutzern in der Organisation verfügbar zu machen. Eines der wesentlichen Hindernisse in diesem Prozess ist offensichtlich die eingeschränkte Bereitschaft des Einzelnen, Wissen mit anderen zu teilen und damit sich eines vermeintlichen persönlichen Vorteils zu begeben. Wenn Wissen als Karriere-Ressource verstanden und erlebt wird, ist es nur verständlich, dass der einzelne mit Zurückhaltung reagiert, wenn er seinen internen Wettbewerbsvorteil aufgeben soll. Hier zeigt sich die Kehrseite einer auf individuelle Leistungs- und Wissensdifferenzierung ausgerichteten Förderung des internen Wettbewerbs. Effizientes Wissensmanagement scheint weniger ein rein technisches Problem der Einführung komplexer Knowledge-Sharing-Technologien zu sein, sondern eher eine Frage

Effizientes Wissensmanagement ist eine Frage der Organisationskultur

der Organisationskultur. Das Not-Invented-Here und das Einsetzen von Wissen als persönliche Macht muss durch ein neues Verständnis ersetzt werden. Henkel befasst sich daher insbesondere mit der Frage, wie kann man neben der notwendigen technischen Grundlage eine Kultur schaffen, in der es positiv belegt ist, Wissen weiterzugeben und damit generell verwendbar zu machen. Welche Form der direkten und indirekten Anreizsysteme diesen Prozess unterstützen können, spielt dabei eine wichtige Rolle.

Die konsequente Leistungsorientierung der Gesamtorganisation ist eine notwendige Ergänzung des Grundansatzes einer Vertrauensorganisation. Auf diese Weise wird für den einzelnen die Orientierung seines Handelns bei generell größeren Handlungsspielräumen fokussiert. Eine wichtige Konkretisierung ergibt sich aus dem Zielsetzungsprozess, dessen Institutionalisierung und Verbindlichkeit in einer Organisation mit breiter Kompetenzverlagerung um so wichtiger ist. Alle Führungskräfte bei Henkel sind daher in einen jährlichen Zielsetzungsprozess eingebunden. Festgelegt werden Team- und Individualziele. In Abhängigkeit von den Zielerreichungsgraden erhält der Mitarbeiter über das Basisgehalt hinausgehende Incentivezahlungen. Sie betragen bei Zielerreichung 20 % und bei Überschreitung bis zu 40 % der jährlichen Fixbezüge. Die Auszahlung orientiert sich zu 20 % an der Zielerreichung des Gesamtunternehmens, zu 50 % an der Zielerreichung des Teams und zu 30 % an der Zielerreichung der Individualziele.

Differenzierte Incentive-Regelungen führen zu einer stärkeren Fokussierung auf die Unternehmensziele

Zusätzlich zu diesem generell Anwendung findenden Incentivesystem wurde für das obere Management ein Stock-Incentive-Programm entwickelt. Maßstab ist die absolute Kursentwicklung der Henkel-Aktie und die Entwicklung der Aktie im Vergleich zum DJ Stoxx-Index in einem Dreijahreszeitraum. Das Stock-Incentive-Programm wurde im Rahmen eines umfassenden Programms zur Steigerung des Unternehmenswertes eingeführt. Die Erfahrung mit den differenzierten Incentive-Regelungen ist positiv, sie zeigt, dass sie zu einer stärkeren Fokussierung des Managements auf die jeweils definierten Unternehmensziele geführt haben. Gleichzeitig ist über den Zwang des Formulierens von Ergebniszielen eine deutlich stärkere Orientierung des Handelns an Ergebnissen statt an Aktivitäten getreten.

Die Steuerung von Lernprozessen in einer Organisation setzt wirksame Feedback-Systeme voraus. Der Zielvereinbarungsprozess mit der anschließenden Bewertung des Zielerreichungsgrades ist ein Baustein in diesem System, die systematische Beurteilung von Fähigkeiten und Eignung ein weiterer. Dabei muss generell für Beurteilungssysteme gelten, dass solche Fähigkeiten und Verhaltensweisen, die ein Unternehmen von seinen Mitarbeitern erwartet, grundsätzlich auch Bestandteil des Beurteilungsverfahrens sind. Nur so wird ein verhaltenssteuernder Effekt erreicht. Der traditionelle Beurteilungsansatz von oben nach unten reicht angesichts stärkerer Vernetzungen und Interaktionen in modernen Organisationen sicherlich nicht mehr aus. Daher hat Henkel seine Systeme in Richtung Beurteilung von unten nach oben und partiell auch in Richtung Kollegen- und Kundenbeurteilung weiterentwickelt.

Bestandteil von Beurteilungssystemen müssen solche Fähigkeiten und Verhaltensweisen sein, die ein Unternehmen von seinen Mitarbeitern erwartet

Das Beurteilungssystem für Führungskräfte besteht aus den verpflichtenden Bausteinen Management-Competencies-Assessment (MCA) und einen »Führungsdialog«. Innerhalb der regelmäßig durchgeführten Beurteilungen erhalten die Mitarbeiter Hinweise zu ihrem Leistungs- und Führungsverhalten, zur Ausprägung ihrer Management-Competencies gemessen an den jeweiligen Anforderungen ihrer Aufgabe. Zentrale Beurteilungsdimensionen sind Fragen der Zusammenarbeit, der Führung, der aufgabenbezogenen Kenntnisse, der Innovationsfähigkeit und der unternehmerischen Einstellung, aber auch Fragen der Risikoorientierung oder des Verständnisses für internationale Zusammenhänge. Dieses Beurteilungsverfahren hat keine unmittelbare Koppelung zur jährlichen Gehaltsfindung. Im Vordergrund soll ein möglichst unbelasteter Dialog über Stärken und Schwächen der Führungskraft stehen, um damit Lern- und Entwicklungsprozesse auszulösen.

Gleichzeitig bietet dieses Verfahren auch die Grundlagen für systematische Maßnahmen der Personalentwicklung und Nachfolgeplanung. Es wird ergänzt durch ein Assessment-Center für Führungskräfte mit Potenzial für höhere Management Positionen. Die Erkenntnisse aus den unterschiedlichen Evaluierungsverfahren, dazu gehören auch Beurteilungen aus Projektarbeiten und Job-Rotationsprogrammen, fließen schließlich in den Management-Review ein. Dabei handelt es sich um die systematische Einordnung aller Führungskräfte in eine Leistungs- und Potenzial-Matrix.

Vorgesetzten-beurteilung als fester Bestandteil der Feedback-Systeme

Die zweite Beurteilungsperspektive, nämlich die Beurteilung des Vorgesetzten durch seine Mitarbeiter, ist als Führungsdialog fester Bestandteil der Feedback-Systeme. Der Führungsdialog beinhaltet eine über standardisierte Fragebögen durchgeführte Beurteilung des Führungsverhaltens des Vorgesetzten durch die Mitarbeiter. Dem gegenübergestellt wird die Selbsteinschätzung des Vorgesetzten. Abweichungen zwischen Fremd- und Eigenwahrnehmung bilden dann die Grundlage für Diskussionen zwischen Mitarbeitern und Vorgesetzten über mögliche und notwendige Verbesserungen in der Führungsbeziehung. Die Diskussionsprozesse werden auf Wunsch durch einen neutralen Moderator gesteuert. Die Beantwortung der Fragebogen ist anonym und die Ergebnisse der Beurteilung werden nur mit den Mitarbeitern diskutiert. Sie werden nicht an den nächsthöheren Vorgesetzten oder das Personalmanagement weitergegeben. Denn weder Vorgesetzte noch Mitarbeiter sollen in diesem Prozess ein zu hohes Risiko eingehen. Ziel ist lediglich, dem Vorgesetzten die Möglichkeit zu geben, in einen Spiegel mit dem Wahrnehmungsbild seiner Mitarbeiter hineinzuschauen. Die Wahrscheinlichkeit, dass ein verantwortungsbewusster Vorgesetzter daraus für sich Konsequenzen zieht, ist nach den bisher gemachten Erfahrungen groß. Der Gedanke der 360°-Beurteilung wird von Fall zu Fall durch gezielte (interne) Kundenbefragungen und Kollegenbeurteilungen ergänzt.

Regelmäßige Mitarbeiter-befragungen sind fester Bestandteil der Führungskultur

Zur Führungskultur des Unternehmens gehört seit vielen Jahren die Durchführung regelmäßiger Mitarbeiterbefragungen. In Totalerhebungen werden die Führungskräfte auf weltweiter Basis und die übrigen Mitarbeiter in den jeweiligen Standorten nach ihren Bewertungen des Unternehmens als Arbeitgeber, nach Arbeitsplatzbedingungen, nach der Bewertung von Gehalt und Sozialleistungen, nach Führung und Information sowie nach Auswirkungen von Veränderungen befragt. Die Ergebnisse sind bedeutsame Indikatoren für Wahrnehmungen und Einschätzungen der Mitarbeiter und bieten wichtige Grundlagen für personalpolitisches Handeln. Sie zeigen auch unterschiedliche Reifegrade in Führungsklima und -organisation auf und spiegeln kulturell unterschiedlich geprägte Wahrnehmungen einzelner Führungsinstrumente wider. Dementsprechend vielfältig sind die Ansätze für Erkenntnisse und Maßnahmen.

Der Information der Befragten und der Aufarbeitung der Befragungsergebnisse wird ein besonderer Stellenwert beigemessen. Jeder Vorgesetzte ist verpflichtet, die Ergebnisse seiner Einheit mit seinen Mitarbeitern zu diskutieren und bei vorhandenen Defiziten gemeinsam mit den Betroffenen nach Verbesserungsmaßnahmen zu suchen. Ein zentrales Monitoring des Gesamtprozesses verhindert ein Versanden der Teilprozesse.

Funktionierende Feedback-Systeme sind eine Voraussetzung für die Fähigkeit zum Wandel in Unternehmensorganisationen. Gleichzeitig muss die Organisation ihrerseits Bedingungen schaffen, um Lernprozesse zu initiieren. Dazu gehört auch eine Führungskultur, die Lernfreiräume schafft. Wichtig ist beispielsweise eine Kultur der Fehlertoleranz; Fehler müssen möglich sein, sie müssen toleriert und als Lernerfahrung Bestandteil der Führungskultur werden. Der Schlüssel dazu ist die offene Diskussion über gemachte Fehler und natürlich das gelebte Vorbild der wichtigen Führungskräfte. Die Fähigkeit zum Wandel setzt aber schließlich auch voraus, dass die Führungssysteme so gestaltet sind, dass sie entsprechende Lern- und Verhaltensanreize ausstrahlen. Last but not least bedarf es der Führungskräfte, die lernbereit sind und den Wandel als persönliche Herausforderung begreifen.

Kultur der Fehlertoleranz: Lernerfahrung muss Bestandteil der Führungskultur sein

Literatur

Bartlett, Ch./Goshal, S.: Matrix Management – Not a structure, a frame of mind, in: Harvard Business Review, July/August 1999, S. 144

Die 360°-Beurteilung als Führungsinstrument

Wolfgang Binder

Veränderungen am Telekommunikationsmarkt stellen neue Herausforderungen an die Mitarbeiterführung der DeTeWe. Eine wesentliche Aufgabe bei der strategischen Neuausrichtung der Mitarbeiterführung war die Etablierung einer neuen Führungskultur und -Philosophie. Im Mittelpunkt steht dabei die Etablierung des Unternehmens als moderner Dienstleister.

Basis der Maßnahmen im Bereich der Mitarbeiterführung bildet »Fit For Tomorrow« als umfangreiches Qualifizierungsprogramm. Ein wesentlicher Baustein von »Fit For Tomorrow« ist ein Management-Audit für Führungskräfte auf der Basis eines 360°-Feedbacks.

Die DeTeWe hat ein Verfahren entwickelt und implementiert, welches mit seinen begleitenden Personalentwicklungsmaßnahmen, auf die spezifischen Bedürfnisse des Unternehmens zugeschnitten ist und die Etablierung der neuen Führungs- und Dienstleistungskultur aktiv unterstützt.

Die Ausgangslage

Veränderungsmanagement durch »Fit for Tomorrow«

Zielsetzung des Management-Audits

Die Vorbereitung

Der Fragebogen und die Durchführung

Das Feedback

Abschluss des Management-Audits

Ergebnisse

»Lehren« und Fazit

Derjenige, der neben hoher Fachkompetenz große Sozialkompetenz besitzt und beides optimal miteinander verbindet, wird als Führungspersönlichkeit anerkannt und geschätzt.

Dieser Leitsatz ist das zentrale Thema unseres Handelns in der Personalführung und Personalentwicklung.

Der nachfolgende Artikel beschreibt unseren Weg, dieses Motto tatsächlich in unserem täglichen Handeln zu implementieren.

Die Ausgangslage

In den Jahren 1993 und 1994 wurde sehr deutlich, dass sich auf dem Telekommunikationsmarkt in Deutschland bis zum Jahre 1997 eine gravierende Wandlung vollziehen wird. Dies hängt nicht nur mit der Liberalisierung des Telekommunikationsmarktes in Deutschland und damit dem Wegfall von wesentlichen Umsätzen, sondern auch mit den sich ergebenden unendlichen Möglichkeiten des Internet zusammen.

Für die DeTeWe hieß das, dass dramatische Veränderungsmaßnahmen im Unternehmen erfolgen mussten, und zwar weg von einer »Amtsbaufirma« hin zu einem modernen Anbieter von Systemen und Dienstleistungen im Telekommunikationsbereich. Unser Hauptkunde war bis dahin zum überwiegenden Teil die Deutsche Telekom AG in Bezug auf die Betreuung der Vermittlungsstellen bezüglich der Montage und der Wartung.

Auf dem Weg zum Systemanbieter und Dienstleister

Neben den sich daraus ergebenden Veränderungen in der strategischen Zielsetzung des Unternehmens und in der gesamten Organisation sowie in den Köpfen der Führungskräfte und Mitarbeiter war es mehr als geboten, diese Veränderungen durch eine neue Führungsphilosophie und Führungskultur zu begleiten.

Nur so konnte der Grundstein für eine zukunftssichere Neuausrichtung des Unternehmens gelegt werden.

Mit dem Programm Fit For Tomorrow (FFT) hat DeTeWe die Voraussetzungen geschaffen, um auf dem hart umkämpften Markt der Telekommunikation in Zukunft bestehen zu können.

Fit For Tomorrow (FFT)

Zu den wichtigsten zukünftigen Anforderungen gehören

- ein schnelleres Innovationstempo für die DeTeWe-Produkte und Dienstleistungen
- eine flexible und sich dynamisch anpassende Organisationsstruktur
- flache Hierarchien.

Dies kann nur dann gewährleistet werden, wenn alle Mitarbeiter und insbesondere die Führungskräfte diesen Wandel nach allen Kräften unterstützen.

Die

- Bündelung von Aufgaben,
- aktive Teamarbeit,
- interdisziplinäre Zusammenarbeit aller Bereiche

sind für die Lösung der komplexen Aufgaben notwendig.

Führungskräfte werden zu Promotoren des Wandels

Der für die Existenzsicherung der DeTeWe erforderliche Wandel gemäß der FFT-Philosophie wird durch verschiedene Elemente des FFT-Veränderungsmanagement unterstützt. Die Führungskräfte müssen für die Umsetzung dieser Elemente als Promotoren gewonnen werden. Der Erfolg des Wandels hängt in starkem Maße davon ab, wie die Führungskräfte ihre Mitarbeiter führen und wie sie ihre Kunden- und Lieferantenbeziehungen behandeln. Dieses kann nur dann optimal der Fall sein, wenn die Führungskräfte regelmäßige und dokumentierte Rückmeldung über ihr Verhalten bekommen.

Der Gesamtprozess: 360°-Feedback, Ergebnisberichte, Rückmeldegespräche, Fördermaßnahmen

Daher wurde als weiterer, konsequenter Schritt in Richtung der Umsetzung der FFT-Ziele ein Rückmeldungsinstrument, das Management-Audit auf Basis des 360°-Feedback, eingeführt. Durch dieses Instrument erhalten die Führungskräfte Rückmeldung über ihr Führungsverhalten von unterschiedlichen Zielgruppen (unterstellten Mitarbeitern, Kollegen und Vorgesetzten). Das Instrument erfasst die gewünschten Informationen mittels eines Fragebogens. Der daraus entstehende Ergebnisbericht für die jeweilige Führungskraft soll im 4-Augen-Gespräch mit dem Berater erörtert werden. Die Ergebnisse der Aktion werden im Rahmen von Workshops zwischen den Führungskräften und deren Mitarbeitern diskutiert und Lösungsansätze herbeigeführt.

Gleichzeitig wird mittels des Management-Audit auf Basis des 360°-Feedback auf der individuellen Ebene überprüft, wie aktiv die neuen Grundsätze und Kernziele aus dem FFT-Programm bereits gelebt werden und wo sich Defizite befinden. Diese sollen in einem nächsten Schritt mit zielgerichteten Trainings- und Coachingmaßnahmen korrigiert, bzw. die Stärken der jeweiligen Führungskraft gefördert werden. Das Instrument soll zukünftig als strategisches Personalentwicklungsinstrument eingesetzt werden und auch auf die anderen Unternehmensbereiche übergehen.

Veränderungsmanagement durch »Fit for Tomorrow«

Verhaltensaspekte werden zu Erfolgsfaktoren

Aus diesen Gründen haben wir Ende 1993 ein Programm unter dem Motto »Fit for Tomorrow« (FFT) ins Leben gerufen.

Das wesentliche Element unserer neuen Führungsphilosophie sind die Führungskräfte und die Mitarbeiter des Unternehmens. Die Bedeutung der

Fit For Tomorrow

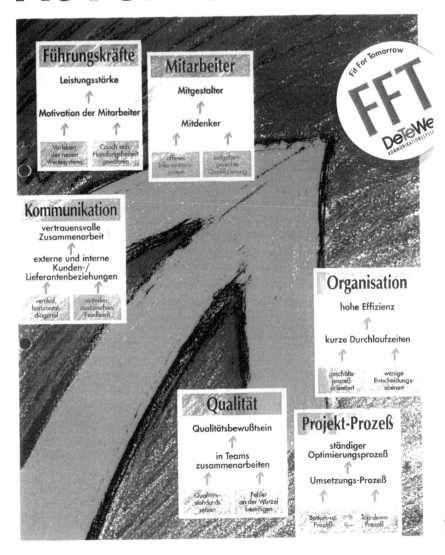

Abbildung 1:
Plakat Fit For Tomorrow

Verhaltensaspekte als Erfolgsfaktor, insbesondere den Umgang miteinander betreffend, soll deutlich verstärkt werden.

Das Wichtigste für die Führungskraft wird in Zukunft sein, Mitarbeiter in die Lage zu versetzen, ihre Aufgaben in Eigenverantwortung und Selbständigkeit durchzuführen. Dazu müssen sie den Mitarbeiter befähigen, die Aufgaben auch durchführen zu können. Dies erfordert auch bei den Führungskräften ein neues Dienstleistungsbewusstsein, das stark durch den Aspekt der Mitarbeiterentwicklung geprägt ist.

Es bedeutet für die Führungskraft aber auch, dass sie bereit und in der Lage ist, bisher selbst innegehabte Aufgaben und Kompetenzen tatsächlich und ohne »Wenn und Aber« an ihre Teammitglieder abzugeben. Dies scheint aber eines der größten Probleme zu sein, dessen Lösung einen der wesentlichen Erfolgsfaktoren darstellt.

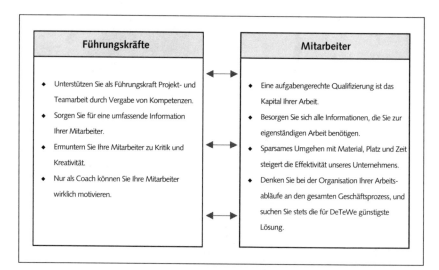

Abbildung 2:
Anforderungen an
Mitarbeiter und
Führungskräfte

Abbildung 2a:
Anforderungen an
Mitarbeiter und
Führungskräfte

Auf der anderen Seite bedeutet dies für die Mitarbeiter auch ein neues Verständnis dahingehend, dass sie sich dieser Aufgabe stellen und auch die erforderliche Verantwortung übernehmen wollen. Dies zu entwickeln und fortlaufend zu optimieren ist gemeinsame Aufgabe aller unternehmenszugehörigen Personen.

Abbildung 2 und 2a verdeutlichen noch einmal, welche Anforderungen an Führungskräfte und Mitarbeiter der Zukunft gestellt werden.

Es wurde entschieden, den Prozess Top-Down vom Vorstand abwärts im Unternehmen, beginnend im kaufmännischen Bereich, einzuführen. Als wesentliches Instrument wurde hierbei die 360°-Beurteilung oder wie wir es nennen, das »Management-Audit« konzipiert und professionell umgesetzt. **Top-Down Prozess**

Die »neue Rolle« des Mitarbeiters – und hier sind auch die Führungskräfte gemeint – haben wir ebenfalls neu definiert. Wichtig war dabei, dass deutlich dargestellt wird, wie sich alle in ihrem Denken verändern müssen.

Die neue Rolle des Mitarbeiters

DeTeWe KOMMUNIKATIONSSYSTEME

Heute	Morgen
Arbeitsplatz-orientiertes Denken	Übergreifendes, unternehmerisches Denken
Aufgaben nach Stellenbeschreibung	Ziele bestimmen die Aufgaben
Mitarbeiter	Subunternehmertum und Verantwortlichkeit bis zur niedrigsten Ebene
Wenig Rechte	Erweiterte Rechte
Reagieren	Agieren
Kostenorientierung	Nutzenorientierung
Unsere Firma	Meine Firma
Fehler vermeiden	Suche nach Herausforderung/Chancen
Was wir denken	Was unsere Kunden denken
Titel / Hierarchie	Aufgabenbezug

Abbildung 3:
Die neue Rolle des Mitarbeiters

Wir haben die Erfolgsfaktoren wie folgt zusammengefasst:

Wettbewerbsfähige Unternehmen leben von der Kreativität, dem Engagement und der Qualifikation ihrer Mitarbeiter.

Wie viel davon zur Wirkung kommt, hängt wesentlich von Arbeitsstrukturen und Organisationsformen ab, die dieses Potenzial zur Entfaltung bringen.

Sie wird ferner maßgeblich davon beeinflusst, wie die Vorgesetzten ihre Mitarbeiter auch hinsichtlich der Beachtung von Kunden- und Lieferantenbeziehungen führen.

Zielsetzung des Management-Audits

Fortlaufende Überprüfung der Ziele und des Erfolgs von FFT

Bereits zu Beginn der Maßnahme kam es darauf an, die von DeTeWe selbst gesteckten Ziele und hier den im Sinne von FFT praktizierten Führungsstil einer ständigen Überprüfung zu stellen. Bei dem Management-Audit wurden folgende Ziele verfolgt:

- Die Anforderungen an die Führungskräfte definieren
- Zukünftige Personalentscheidungen über die Positionierung von Führungs- und Führungsnachwuchskräften unterstützen
- Eine Stärken/Schwächenanalyse ermöglichen
- Die Teambildungsprozesse begleiten
- Konkrete Personalentwicklungsmöglichkeiten ableiten
- Die Qualität zukünftiger Personalentscheidungen durch zusätzliche Informationen verbessern.

Die Vorbereitung

Aus diesen Gründen haben wir bereits in 1994 die Diskussion über ein maßgeschneidertes und den individuellen Zielen angepasstes 360°-Feedback begonnen.

Vernetzung von 360°-Feedback, Management-Audit und vorhandenen PE-Maßnahmen

Das erste vorbereitende Projektgespräch fand im März 1995 statt, in dem die mögliche Vorgehensweise und die spezifische Anpassung des 360°-Feedbacks an die Bedürfnisse von DeTeWe intensiv erörtert und der Ablauf plastisch vorgestellt wurde. Es wurde entschieden, das Management-Audit auf Basis eines 360°-Feedbacks durchzuführen. Daraufhin wurden die für DeTeWe relevanten Führungs- und Verhaltenskriterien entwickelt. Um das 360°-Feedback nicht als »stand alone instrument« einzusetzen, wurde sichergestellt, dass es optimal mit den vorhandenen PE-Instrumenten vernetzt werden kann. So wurde entschieden, dieses bereits im Vorfeld durch folgende weitere flankierende Maßnahmen vorzubereiten und zu begleiten:

- Konsequente Durchführung von Zielvereinbarungen mit einem einklagbaren »Rechtsanspruch« für den Mitarbeiter

- Durchführung einer Projektgruppe zum Thema »Mitarbeiter 2000«, in der die Anforderungen an die Mitarbeiter und Führungskräfte definiert wurden
- Definition der Basis für die Qualifikation der Mitarbeiter im Unternehmen, u.a. auch als Maßstab für Neueinstellungen
- Prüfung der definierten Kriterien in allen Assessment-Centern, sowohl in Auswahl AC's als auch in Management-Potenzial-Analysen zur Feststellung von Führungsnachwuchs.

Nach mehreren internen Gesprächsrunden, die letztlich dem Ziel dienten, die Führungskräfte des Hauses zu begeistern, sich einer solchen Maßnahme zu stellen, kam es im November 1995 zur konkreten Konzeptionsphase.

Wichtig hierbei war uns aber auch, dass der beurteilte Mitarbeiter nicht nur ein Feedback bezüglich des Fremdbildes erhält, sondern dieses an dem von ihm vorgenommenen Selbstbild gespiegelt wird. Nur so ist es nach unserer Überzeugung möglich, Verhaltensweisen in deren Auswirkung zu erkennen und Veränderungen herbeizuführen. Sei es, dass Positives verstärkt wird. Sei es, dass festgestellte Defizite erkannt und intensiv verändert werden.

Abgleich zwischen Selbst- und Fremdbild

Des weiteren haben wir entschieden, nicht nur die Performance der jeweiligen Faktoren einschätzen zu lassen, sondern auch die Wichtigkeit der Kriterien von den Befragten mit dem gleichen Instrument definieren zu lassen. Dies sollte weiteren Aufschluss über die vorhandene Wertekultur im Unternehmen geben.

Weiterhin wurden folgende Rahmenbedingungen festgelegt:

Rahmenbedingungen

- Verbindlichkeit der Teilnahme für alle Führungskräfte (Feedbacknehmer)
- Freiwilligkeit für die Mitarbeiter (Feedbackgeber)
- Völlige Anonymität der Feedbackgeber
- Die Führungskraft erhält das Ergebnis im Rahmen eines 4-Augen-Coaching-Gespräches durch einen Psychologen
- Die Führungskraft wird ihren Mitarbeitern das Ergebnis des Feedbacks in kumulierter Form im Rahmen eines Workshops vorstellen und darüber diskutieren lassen.

Des weiteren wurde entschieden, dass sich der 360° Radius zunächst auf folgende vier Zielgruppen beschränken sollte:

- Selbst
- Mitarbeiter
- Kollegen
- Vorgesetzte.

Abbildung 4, Übersicht 360°-Feedback, verdeutlicht die Vorgehensweise im Management-Audit. Jeder Feedbacknehmer hat auch seine Selbsteinschätzung abgegeben. In dieser 1. Phase der Beurteilung wurde allerdings darauf verzichtet, Lieferanten und externe Kunden einzubeziehen. Wir werden dieses aber bei den nächsten Wiederholungen tun.

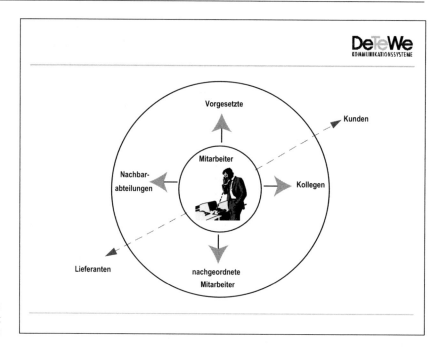

Abbildung 4:
Übersicht
360°-Feedback

Freiwilligkeit bei der Pilot-Durchführung Im Juni 1996 wurden die Ziele, der Teilnehmerkreis und der Ablauf im Rahmen eines Projektgespräches festgelegt. Nicht unerwähnt bleiben darf, dass zunächst im kaufmännischen Bereich mit einem Pilotprojekt begonnen werden sollte. Alle Führungskräfte der ersten Ebene einschließlich des Finanzvorstandes haben sich freiwillig dazu bereit erklärt, sich diesem Management-Audit zu stellen.

Im August 1996 wurde dann in einer ersten Projektsitzung eine Feinabstimmung in einem Kreis von Führungskräften vorgenommen. Hierbei ging es darum, den Fragebogen konkret abzustimmen, den Ablauf und die Durchführung festzulegen. Wichtig war in diesem Zusammenhang, dabei bereits den Vorsitzenden des Gesamtbetriebsrates als vollwertiges Mitglied dieser Projektgruppe zu integrieren.

Nach einer zweiten Projektsitzung im September 1996, in welcher der Fragebogen und der Ablaufplan endgültig verabschiedet wurde, wurde im Oktober 1996 der Gesamtbetriebsrat über das Vorhaben im Rahmen eines Workshops informiert.

Der Fragebogen und die Durchführung

Wichtig war bei der Konzeption des Fragebogens herauszufiltern, inwieweit die Führungskräfte die selbst gesteckten Ziele des FFT Prozesses in der Praxis anwenden. Aus diesem Grunde wurden in der Vorbereitungsphase 7 Bewertungskriterien festgelegt:

Das 360°-Feedback erfasst, inwieweit die Führungskräfte die Ziele von FFT in der Praxis erreichen

- Motivation und Delegation
- Kommunikationsfähigkeit
- Kreativität
- Umgang mit Kritik
- Teamfähigkeit
- Führung und Förderung
- Umgang mit Problemen.

Diesen Führungsdimensionen entsprechend wurden insgesamt 44 Items zugeordnet, die den wissenschaftlichen Gütekriterien entsprechen und gleichzeitig der DeTeWe-spezifischen Terminologie angepasst werden konnten. Die Items wurden hinsichtlich der Beantwortbarkeit nach Einschätzung und Wichtigkeit geprüft.

Fragebogen Items zur Erfassung der Führungsdimensionen

Bei der Beurteilung der Einschätzung in den einzelnen Items wurde Wert darauf gelegt, dass Führungskräfte und Mitarbeiter die gleichen Fragen beantworten. Die Verbindung mit der Wichtigkeit war u.a. auch deshalb entscheidend, weil die Wertigkeit der einzelnen Items aus der Sicht der verschiedenen Zielgruppen vergleichbar gemacht werden sollte.

Es sollte ermittelt werden, wo aus Sicht der Mitarbeiter und der Führungskräfte die wichtigsten führungsrelevanten Eigenschaften liegen und wie sich hier aus der Beurteilung der Mitarbeiter und der Führungskräfte das Bild abzeichnet.

Die Führungskräfte und die Mitarbeiter wurden in Workshops am 21./22. Oktober 1996 ausführlich über die Ziele des Management-Audits auf Basis des 360°-Feedbacks informiert.

Im Rahmen dieser Veranstaltung wurden den Teilnehmern die Fragebögen übergeben mit der Bitte, diese auszufüllen und an das Beratungsinstitut, mit dem wir zusammen dieses System entwickelt haben, zurückzusenden. Aufgrund der Tatsache, dass im Vorfeld entschieden wurde, das 360°-Feedback völlig anonym durchzuführen, war es wichtig, dass die ausgefüllten Fragebögen direkt in einem vorfrankierten Umschlag an das Beratungsunternehmen zurückgesandt werden konnten. Die Teilnehmer hatten die Möglichkeit, den Fragebogen einige Tage mit nach Hause zu nehmen oder ihn gleich an Ort und Stelle auszufüllen und in eine Urne einzuwerfen, auf die nur die Berater Zugriff hatten.

Abbildung 5 :
Deckblatt
Fragebogen

Erläuterung

Lieber Teilnehmer,

Sie haben heute Gelegenheit, an einem 360° FEEDBACK teilzunehmen. Mit dem anliegenden Fragebogen möchten wir Sie um Ihre persönliche Einschätzung zu bestimmten Faktoren bitten, die für die Führungskultur Ihres Unternehmens wichtig sind.

Das Ziel des 360° FEEDBACK ist es, Mitarbeitern Rückmeldung über ihr Führungs- und Kommunikationsverhalten zu geben, damit sie dieses noch weiter optimieren können. Beiliegend finden Sie einen Fragebogen, der sich in **zwei Befragungsteile** gliedert: Die Seiten enthalten 44 Aussagen zu bestimmten Verhaltensweisen. Sie werden nun zunächst gebeten, zu jeder dieser Aussagen Ihre ganz persönliche Einschätzung, gemessen an der Position des Feedbacknehmers, vorzunehmen, danach sollen Sie ankreuzen, für wie wichtig Sie diese Aussagen / Fähigkeiten halten.

Auf jeder der beiden folgenden Seiten sehen Sie zwei Skalen: die linke zur Bewertung der Wichtigkeit, die rechte zur Bewertung der Einschätzung:
Auf der linken Skala jeder Seite soll angegeben werden, welche **Wichtigkeit**, bzw. Bedeutung aus Ihrer persönlichen Sicht den einzelnen Punkten zukommt, wenn es darum geht, den Erfolg und die Produktivität in Ihrer Abteilung zu gewährleisten. Verwenden Sie die Skala in diesem Abschnitt, um die Wichtigkeit der einzelnen Punkte aufzuzeigen. Schätzen Sie jeden der Punkte unabhängig von den anderen Punkten ein.

Auf der rechten Skala jeder Seite sollen zu den Aussagen **Einschätzungen zum von Ihnen wahrgenommenen Verhalten, gemessen an der Position des Feedbacknehmers,** vorgenommen werden und zwar in welchem Grad die einzelnen Punkte zum jetzigen Zeitpunkt erfüllt sind, bzw. zutreffen. Machen Sie jeweils Angaben darüber, wie stark die einzelnen Aussagen zutreffen. Betrachten Sie jeden der Punkte unabhängig von den anderen.

	Einschätzung		Wichtigkeit
1	sehr gut	1	sehr wichtig
2	gut	2	ziemlich wichtig
3	zufriedenstellend	3	wichtig
4	weniger zufriedenstellend	4	weniger wichtig
5	verbesserungswürdig	5	nicht wichtig

Seien Sie bitte ganz ehrlich und offen in der Beantwortung der Fragen und versuchen Sie bei der Einschätzung der einzelnen Punkte so genau wie möglich zu sein. Nehmen Sie bei Ihrer Bewertung möglichst einen längeren Zeitraum ins Blickfeld und nicht nur die letzten Tage oder Wochen.

Dieser Fragebogen soll in dem beiliegenden Umschlag direkt an WEIDER, ROHDE & PARTNER zurückgegeben werden. **Ihre Angaben werden strengstens vertraulich behandelt.** Unter keinen Umständen werden wir Ihre persönlichen Einschätzungen in irgendeiner Weise öffentlich machen oder weitergeben.

© 1998 **WRP**

Abbildung 6:
Erläuterungen zum
Fragebogen

Abbildung 7:
Seite 1 des Fragebogens

Das Feedback

Nach Durchführung der Beurteilung und der Auswertung der Fragebögen beim Beratungsunternehmen wurde den Führungskräften ihr Ergebnisbericht durch den Berater ausgehändigt und die Ergebnisse im Rahmen eines etwa 3-stündigen Coaching-Gespräches intensiv erörtert. Dabei ging es zunächst um die Frage, ob sich die Führungskraft im Bereich der Selbsteinschätzung realistisch sieht oder ob die eigene Einschätzung signifikant von der Fremdeinschätzung abweicht. Der Feedbackbericht ist so aufgebaut, dass zunächst die einzelnen Führungseigenschaften separat als farbige Balken pro Zielgruppe dargestellt werden, und zwar in der Art, dass die einzelnen zugeordneten Fragen einander gegenübergestellt werden.

Zum Schluss des Feedbackberichtes wird graphisch noch einmal gegenübergestellt, wie die Verteilung der Fragen im einzelnen aussieht und welches die kritischen Punkte aus der Sicht der Mitarbeiter sind.

Die Interpretation erfolgt sowohl vertikal als auch horizontal, d.h. es wird zum einen die Bewertung der Wichtigkeit mit der Bewertung der tatsächlichen Performance verglichen und die Abweichung definiert. Zum anderen werden die Abweichungen in der Bewertung zwischen den verschiedenen Zielgruppen analysiert.

Diese Abweichungen wurden verstärkt im einzelnen mit der Führungskraft besprochen, und es wurde gemeinsam versucht, Ursachen und Lösungen, insbesondere für signifikante Abweichungen zu finden. Gleichzeitig wurde der Feedbacknehmer im Rahmen dieses Coaching-Gespräches auf seinen Workshop mit seinen Mitarbeitern vorbereitet. Im Falle von hohen Abweichungen zwischen der Selbsteinschätzung und der vorgeschätzten Einschätzung hat der jeweilige Berater ein intensives Gespräch zu den jeweiligen Punkten mit dem eigenen Vorgesetzten angeraten. Durch die Reaktion des Feedbacknehmers sowie seinem Umgang mit den kritischen Punkten wird das Ergebnis aus dem Feedback noch ergänzt und vom Berater interpretiert.

In dem sich anschließenden, durch die Moderatoren von unserem Beratungsunternehmen durchgeführten, Workshop zwischen dem Feedbacknehmer und seinen Mitarbeitern wurde dann über die jeweiligen Problemfälle gesprochen mit dem Ziel, Lösungsansätze für Verbesserungen zu finden. Die Feedbacknehmer nutzten hier die Möglichkeit, sich das Feedback zu verdeutlichen und durch Beispiele untermauern zu lassen. Sie hatten hier eher eine passive und nachfragende Rolle und sollten möglichst wenig in Rechtfertigung oder Erklärung des eigenen Verhaltens verfallen. Der Feedbacknehmer hatte schwerpunktmäßig die Aufgabe zuzuhören und die Rückmeldung der Mitarbeiter anzunehmen sowie mit allen anwesenden Mitgliedern seines Teams zu versuchen, Veränderungen zu besprechen. Es sollten gegen Ende des Workshops möglichst konkrete Maßnahmen vereinbart und Verabredungen getroffen werden. Die Erfüllung dieser Zielvereinbarungen obliegt dann den jeweils betroffenen Teammitgliedern.

Coaching-Gespräche zur Erörterung der Fragebogenergebnisse

Workshops zur Ergebnisdiskussion mit den Mitarbeitern

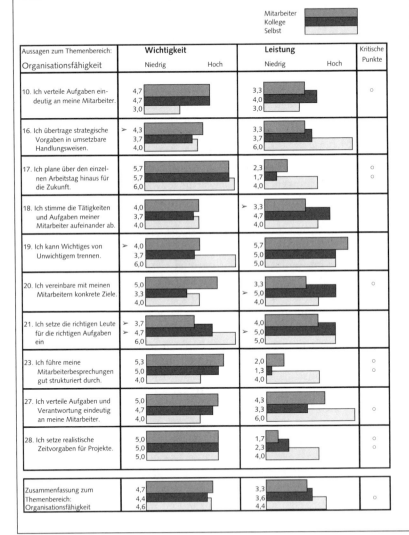

Übersicht zu den Einzelaussagen

Dieser Teil zeigt Ihnen die Werte für Wichtigkeit und Einschätzung, die von Ihnen und Ihren Feedbackgebern vergeben wurden, geordnet nach den sechs Themenbereichen. Bei gleichzeitiger hoher Bewertung der Wichtigkeit und niedriger Bewertung der Einschätzung erscheint in der Spalte »Kritische Punkte« eine Markierung. Das Zeichen ➤ zeigt eine große Streuungsbreite zwischen den einzelnen Aussagen der Feedbackgeber an. Die Zusammenfassung am Ende der Seite gibt die durchschnittlichen Werte zu den entsprechenden Themenbereichen wieder.

Abbildung 8:
Übersicht zu den
Einzelaussagen

Kritische Punkte der Mitarbeiter

Das untenstehende Diagramm zeigt Ihnen die durchschnittliche Einschätzung
Ihrer Mitarbeiter hinsichtlich der einzelnen Aussagen. Das graue Feld markiert
die kritischen Punkte (niedrige Einschätzung bei hoher Wichtigkeit). Beachten
Sie auch die Punkte im oberen rechten Quadranten (hohe Einschätzung bei
hoher Wichtigkeit), hier liegen Ihre besonderen Stärken.

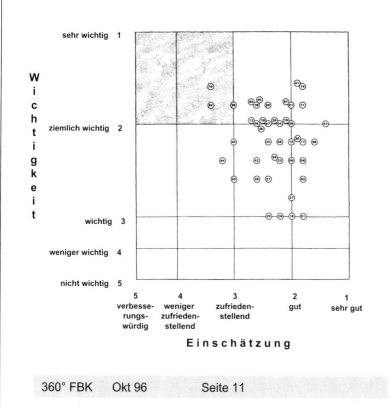

360° FBK   Okt 96   Seite 11

Abbildung 9:
Kritische Punkte
der Mitarbeiter

Gemeinsame Erarbeitung von Zielen und Lösungen in den Workshops

Zu Beginn des Workshops wurden diesbezüglich mit allen Anwesenden klare Spielregeln durch den Moderator aufgestellt.

Dieser Workshop war für beide Seiten nicht ganz einfach, gleichzeitig aber der wichtigste Teil der gesamten Maßnahme. Hier wurde die gewünschte Veränderung bereits zum ersten Mal ansatzweise gelebt und der weitere Veränderungsprozess initiiert. Zum einen mussten die Mitarbeiter sich öffnen und neben der anonymen Kritik auf einem Fragebogen nunmehr offen der Führungskraft sagen, was ihnen nicht gefällt und welche Veränderungen sie sich wünschen.

Nach verständlicher anfänglicher Zurückhaltung öffneten sich die Mitarbeiter weitestgehend und haben die Chance genutzt, Vorschläge für Verbesserungen im Führungsverhalten und im Umgang miteinander bei der Lösung der anstehenden Probleme zu machen.

Auf der anderen Seite war es für die Führungskräfte außerordentlich schwierig, ohne Rechtfertigung oder Argumentation zu akzeptieren, dass die Mitarbeiter hier offen ihre Meinung sagen und Verbesserungsvorschläge machen, auf die eine Reaktion erfolgen muss.

Es gehört zu den Grundregeln, dass die Führungskräfte das Gesagte kommentarlos akzeptieren und gemeinsam mit ihren Mitarbeitern zu Zielvereinbarungen kommen.

Die Workshops gehören zu den erfolgreichsten Teilen des Gesamtprozesses

Die Workshops zwischen den Vorgesetzten und ihren Mitarbeitern dürfen zu den erfolgreichsten Teilen des Pilotprojekts gerechnet werden. Dies ist um so bemerkenswerter, als die Gespräche häufig in einer eher angespannten Atmosphäre begannen, da den Beteiligten jegliche Erfahrung und Routine dazu fehlt. Der Maßstab für den Erfolg aus unserer Sicht als Prozessberater ist nicht die Frage, ob sich die Teilnehmer während der Feedbackgespräche wohl gefühlt haben, sondern ob durch den Workshop eine Bewegung in Richtung einer konstruktiven Verbesserung entstanden ist. Dies ist bei allen außer bei zwei Ausnahmen eindeutig der Fall.

Die Vorgesetzten waren selbstbewusst genug, den Überblick über ihre Feedbackberichte ungefiltert zur Grundlage des Workshops mit ihren Mitarbeitern zu machen. Dieser Mut schaffte Respekt, verstärkte jedoch die bei einigen Teilnehmern vorhandene Beklommenheit. Die Anspannung ging zurück, als die Teams unter Anleitung der Moderatoren die Erfahrung machten, dass man auch über sehr kritische Punkte konkret, konstruktiv und kollegial sprechen kann. Ermutigend wirkte dabei, dass die Vorgesetzten die geäußerten Erläuterungen interessiert bis betroffen aufnahmen und nur sehr selten defensiv, rechtfertigend oder gekränkt reagierten.

Sie setzten sich mit den geäußerten Wünschen ehrlich und sachlich auseinander. Die von den Beratern gesetzten Spielregeln für Feedback wurden weitestgehend eingehalten. So nahmen die Workshops, bis auf ein oder zwei Ausnahmen, zumeist einen guten bis sehr guten Verlauf.

Die Atmosphäre könnte man wie folgt widerspiegeln:

- offen
- selbstreflektiert
- bemüht
- den Dingen nachgehend
- konstruktiv
- bewegt und bewegend
- subjektiv wichtig
- als Beginn einer Entwicklung verstanden.

Nur sehr selten verweigerte die Gruppe eine echte Auseinandersetzung und entschied sich für »gemeinsames Wegschauen«, weil wohl die Angst vor schlummernden Sprengkräften zu groß war.

Gemeinsames »Wegschauen« war sehr selten

Dieses insgesamt sehr erfreuliche Bild der »Erleichterung« macht jedoch im Umkehrschluss auch eines überdeutlich: Um vertrautes Terrain handelt es sich für die DeTeWe Kultur nicht. Der offene Austausch über Stärken und Schwächen kann dank des redlichen Bemühens aller Beteiligten – und mit Unterstützung externer Berater – gelingen, doch von gefestigter Professionalität in Bezug auf Feedback-Geben und -Nehmen kann man noch nicht sprechen.

Diese Tatsache verdient Aufmerksamkeit im Sinne der zukünftigen Handlungsorientierung, da eine Organisation nur dann optimale Schlagkraft entwickeln kann, wenn sie dazu in der Lage ist, interne Reibungsverluste rasch und wirkungsvoll auszuräumen. Ein hoher »Wirkungsgrad« setzt ein entwickeltes Repertoire von Instrumenten voraus, um Probleme in der Zusammenarbeit sowohl zwischen Schnittstellen als auch in der individuellen Leistung zu identifizieren und fordernd/fördernd mit ihnen umzugehen. Ein solcher Umgang ist nach dem derzeitigen Stand der Erkenntnisse nur durch klare, offene und »nicht-taktische« Kommunikation zu erzielen. Dazu zählt erstens die Fähigkeit, die eigene Einschätzung von fremden Leistungen direkt, veränderungsorientiert und in annehmbarer Form zu artikulieren, gleich ob gegenüber Mitarbeitern, Kollegen oder Vorgesetzten. Zweitens ist die Fähigkeit erforderlich, Feedback anzunehmen und konstruktiv damit umzugehen.

Offene, klare und ehrliche Kommunikation erhöht die Handlungsfähigkeit

Abschluss des Management-Audits

Zum Abschluss des Management-Audits auf Basis des 360°-Feedback wurde allen Teilnehmern ein Fragebogen zum Prozess und den bereits entstandenen Auswirkungen ausgegeben.

Unser Beratungsunternehmen hat einen umfassenden Abschlussbericht über das Projekt nach den Vorstellungen von DeTeWe erstellt, in dem verschiedene Auswertungen der kumulierten Ergebnisse sowie die Auswertungen

Wichtig sind: Kontrolle, systematische Auswertung und Transparenz bei der Ergebnisauswertung

zum Prozess und die Interpretation wiedergegeben wurden. Es wurde dabei auch ganz deutlich herausgestellt, wo die Probleme im Führungsverhalten untereinander gesehen werden. Diesen Abschlussbericht haben alle Teilnehmer in Kopie erhalten.

Ergebnisse

Insgesamt verlief die Durchführung dieser Maßnahme mehr als zufriedenstellend. Von 160 ausgegebenen Fragebögen wurden 141 zurückgeschickt und ausgewertet, was einer Rücklaufquote von 88,13 % entspricht. 70 % der Beteiligten haben auf die Frage, ob der Workshop mit ihrem Vorgesetzten und ihren Kollegen bereits zu einer wahrnehmbaren Veränderung geführt hat, mit ja oder teilweise geantwortet. Ebenso haben 80 % der Betroffenen gesagt, dass ein solches Instrument durch die daraus entstehende Kommunikation wirksam zu einer besseren Unternehmenskultur beitragen kann, aber auch, dass eine solche Maßnahme zusätzliches Vertrauen und Offenheit zwischen Vorgesetzten und Mitarbeitern fördert.

»Lehren« und Fazit

Kommunikation, Zusammenarbeit und Teamarbeit innerhalb des Unternehmens werden verbessert

Alle Beteiligten sind der Meinung, dass dieses Instrumentarium durchaus dazu geschaffen ist, sowohl die Kommunikation als auch die Zusammenarbeit und die Teamarbeit innerhalb des Unternehmens wesentlich zu verbessern.

Aus diesem Grunde haben sowohl die Vorgesetzten als auch die Mitarbeiter den Wunsch, das Management-Audit auf Basis des 360°-Feedbacks zu wiederholen, sodass bei DeTeWe derzeit ein Wiederholungs-Audit vorbereitet wird und nach Durchführung die Ergebnisse miteinander verglichen werden. Nur so kann sichergestellt werden, dass einerseits die gesetzten Ziele erfüllt werden und andererseits eine offene vertrauensvolle und kommunikative Zusammenarbeit innerhalb aller Gruppen bei DeTeWe erreicht wird.

Die Tatsache, dass sowohl Führungskräfte als auch Mitarbeiter dieses Instrumentarium als ein wirksames Mittel der Verbesserung der Zusammenarbeit ansehen, beweist, dass DeTeWe mit dem Programm FFT auf dem richtigen Wege liegt. Wichtig ist auch, dass nach dem Workshop die betroffene Führungskraft, insbesondere wenn sie ein nicht erwartetes, vom Selbstbild stark abweichendes Ergebnis erhalten hat, weiterhin durch die Berater gecoacht wird. Dies wurde beim ersten Mal bereits begonnen und muss sicherlich intensiv weitergeführt werden. Das Angebot dafür erfolgte auf freiwilliger Basis, hätte aber wesentlich verbindlicher sein müssen.

Für DeTeWe ist das Management-Audit ein hervorragendes Mittel, den Führungsprozess innerhalb des Unternehmens positiv und wesentlich zu begleiten und zu beeinflussen.

Neben dem bereits erwähnten Wiederholungs-Audit wird die Maßnahme auf das gesamte Unternehmen ausgeweitet, sowohl im Inland als auch in den ausländischen Tochtergesellschaften von DeTeWe.

Ziel ist es, dass dieses Management-Audit auf Basis eines 360°-Feedbacks zu einer ständigen Einrichtung wird und als strategisches Personalentwicklungsinstrument durchgeführt wird. Führungskräfte und Mitarbeiter sollen in die Lage versetzt werden, regelmäßig selbstständig und eigenverantwortlich ein solches Instrument in ihrem Team einzusetzen.

Management-Audit als ständige Einrichtung und als strategisches Personalentwicklungsinstrument

Wichtig ist aber in diesem Zusammenhang zu erwähnen, dass es sich auch beim Management-Audit nicht um ein Wunder- oder Allheilmittel handelt.

Es ist ein Instrument, das den Veränderungsprozess im Unternehmen unterstützen kann, wenn es richtig vorbereitet und durchgeführt wird. Besonders wichtig ist die Berücksichtigung der Kultur im Unternehmen. Wenn eine Beurteilungs- und Feedbackkultur nicht vorhanden ist, wenn Offenheit nicht gelebt wird, wenn anstelle einer Vertrauens- eine Misstrauenskultur vorherrscht, wird ein solches Instrument eher Schaden anrichten als die gewünschten positiven Auswirkungen bringen.

Kein Wunder – oder Allheilmittel aber wirksame Unterstützung des Veränderungsprozesses

Hier muss in den Unternehmen und bei den Menschen im Vorfeld viel gearbeitet werden.

Unsere Erfahrungen lassen sich wie folgt zusammenfassen:

1. Sehr positiv   ⇨ Die Vorgesetzten zeigen ihren Mitarbeitern, dass sie
   - es mit dem Veränderungsprozess ernstnehmen,
   - sich ihrer Führungsrolle bewusst sind,
   - ihr Führungsverhalten widergespiegelt bekommen möchten,
   - lernen wollen, ihr Führungsverhalten zu verändern.

   ⇨ Die Mitarbeiter sehen, dass ihr Vorgesetzter
   - sich ihnen öffnet
   - sich ändern will.

2. Absolut notwendig   ⇨ Weil ohne das widergespiegelte (d. h. von anderen erlebte) Verhalten keine Veränderung eintreten kann.

3. Außerordentlich   ⇨ Weil der Einzelne von mehreren Personen überzeugend sein Verhalten zu den gleichen Sachverhalten widergespiegelt bekommt.

Personalstrukturen und Personalmanagement in der virtualisierten Welt von heute

Prof. Christian Scholz

Personalmanagement (arbeitsteilig durchgeführt von Personalabteilung und von Führungskräften in der Linie) ist und bleibt der zentrale Erfolgsfaktor für Unternehmen – auch wenn dies nicht jeder anerkennt und häufig lediglich die Fähigkeit zum unauffälligen Personalabbau als dominant angesehen wird.

Gerade zunehmende Dynamik der Märkte und damit der Arbeitswelt erzeugen einen wachsenden Veränderungsdruck auf die Personalarbeit. Unternehmen und Mitarbeiter stehen vor der Anforderung, sich zu bewegen und konstruktiv und zukunftsorientiert zu agieren.

Für das Personalmanagement heißt dies konkret, die nicht mehr zeitgemäßen Strukturen zu überwinden und sich zu professionalisieren. Diese Professionalisierung erfolgt zunächst auf verschiedenen Aktionsfeldern:

Gestaltet werden die Umfeldbedingungen sowie die unternehmerischen Reaktionen auf sie, das eigene Unternehmen mitsamt seiner strategischen Ausrichtung, die Mitarbeiter mit ihren Rollenvorstellungen sowie die Organisation des Personalmanagements mit ihren Virtualisierungschancen. Personalarbeit als vernetztes Handlungssystem bedeutet dann, dass Effektivität und Effizienz mehr und mehr am eigenständigen Wertschöpfungsbeitrag gemessen werden und dass sich das Personalmanagement zum strategischen Partner der Unternehmensleitung hin entwickelt.

Entscheidend für die Qualität des Personalmanagements sind auch die vielfach betroffenen Aktionsträger. Sie handeln jeweils unter einer spezifischen Leitvision: Die Organisationsgestalter begreifen sich als Virtualisierungspromotoren, die Linienmanager übernehmen ihre Verantwortung für ein professionelles Personalmanagement und verankern es in ihrem Führungsverhalten. Die Unternehmensleitung ist zur Sicherung von Erfolgen und Wettbewerbsvorteilen gefordert, dem Personalmanagement breite Unterstützung und Wertschätzung entgegenzubringen und Mitarbeiterpotenziale zu optimieren. Die Personalabteilung positioniert sich als treibende Kraft einer Vorwärtsbewegung hin zur erfolgsoptimierenden Wertschöpfungsstrategie.

Aktionsfelder
Umfeld: Treibende und bremsende Kräfte
Unternehmen: Kernkompetenzfokus in virtualisierter Organisation
Mitarbeiter: Von Tagelöhnern und Spielmachern
Personalorganisation: Virtualisiert statt fraktalisiert
Ergebnis: Personalarbeit als vernetztes System

Aktionsträger
Organisationsgestalter: Virtualisierung inter- oder intraorganisatorisch?
Linienmanager: Personalmanagement als Trivialität oder Professionalität?
Unternehmensleitung: Personalarbeit als Faktorkostenminimierung oder als
    Potenzialoptimierung?
Personalabteilung: Dienstleister in Verdrängung oder strategischer Partner in
    Vorwärtsbewegung?

Resümee

Literatur

Aktionsfelder

Umfeld: Treibende und bremsende Kräfte

Personalmanagement operiert in einem dynamischen Spannungsfeld aus sich wechselseitig beeinflussenden Kräften (Abb. 1):

- Die **Marktdynamik**, die sich auf dem Güter- und Dienstleistungsmarkt ebenso zeigt wie auf dem Arbeits- und dem Kapitalmarkt, zwingt Unternehmen zur Bereitstellung von Flexibilitätspotenzialen.
- Die **Organisationsdynamik** ergibt sich aus dem Zwang, die Leistungserstellung wertschöpfungsorientierter auszurichten, verbunden mit immer rascheren, kontinuierlichen Umstrukturierungen.
- Die **Wertedynamik** signalisiert eine Tendenz zur verstärkten Selbstbestimmung und Individualisierung, einhergehend mit einer strikten Ökonomisierung der Lebensgestaltung, speziell der Beziehungsstrukturen.
- Die **Globalisierung** in der ökonomischen Umwelt verbindet sich mit einem Wandel der Wahrnehmung; die Beschränkungen nationalstaatlicher Grenzen vermindern sich, gleichzeitig wächst die Globalisierungsangst.
- Die **Technologiedynamik** wirkt speziell über die Einflüsse aus Telekommunikation, Informationstechnologie, Medien und Entertainment-Industrie. Diese »TIME-Technologien« erobern sukzessive das gesamte Berufs- und Privatleben.

Generell ändern sich das Grundkonzept der »Organisation« (vgl. Scholz 2000) und damit verbunden auch die Personalarbeit: Während Organisationen in der Vergangenheit vorwiegend durch ihre Grenzen definiert wurden, dominiert gegenwärtig der Prozess sich auflösender Grenzen zwischen den Organisationen. Dies zeigt sich an strukturellen Veränderungen wie dem Wegfall von Hierarchieebenen, dem Aufbau von Netzwerken sowie der zunehmenden marktlichen Abwicklung von Transaktionen, aber auch im personellen Bereich: Immer schneller wechseln Rollenzuordnungen, Beziehungsnetze erhalten eine größere Relevanz, und die Akteure sind gefordert, polychron mehrere verschiedene Aufgaben gleichzeitig zu bewältigen.

Hierarchiearme, vernetzte Organisationen im intensiven Wettbewerb: dies bedeutet neues Arbeiten und erfordert eine veränderte Personalarbeit

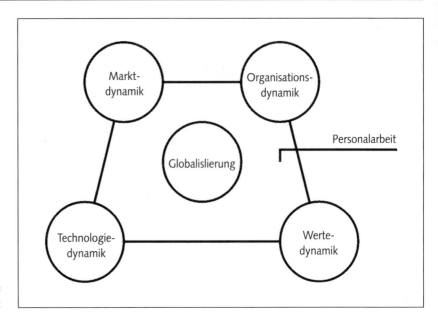

Abbildung 1:
Einflussfaktoren auf
die Personalarbeit

Unternehmen: Kernkompetenzfokus in virtualisierter Organisation

Virtualisierung der Restrukturierungs- prozesse der Unternehmen

Die Restrukturierungsprozesse der Unternehmen für inner- und zwischenbe- triebliche Organisationsformen laufen im erfolgreichen Fall überwiegend in Richtung auf eine weitgehende Virtualisierung: Diese ist zu verstehen als ein überwiegend temporär-integrierter Zusammenschluss von Kernkompetenz- trägern, der unternehmensextern und/oder unternehmensintern stattfindet.

Für diese Virtualisierung von Organisationen ergeben sich **drei** verbunde- ne **Fragestellungen**: In einem Fall steht das Schaffen eines computerisierten Objektes (*Virtual Reality*) im Vordergrund, indem man versucht, organisato- rische Aspekte im Computer nachzubilden. Im anderen Fall werden Organisa- tionen und speziell Organisationszusammenschlüsse tatsächlich neu gestaltet, wobei der Fokus auf den *Kernkompetenzen* und/oder ihrer synergetischen *Ver- bindung* liegt (vgl. Abb. 2):

- Vor allem informatiknahe Publikationen stellen teilweise recht deutlich den Zusammenhang zwischen Virtuellen Unternehmen und Informations- technologie in den Vordergrund. Als Driving Force der Veränderungen im Wettbewerbsumfeld versetzt ein **Fokus auf Virtual Reality** in ihrer ex- tremsten Ausprägung durch Wirklichkeitssimulation Menschen und Un- ternehmen in eine künstliche Welt und bindet sie interaktiv ein. Durch den Wegfall physikalischer Errichtungs- und Erhaltungstätigkeiten und ihrer

Kosten werden Flexibilität und Anpassungsfähigkeit gefördert. Im Rahmen der VR-Fokussierung sollen die Möglichkeiten der multimedialen Vernetzungen die Geschwindigkeit des Informationsaustausches steigern, damit die Wissensbasis vergrößern und Lernprozesse einleiten. Zudem führt die Verbesserung der Abstimmung von Individuen und Institutionen ohne räumliche und zeitliche Einheit der Faktorbereitstellungs- und -kombinationsprozesse zu einer effektiveren und effizienteren Ressourcennutzung.

- Erfolgreich im Markt bestehen Unternehmen, die verändernden Anforderungen schnell gerecht werden und nachhaltig Wertschöpfung betreiben. Die permanenten Anpassungsnotwendigkeiten führen zu umfangreichen Reorganisationsmaßnahmen und Restrukturierungen der eigenen Wertschöpfungskette. Unternehmen versuchen, mit strategischer Planung und kritischer Selbsteinschätzung spezifische Leistungsfähigkeiten zu isolieren und als Kernkompetenz zu entwickeln: Angrenzende Segmente der Wertschöpfungskette werden dabei aufgelöst, weil sie die Kernkompetenz verwässern und die Gesamteffizienz reduzieren. Die daraus resultierende Bewegung besteht aus einem **Fokus auf Kernkompetenzen**. Schwierigkeiten ergeben sich allerdings bereits bei der Identifikation der eigenen Kernkompetenz. Hier liegt eine weitaus komplexere Entscheidung zugrunde als bei der klassischen Make-or-Buy-Überlegung im Outsourcing. Verlangt ist eine ständige Evaluierung der eigenen Fähigkeiten im Vergleich zu den Wettbewerbern, was ein aktives Kernkompetenzmanagement zum Erkennen, Einsetzen, Entwickeln, Erwerben, Erhalten und Entlernen solcher Kompetenzen erfordert.

Kernkompetenzen: Verlangt ist eine ständige Evaluierung der eigenen Fähigkeiten im Vergleich zu den Wettbewerbern

- Die Zergliederung nach Kernkompetenzen führt zur Auflösung von gewohnten Strukturen und zu einer Fülle von neuen Problemen: angefangen bei potenziellen Identifikations- und Motivationsproblemen der Mitarbeiter bis hin zur Gefahr, sich im Markt nicht mehr als kompletter Problemlöser profilieren zu können. Deshalb wird es zunehmend wettbewerbsentscheidend, die am Leistungserstellungsprozess beteiligten unabhängigen Einheiten zusammenzuführen. Nach außen hin tritt das virtualisierende Unternehmen daher als wahrnehmbare Einheit auf, schafft ein breites »one-face-to-the-customer«, welches für die Ansprache immer anspruchsvollerer Kunden notwendig ist. An diesem Punkt setzt eine weitere Dimension an, die im Zusammenhang mit virtuellen Unternehmen genannt wird. Ihre Funktion besteht darin, räumlich, sachlich und hierarchisch unabhängige Einheiten zu Gesamtlösungen zusammenzuführen. Sie kann als **Fokus auf »Soft«-Integration** bezeichnet werden, um den expliziten Verzicht auf Koordination mittels kostenintensiver Bürokratie und detaillierter Kontrolle zu signalisieren. Statt formaler Bürokratie wird über Schaffung einer gemeinsamen Vision der Beteiligten sowie über explizite Fundierung der Zusammenarbeit auf Vertrauen die Synchronisation der Aktivitäten angestrebt: Sukzessive ersetzen also die »weichen« Koordinationsmechanismen die »harten«.

Sukzessive ersetzen die »weichen« Koodinationsmechanismen die »harten«

Während die Fokussierung auf Virtual Reality die generellen Virtualisierungsziele über die Computerisierung zu erreichen versucht, zielen der Kernkompetenzfokus und Fokus auf Soft Integration gemeinsam auf die synergetische Verknüpfung hochspezialisierter Elemente. In diesem Virtualisierungswürfel (»virt.cube«) bewegen sich organisatorische Einheiten – häufig bewusst, manchmal aber auch in einer emergenten Unbewusstheit.

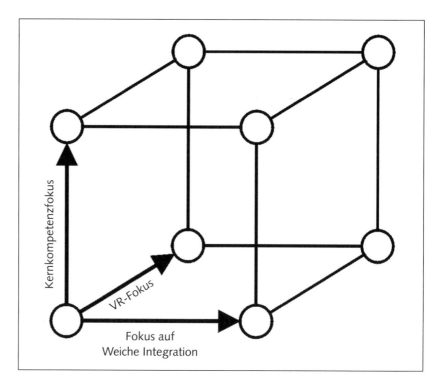

Abbildung 2:
Der virt. cube als
Virtualisierungs-
systematik

Kernkompetenzfokus

VR-Fokus

Fokus auf
Weiche Integration

Mitarbeiter: Von Tagelöhnern und Spielmachern

Die Dynamik der Umwelt hat erhebliche Auswirkungen auf die Qualifikationsanforderungen an Mitarbeiter

Die oben skizzierte Dynamik der Umwelt hat erhebliche Auswirkungen auf den Arbeitsmarkt. Insbesondere die Qualifikationsanforderungen an Mitarbeiter sind daher differenziert auf die Technologiedynamik auszurichten, um erfolgende Prozessoptimierungen zu unterstützen. Zudem ändert sich die Beziehung zwischen dem Mitarbeiter und dem Unternehmen massiv mit den technischen Möglichkeiten, wodurch sich verschiedene Identitätsmuster herausbilden werden. Hinsichtlich der Bindung an das Unternehmen wird es mit einer stabilen Kernmannschaft und der Satellitengruppe aus »fluktuierenden« Mitarbeitern zwei Extreme geben. Ebenso lassen sich die Anforderungen an die Mitarbeiter in höchstqualifizierte Spezialisten und »niederqualifizierte«

Zuarbeiter polarisieren. Im Ergebnis führt dies zu (maximal) fünf Typen von Mitarbeitern (Abb. 3):

- **Spielmacher** legen die strategische Stoßrichtung und das Profil des Unternehmens fest. Sie haben eine spezifische Vision des Unternehmens, prägen charismatisch die Mitarbeiter und formulieren beziehungsweise implementieren die Unternehmensstrategie.
- **Firmenmenschen** sind hochqualifizierte Spezialisten, die vor allem durch ihre fachbezogenen Kernkompetenzen überlebenskritisch für das Unternehmen sind. Deshalb genießen sie das besondere Augenmerk der Personalabteilung. Wie die Spielmacher wirken auch sie auf die Kultur und das Image des Unternehmens.
- **Freie Unternehmer** sind ebenfalls Kompetenzträger, sie werden befristet oder über »person-sharing-Modelle eingestellt. Ob als Unternehmensberater oder als Fachspezialisten – diese Gruppe lebt freiwillig in diesem Zustand und profitiert davon.
- **Tagelöhner** aus dem unterbeschäftigten (und niedrigbezahlten) Söldnerheer sind dagegen in einer ganz anderen Situation. Ob in echter oder scheinbarer Selbstständigkeit – sie alle haben im Regelfall den unerfüllbaren Wunsch der Festanstellung.
- **Basisarbeiter** spielen in manchen innerbetrieblichen Arbeitsmarktszenarien keine Rolle mehr. Hier handelt es sich um niedrigqualifizierte Tätigkeiten, die einem hohen Druck zum Outsourcing unterliegen. Trotzdem kann gerade diese Gruppe eine wichtigen Beitrag zur Stabilisierung und Profilierung des Unternehmens leisten.

Da lebenslange Arbeitsplatzgarantie und Beförderung nach dem Senioritätsprinzip für alle Mitarbeitergruppen entfallen werden und Effektivitäts- und Effizienzüberlegungen Arbeitszeit und Arbeitsort bestimmen, kommt es zu einer Variabilität, die sich auf den Wertschöpfungsprozess konzentriert und durch die informatorische und kommunikatorische Vernetzung erst ermöglicht wird. Die Position des einzelnen im zukünftigen Wettbewerb wird bestimmt durch seine individuellen Kernkompetenzen und seine individuelle Wettbewerbsfähigkeit. Spätestens wenn auf dem Arbeitsmarkt die benötigten Höchstqualifizierten hauptsächlich als freie Mitarbeiter zur Verfügung stehen, reicht es nicht mehr aus, einen Personalbedarf lediglich detailliert beschreiben zu können. Die Aufgaben der Personalbedarfsbestimmung weiten sich deutlich aus.

Fünf Mitarbeitertypen

Effektivitäts- und Effizienzüberlegungen werden Arbeitszeit und Arbeitsort bestimmen

	Niedrige Bindung zum Unternehmen (Satellitengruppe)	Hohe Bindung zum Unternehmen (Kerngruppe)
Hohe Qualifikation	Freie Unternehmer	Spielmacher und Firmenexperten
Niedrige Qualifikation	Tagelöhner	Basisarbeiter

Abbildung 3:
Mitarbeitertypen in der
Arbeitswelt der Zukunft

Personalorganisation: Virtualisiert statt fraktalisiert

In vielen Unternehmen sind Fragen wie Strategiebezug, adäquate Unternehmenskultur, wertschöpfende Personalentwicklung und Rollenverteilung zwischen Personalabteilung und Linienvorgesetzten nicht gelöst. In vielen Fällen wird die Personalabteilung ihrer Aufgabe nicht gerecht. Während sich der Erfolgsdruck auf sie noch verstärkt, fühlen sie sich in ihren Gestaltungspotenzialen aufgrund der generellen Kostenproblematik beschränkt. Trotz der Schwierigkeiten sind auch Erfolge festzuhalten: In diesen Fällen ist das Personalmanagement professioneller, strategischer, interfunktioneller, kunden- und wertschöpfungsorientierter geworden. Hier ist die Personalabteilung tatsächlich ein strategischer Motor des Unternehmens.

Strategien zur Organisation der Personalarbeit müssen klar formuliert werden

In dieser Ausgangssituation besteht die schwierige Aufgabe für das Personalmanagement, die Organisation der Personalarbeit kritisch auf ihre Passung zu den Umweltveränderungen hin zu analysieren und gegebenenfalls anzupassen. Dazu ist es erforderlich, die Strategie für die Organisation der Personalarbeit klar zu formulieren. Hier zeichnen sich gegenwärtig zwei Szenarien ab, nämlich die schleichende Fraktalisierung und professionelle Virtualisierung (Abb. 4).

Im Szenario der schleichenden Fraktalisierung nimmt die Effektivität der Personalarbeit nach und nach ab:

Szenario der schleichenden Fraktalisierung

Zunehmend verlagern sich Personalmanagement-Aktivitäten auf die Linienvorgesetzten. Fehlt dort allerdings eine entsprechende Personalmanagementkompetenz, sind Probleme vorprogrammiert: Fast schon nach dem Zufallsprinzip werden Aufgabenbestandteile in die Linie geschoben, andere Bestandteile outgesourct und wieder andere in der Personalabteilung belassen. Letzteres ist allenfalls die reine Personalverwaltung. Im Extremfall darf die Personalabteilung Budgets für die Linie beschaffen, über die dann aber die

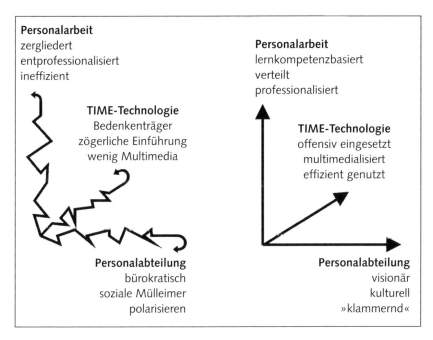

Personalarbeit
zergliedert
entprofessionalisiert
ineffizient

TIME-Technologie
Bedenkenträger
zögerliche Einführung
wenig Multimedia

Personalabteilung
bürokratisch
soziale Mülleimer
polarisieren

Personalarbeit
lernkompetenzbasiert
verteilt
professionalisiert

TIME-Technologie
offensiv eingesetzt
multimedialisiert
effizient genutzt

Personalabteilung
visionär
kulturell
»klammernd«

Abbildung 4:
Veränderungen in der
Personalarbeit

Linie entscheidet. Ergebnis: Die Personalarbeit fasert durch ungesteuerte Zergliederung so aus, dass sie letztlich weder professionell noch kompetent oder mit klaren Verantwortungen ausgestaltet ist.

Gleichzeitig wächst die Bürokratie: Denn jetzt wird intensiv diskutiert, wie die einzelnen im Unternehmen zu verteilenden Personalaufgaben durch bürokratische Steuerungsinstrumente koordiniert werden können.

Diese Aktionen gehen einher mit einer zögerlichen und restriktiven Einführung von TIME-Technologien (Telekommunikation, Informationstechnologie, Multimedialisierung, Entertainment). Schlägt sich eine Reserviertheit gegenüber technologischen Fortschritten in der Personalarbeit nieder, dann wird damit auf ein zentrales Mittel zur Effektivitätssteigerung verzichtet. Die unternehmensinterne Dienstleistung Personalarbeit bleibt damit immer mehr hinter Produktion, Marketing, Rechnungswesen oder Controlling zurück, deren Produktivitätsschübe wesentlich durch den Einsatz moderner computerisierter Steuerungssysteme ausgelöst wurden.

In einer solchen Situation ist es verständlich, wenn die Existenzberechtigung der Personalabteilung in Frage gestellt wird.

Das Gegenszenario der **professionellen Virtualisierung** folgt streng der Idee der Kernkompetenzorientierung:

Zunächst sind diejenigen Personalarbeiten zu identifizieren, bei denen die Personalabteilung besondere Stärken aufweist. Diese Aufgaben sind in einem zweiten Schritt daraufhin zu überprüfen, ob sich diese Stärken langfristig

**Einführung von
Time Technologien**

Personalaufgaben sollten dort bewältigt werden, wo sie die höchste Wertschöpfung realisieren – das ist dort, wo sie am professionellsten erledigt werden

auch im Wettbewerb aufrechterhalten lassen – sowohl im Wettbewerb mit externen Outsourcing-Anbietern als auch im Wettbewerb mit anderen unternehmensinternen Abteilungen und Personen. Ist dies der Fall, ist als drittes zu untersuchen, ob die Tätigkeit überhaupt einen Kundennutzen erzeugt, also für das Unternehmen einen Deckungsbeitrag erzielt oder für die Mitarbeiter eine Servicefunktion bereitstellt. Sind alle drei Schritte durchlaufen, so kann die identifizierte Kernkompetenz in der Personalabteilung belassen werden; personalrelevante Kernkompetenzen anderer betriebsinterner Abteilungen und externer Anbieter werden hinsichtlich der Aufgabe, Kompetenz und Verantwortung auf die entsprechenden Stellen verteilt. Dies dient dazu, dass die anfallenden Personalaufgaben dort bewältigt werden, wo sie die höchste Wertschöpfung realisieren – und dies tun sie, wo sie am professionellsten erledigt werden.

Um die Integration und damit letztlich die Akzeptanz bei den Beteiligten zu sichern, ist es erforderlich, dass sich gerade eine sinnvoll zergliederte Personalabteilung nicht die erlangten Spezialisierungsvorteile durch aufwendige Koordinationsmechanismen wieder kompensieren lässt. Notwendig ist daher eine visionär-kulturelle Klammerung, die sicherstellt, dass alle Personalaufgaben weiterhin wahrgenommen werden und den Kunden der Personalabteilung wie aus einer Hand erstellt erscheinen. Der Zwang zur Kooperation kann sich dabei in einer Basisidee der generellen Durchführung von Personalarbeit im modernen Unternehmen, in gemeinsamen Standards des internen Erscheinungsbildes und in einer unternehmenskulturellen Übereinkunft zeigen, an dem gemeinsamen Ziel der integrierten Personalarbeit mitwirken zu wollen.

Ein kreativer und aufgeschlossener Umgang mit den TIME-Technologien eröffnet neue Einsparungspotenziale

Die offensive Nutzung der TIME-Technologien setzt ein Unternehmen in die Lage, solche Koordinationserfordernisse zu bewältigen. Über Instrumente wie Lotus Notes oder ein Intranet können Informationen und Standards auch außerhalb der physikalisch vorhandenen Personalabteilung (bei entsprechender Zugangsberechtigung) abgerufen und aktualisiert werden. Hinzu kommt, dass durch die TIME-Technologien neue interne und externe Kommunikationswege erschlossen werden. Das Beispiel der Internet-Bewerbungen, die bei durchdachtem Einsatz Teile des Beschaffungsaufwandes auf die Bewerber verlagern, zeigt, dass ein kreativer und aufgeschlossener Umgang mit den neuen Technologien völlig neue Einsparungspotenziale erschließen kann.

Das skizzierte Szenario der professionellen Virtualisierung entspricht der Idee der virtuellen Personalabteilung (Scholz 1999a): In Zukunft wird es eine Personalabteilung geben, die unter Verzicht auf ihre räumliche Verbundenheit und auf die unmittelbare Zuordnung der Mitarbeiter zu einem Personalverantwortlichen eine professionelle Erfüllung der Personalmanagementaufgaben sicherstellt und Servicefunktionen ausübt. Die Personalarbeit ist über das gesamte Unternehmen verteilt, von wo aus sie »neben« der eigentlichen wertschöpfenden Aktivität wahrgenommen wird. Das traditionelle hierarchische Mitarbeiter-Vorgesetzten-Verhältnis wird durch Netzwerkverbindungen, bestehend aus Kernkompetenzträgern, ersetzt, wobei nicht-vertragliche

Integrationsmechanismen und modernste TIME-Technologien zum Einsatz kommen.

Ergebnis: Personalarbeit als vernetztes System

»Personalmanagement« impliziert Personalarbeit, unabhängig davon, ob sie in der Linie, in der Personalabteilung oder durch externe Dienstleister realisiert wird. Auf diesem von unterschiedlichsten Akteuren geprägten Spielfeld treffen zur Zeit zwei diametral entgegenlaufende Trends aufeinander. Sie gilt es als Herausforderung anzunehmen:

Auf der einen Seite wird **Personalmanagement** als Funktion immer wichtiger und anerkannter. Empirische Untersuchungen belegen eindeutig, dass sich sinnvolle Personalarbeit auf den Unternehmenserfolg auswirkt. Gleichzeitig wird zunehmend gefordert, die Veränderungsprozesse im Unternehmen massiv an den Mitarbeitern auszurichten und die Funktion »Personalmanagement« (unabhängig von ihrer institutionalen Verankerung) als strategischen Change-Agent zu operationalisieren. Vor allem die organisatorischen Veränderungen in den Unternehmen verlangen nach einer Stärkung der Personalmanagement-Kompetenz.

Auf der anderen Seite durchlebt die **Personalabteilung** als Institution eine ernste Krise. Oft lässt sie strategische Ausrichtung, innerbetrieblichen Einfluss und Akzeptanz vermissen, sinkt deshalb – teilweise zurecht – auf ein Rekordtief von »5 Personalern pro 1000 Mitarbeiter« und wird schlichtweg hinsichtlich ihrer Existenz in Frage gestellt. Gleichzeitig finden krampfhafte Rückzugsgefechte der »klassischen« Personalverwalter statt, die immer noch davon ausgehen, dass »Personalmanagement« überwiegend in der Personalabteilung stattfindet. Im Konflikt zwischen Krise der Personalabteilung und Bedeutungsgewinn des Personalmanagements steckt ein zentrales Problem, das die Lösung dringend anstehender Aufgaben im Unternehmen blockiert.

Nur wenn das Personalmanagement als föderalistisch strukturierte Institution in der Lage ist, auf die Veränderungen in der Umwelt, in den Unternehmen und auf dem Arbeitsmarkt durch eine professionelle Organisation zu reagieren, wird sie in der Lage sein, die dringend anstehenden Inhalte sinnvoll mit Leben zu füllen (vgl. Abb. 5).

Bei den erwarteten Veränderungen im Personalmanagement wird es sich nicht um einen durchgehend rationalen und begründungsorientierten Prozess handeln, sondern es können sich heftige Generations- und Glaubenskämpfe abspielen.

Die organisatorischen Veränderungen in den Unternehmen verlangen eine Stärkung der Personalmanagement-Kompetenz als Change-Agent

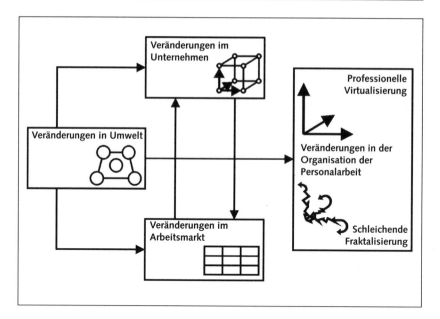

Abbildung 5:
Vernetzung der
Veränderungsimpulse

Aktionsträger

In welche Richtung entwickelt sich das Personalmanagement als Funktion und als Institution? Anders als in der Vergangenheit, in der sich häufig recht klare Trends abgezeichnet haben, dürfte die Zukunft durch stark gegenläufige Tendenzen gekennzeichnet sein (vgl. Scholz 1999b), die entscheidend von der Welt- und Eigensicht der zentralen Akteure abhängen.

Organisationsgestalter: Virtualisierung inter- oder intraorganisatorisch?

Personalmanagement begleitet die Virtualisierung in und zwischen Unternehmen von der Mini-Kooperation bis zur Großfusion

Für **Großunternehmen** wird sich der Trend zu weiteren Zusammenschlüssen fortsetzen: Zu faszinierend sind die scheinbaren Chancen hinsichtlich Marktpotenzialen und Kosteneffizienz. Mega-Mergers führen in der Folge aber zu einer starken organisatorischen Virtualisierung innerhalb des Unternehmens. Das permanente Lokalisieren von Kernkompetenzen, ihre flexible Integration zu schlagkräftigen Einheiten und die multimediale Informationstechnologie lösen vormalige Konstanten der Arbeitswelt auf. Die Folge sind unternehmenskulturelle Herausforderungen und die Suche nach Steuerungsmechanismen, die dysfunktionale Konsequenzen eines innerbetrieblichen

Darwinismus reduzieren. Traditionelle soziale Mechanismen, die Kommunikation und Entscheidungsfindung erleichtern, existieren immer weniger, so dass für sie Substitutionsmöglichkeiten gefunden werden müssen. Der Aufbau von Führungsbeziehungen braucht Zeit. Je kürzer in fluktuierenden Einheiten die Zeiträume sind, in denen unternehmerische Einheiten in konstanter Besetzung zusammenarbeiten, desto schwerer lassen sich traditionelle Führungsinstrumente einsetzen. Konsequenz: »Ent-Kulturierung« der Führung. Teams müssen folglich lernen, explizit Normen und Rollenerwartungen an neue Mitglieder zu kommunizieren; die wiederum müssen sich schnell in den gegebenen Bedingungen akkulturieren.

Auch wenn die Gründungswelle bei **kleineren Unternehmen** (noch) nicht die erhoffte Größenordnung erreicht hat, sind Perspektiven und Impulse unverkennbar. Gerade diese Unternehmen können dabei durch eine interorganisatorische Virtualisierung zu heterarchischen Verbundunternehmen werden, die als flexible und schlagkräftige Einheiten »virtuelle Größe« erreichen. Die zuvor beschriebenen Herausforderungen vervielfältigen sich dadurch, da jetzt auch noch Führung quer über Unternehmensgrenzen gefragt ist. Aus diesem Grund wird zwangsläufig bei kleineren Unternehmen das Personalmanagement zum überlebenskritischen Erfolgsfaktor.

In **beiden Fällen** aber wird die räumliche, zeitliche sowie sachliche Virtualisierung für die Mitarbeiter in extremem Ausmaß zunehmen. Individuelle Lösungen der Kluft zwischen persönlicher Positionierung und unternehmerischer Wertschöpfungsoptimierung sind gesucht. Die Anforderungen an das Personalmanagement als Funktion steigen daher überproportional, da alleine schon aus Unternehmensinteresse die Mitarbeiter mit dieser Lösungsfindung nicht alleine gelassen werden sollten.

Linienmanager: Personalmanagement als Trivialität oder Professionalität?

Das Postulat ist nicht neu: Linienmanager müssen sich im Personalmanagement professionalisieren und dieses als Teil des *General Managements* auffassen. In der beobachtbaren Realität hat sich diese Denkhaltung aber nicht in breiter Form durchgesetzt.

Personalmanagement gilt danach für viele als eine **intuitiv erfassbare Trivialität**, die keinerlei Spezialkenntnisse voraussetzt und quasi »nebenbei« erledigt werden kann. So sieht der Leiter eines Profit-Centers zwar die Notwendigkeit, sich vertieft mit Fragen des Rechnungswesens auseinander zusetzen, glaubt aber, das heikle Thema der Investition in Human Capital ausschließlich mit gesundem Menschenverstand behandeln zu können. Da werden plötzlich innerhalb von wenigen Tagen »neue Unternehmenskulturen eingeführt«, in

Noch immer werden Fragen des Personalmanagements trivialisiert und als »nebenbei ausführbar« betrachtet

wenigen Stunden Personalentwicklungskonzepte erstellt und in wenigen Minuten Assessment-Center entworfen. Abmahnungen sind aus dieser Sichtweise heraus weniger rechtlich sensible Vorgänge – sie sind eine »Frage der Autorität« (was jedem Arbeitsrichter sehr schnell sehr viel Spaß machen wird). Für die EDV scheint das Einholen von Sachverstand naheliegend, die Einführung eines (exotischen) Kommunikationstrainings dagegen überflüssig. Nicht etwa, dass diese Linienmanager nicht in der Lage sind, ein professionelles Personalmanagement zu erlernen: Sie sehen (nur?) nicht die Notwendigkeit dafür.

Personalmanagement als Teil des professionellen Werkzeugkastens

Zunehmend setzt sich aber (ansatzweise) in Unternehmen eine neue Generation von Führungskräften durch. Für sie ist Personalmanagement ein Teil ihres **professionellen Werkzeugkastens**. Gerade weil immer mehr (zumindest operative) Aspekte der Personalarbeit in die dezentralen Einheiten beziehungsweise auf die Linienmanager übergehen, wollen sie auch diese Aufgabe professionell erledigen – schon aus purem Selbsterhaltungstrieb: Optimierung des Personalmanagements bedeutet Qualifikation und Motivation der Mitarbeiter, Profilierung nach innen und außen sowie verbesserte Akquisition und Stabilisation von Human Capital. Oder anders ausgedrückt: über (realistische) Mitarbeiterzufriedenheit und Mitarbeiterqualifikation zu zufriedenen Kunden und letztlich zu zufriedenen Anteilseignern. Noch immer werden zwar nicht unbedingt Manager wegen eines »guten« Personalmanagements befördert, aber dies schafft die Grundlage für Unternehmenserfolg – und der ist ohne Zweifel ein Karrierekriterium.

Unternehmensleitung: Personalarbeit als Faktorkostenminimierung oder als Potenzialoptimierung?

Auf der Ebene der Unternehmensleitung müssen nicht nur Shareholder-Value, sondern auch Workholder-Value maximiert werden

Eine ähnliche Diskussion lässt sich auch auf der Ebene der Unternehmensleitung führen. Sie steht laufend vor der Aufgabe, den Shareholder-Value (und hoffentlich auch den Workholder-Value) zu maximieren. Dies bedeutet Steigerung der Wirtschaftlichkeit. Allerdings haben hier bereits **operative** Maßnahmen manchmal äußerst kontraproduktive Effekte:

- So kann dezentrale Autonomie inklusive Budgetverantwortung zu einer erheblichen Faktorkostensteigerung führen, wenn langfristig notwendige Personalentwicklungsmaßnahmen gestrichen oder falsche, kurzfristig vielversprechende Aktivitäten »eingekauft« werden.
- So führen Budgeterhöhungen für eine Multimedialisierung der Personalentwicklung nicht zwingend zur einer allgemeinen Kostenreduktion durch Substitution, sondern im ungünstigen Fall nur zu einer Effizienzreduktion bei der Multimedialisierung.

- So finden Fragen der Organisationskultur bei mechanistisch denkenden Unternehmensberatern kaum offene Ohren, was dann zu entsprechenden Konzeptvorschlägen führt. Dass später plötzlich sogar bei der Personalbeschaffung Schwierigkeiten auftauchen, wird leicht übersehen.
- So ist für den langfristigen Erfolg des Unternehmens eine Stabilisierung des Human Capitals zwingend. Steht dagegen in der Vorstandsdiskussion in diesem Zusammenhang ausschließlich die Kostenreduktion im Mittelpunkt, sind Schwierigkeiten wahrscheinlich.

Die alleinige Betrachtung der Personalkostenreduktion führt leicht in die Sackgasse

Dies gilt erst recht für **strategische** Überlegungen. Hier hängen Entscheidungen zwangsläufig von den situativen Gegebenheiten ab: Ein erfolgreiches High Tech-Unternehmen steht vor einer völlig anderen Situation als ein Fast-Sanierungsfall. Aber kann es nicht sein, dass der Sanierungsfall erst durch das falsche Personalmanagement entstand, die Faktorkostenminierung also gleichzeitig Ursache *und* Reaktion darstellt? Und ist nicht die Personalfaktorkostenminimierung erst bei einem Personalbestand von Null abgeschlossen?

Statt Personalfaktorkostenminimierung kann es also nur um eine strategisch an Erfolgspotenzialen ausgerichtete Personalkostenoptimierung gehen. Letztlich müssen damit die Personalstrategie und ihre Umsetzung auch zum Pflichtbestandteil jeder Sitzung von Aufsichtsrat und Beirat werden – auch wenn manche Betriebswirte noch immer glauben, es genügt für diese Gremien, einmal im Jahr über Führungskräfteentwicklung zu diskutieren.

Personalabteilung: Dienstleister in Verdrängung oder strategischer Partner in Vorwärtsbewegung?

Die Entwicklung begann mit dem Dienstleister und setzte sich fort über das Postulat nach Kundenorientierung. Doch welche Rolle wird die Personalabteilung in der Zukunft spielen, wenn – und dies ist faktische Unausweichlichkeit – zunehmend Personalaufgaben auf die autonomen Einheiten der Dezentralität übergehen? Als Antwort zeichnen sich zwei völlig unterschiedliche Trends ab:

Die Zukunft der Personalabteilung

In einem Fall wird die Personalabteilung zu einer **devoten Dienerin in Rufbereitschaft**. Sie kann ihren Kunden (hoffentlich) attraktive Angebote machen, wird vielleicht auch telefonisch zur internen Angebotserstellung aufgefordert, steht aber grundsätzlich in permanentem Konkurrenzdruck mit externen Anbietern. Dies kann durchaus sinnvoll sein, wenn die Linienmanager tatsächlich eine ausgeprägte Personal-Professionalität aufweisen. Dies ist aber mittelfristig für das Unternehmen fatal, wenn bei dem unter Kostendruck stehenden Linienmanagement die Entscheidungskompetenz die Fachkompetenz übertrifft. Die permanent im externen Wettbewerb stehende Personalabteilung hat langfristig kaum eine reelle Chance, sofern sie sich nicht auf eindeu-

»Strategischer
Partner« bedeutet
systematische
Einbindung der
Personalarbeit in die
Unternehmens-
strategie

tig vorhandene und klar kommunizierbare Kernkompetenzen konzentriert und diese offensiv als eigenständiges Profit Center auch auf dem externen Markt anbietet: Verdient sie dort mehr als beim internen Kunden, wird sich dieser nach anderen Dienerinnen umsehen oder den Preis erhöhen müssen.

Im anderen Fall wird die Personalabteilung zum **strategischen Partner.** Dies ist allerdings kein Attribut, das man bei der Unternehmensleitung über einen Weihnachtswunschzettel einfordern kann: Nötig sind vielmehr massive Vorleistungen und konsistentes Rollenverhalten der gesamten Personalabteilung. »Strategischer Partner« bedeutet systematische Institutionalisierung der Einbindung der Personalarbeit in die Unternehmensstrategie. Dies setzt strategisches Denken ebenso voraus wie konzeptionelle Ideen. Unverzichtbar ist in diesem Fall als Ergebnis (nicht als Ausgangsbasis!)

- eine klar formulierte und alle Managementfelder abdeckende Personal-strategie
- mit Richtlinienkompetenz und Durchgriffsrecht in die Linie,
- mit professionellen Mitarbeitern in der Personalabteilung und
- mit wirksamen Systemen zur Qualitätssicherung.

Weder sind im Unternehmen Unternehmenskommunikation oder Corporate Identity frei wählbar, noch können etwa EDV-Komponenten in beliebiger Freiwilligkeit eingekauft beziehungsweise implementiert werden. Ähnlich hierzu ist auch Personalmanagement in dieser Denkhaltung eine Aufgabe, die autonome Vielfalt erst innerhalb vorwärtsorientierter Leitplanken entstehen lässt!

Für beide Fälle gibt es inzwischen interessante Beispiele, die den Schluss zulassen, dass beide Möglichkeiten erfolgreich sein können, eine Lösung in der Mitte allerdings langfristig nicht existiert und sich die Organisationen deshalb (bewusst oder unbewusst) für eine der beiden Varianten entscheiden.

Resümee

Im Mittelpunkt der
aktuellen Verände-
rungsprozesse stehen
nicht technische
Faszinationen,
sondern Menschen
als Prozessgestalter

Ordnet man Aktionsfelder und Aktionsträger zu, ergeben sich Kombinationen mit unterschiedlicher Erfolgswahrscheinlichkeit. Diese lassen sich – von welcher Seite man auch auf die Gestaltungsaufgabe blickt – in zwei Extrement-wicklungen abbilden: die sinnlos fraktalisierte sowie die sinnvoll virtualisierte. In der virtualisierten Welt von heute sprechen viele Argumente dafür, die Virtualisierung als Alternative in die engere Wahl der Personal-organisation zu ziehen.

Im Mittelpunkt der aktuellen Veränderungsprozesse stehen nicht techni-sche Faszinationen, sondern Menschen, die den Prozess gestalten und sich gleichzeitig als Betroffene mit ihm auseinandersetzen müssen. Gerade weil sie handelnde und steuernde Elemente sind, kommt der Personalarbeit eine neue Rolle zu, die eine ungleich höhere strategische Bedeutung besitzt als bisher: Personalmanagement wird zum Wegbereiter und Begleiter der Virtualisierung.

Um es in aller Deutlichkeit zu formulieren: Auch wenn die Virtualisierung nur graduell und vielleicht sogar emergent erfolgt, hat das Personalmanagement nur die Wahl zwischen »Vorreiter« und »Bremser«. Im ersten Fall ist ein Paradigmenwechsel nötig, im zweiten Fall stellt es sich selbst zur Disposition!

Literatur

Scholz, Christian (Hrsg.): Innovative Personalorganisation. Center-Modelle für Wertschöpfung, Strategie, Intelligenz und Virtualisierung, Neuwied-Kriftel (Luchterhand) 1999a.

Scholz, Christian: Personalmanagement. Informationsorientierte und verhaltenstheoretische Grundlagen, München (Vahlen) 5. Aufl. 1999b.

Scholz, Christian: Strategische Organisation, Landsberg/Lech (moderne industrie) 2. Aufl. 2000.

Teil VI
Trends und Schlüsselthemen

Human Asset-Management: Ein Instrumentarium zur erfolgreichen Unternehmenswert-Steigerung

Peter Krumbach und Marcus Heidbrink

Wenn Sie heute feststellen, dass das größte Vermögen eines Unternehmens dessen Human Assets sind, also jene Mitarbeiter, die abends nach Hause gehen und – hoffentlich – am nächsten Tag wiederkommen, so wird es sicherlich nicht schwer fallen, zu diesem Standpunkt eine große Mehrheit hinter sich zu vereinigen. Vorstände und Aufsichtsräte, Shareholder und Analysten, Mitarbeiter und Gewerkschafter stimmen gleichermaßen in diese griffige Formulierung ein. Nur: Niemand kennt die Human Assets der gesamten Organisation.

Keiner kann sehr kurzfristig, d. h. quasi auf »Knopfdruck«, die für die Besetzung eines wichtigen Projektes geeigneten Mitarbeiter identifizieren. Ebenso findet die Förderung und Entwicklung von Mitarbeitern häufig konzeptlos nach dem »Gießkannen-Prinzip« statt – ein effizientes, an der Unternehmensstrategie orientiertes Controlling der Personalentwicklung ist häufig nicht vorgesehen.

Die Börse bewertet Human Assets multipliziert. In vielen Branchen erfolgt heute bereits der Großteil der Wertschöpfung durch die Köpfe der Mitarbeiter. Investment-Häuser, Web-Agenturen oder Beratungsunternehmen sind – einmal teuer akquiriert – nur noch eine leere Marken-Hülle, wenn ganze Mitarbeiter-Teams dem verkauften Unternehmen den Rücken kehren.

Der Gedanke des Asset-Managements ist mit Assoziationen wie Output, Zugewinn, Erfolg oder Return verbunden. Damit hat das moderne Personalmanagement die Aufgabe, das Vermögen Personal zu mehren und für Veränderungen der Märkte gerüstet zu sein. Dies impliziert für die Personalarbeit einen Wandel hin zum vorausschauenden »Vermögensverwaltern« zu vollziehen. Welche Konzepte das Human Asset-Management für die moderne Personalarbeit von der Rekrutierung bis zur wertschöpfenden Personalarbeit bereitstellt, um diese Herausforderung zu meistern, stellt der nachfolgende Artikel vor.

Neue Herausforderungen für strategie-orientiertes Personalmanagement

Inzwischen ist die hohe Bedeutung der Human Assets im Rahmen von Unternehmensfusionen und -übernahmen unbestritten. Meistens scheitern Verhandlungen an dem mangelnden Cultural Fit der Beteiligten, oder die Integration im Post-Merger-Prozess verläuft steinig, weil die Menschen nicht die notwendige Veränderungsbereitschaft mitbringen bzw. auf die Geschwindigkeit der Entwicklungen nicht vorbereitet waren. Von großer Bedeutung ist es daher, im Vorfeld von Akquisitionen einen aktuellen Überblick über die eigenen Mitarbeiter-Potenziale und die Human Assets des Zielunternehmens zu gewinnen. Der Gedanke einer HR-Due Diligence zielt darauf ab, den »Risikofaktor Mensch« frühzeitig einschätzen und gezielt auf neue Herausforderungen vorbereiten zu können. Auch Analysten und Fondsmanager verlangen nach geeigneten Instrumenten, um die Human Assets eines Unternehmens besser bewerten zu können. Besser ist es dann, wenn die Emissionsbanken ihre Börsenneulinge »geschmückt« auf dem kritischen Parkett präsentieren können. Neben der Informationstiefe über den Unternehmenswert »Mensch« ist vor allen Dingen die Geschwindigkeit der Bewertung der Mitarbeiter-Assets von elementarer Bedeutung.

HR-Due Diligence

Im Zeichen massiver Rekrutierungsprobleme in den jungen Branchen gewinnen interne Nachfolgeplanungen sowie langfristige Mitarbeiterbindungsprogramme an Bedeutung. Durch den in einigen Branchen immer stärker werdenden Konkurrenzdruck stellt sich die Frage, ob die Potenziale nicht gleichermaßen im Hause vorhanden sind oder zumindest mit gezielter Förderung mittelfristig an neue Aufgaben herangeführt werden können. Hierbei fällt jedoch auf, dass systematische GAP-Analysen (Welche Potenziale habe ich? Wie schnell sind sie entwickel- und trainierbar?) fehlen. Auf der anderen Seite ist es aus der Mitarbeiterperspektive demotivierend, externen Bewerbern den Vorzug geben zu müssen, während die eigene Karriereplanung auf der Strecke bleibt.

Diese neuen Herausforderungen an ein strategieorientiertes Personalmanagement verlangen nach modernen Instrumenten für die praktische Anwendung. Während das Konzept des Human Resources-Managements mit der Zielsetzung eingeführt wurde, die Bedeutung und den Status der Mitarbeiter in einer Unternehmung zu betonen, lässt sich feststellen, dass die Praxis eher die (Mangel-) Verwaltung der knappen »Ressource Mensch« betreibt. Der Begriff Ressource impliziert bereits, dass zwar etwas Wertvolles vorhanden ist, das aber – ähnlich eines Kohledepots – aufgebraucht werden kann und somit eine gewisse Endlichkeit impliziert. Die Begriffe »Austauschen, Freisetzen, aufs Abstellgleis schieben« sind sprachliche Beispiele, wie sie durchaus im Unternehmensalltag gebraucht werden. In der Bilanzierung eines Unterneh-

Ressource (Mitarbeiter Ressource) impliziert etwas Wertvolles aber – auch eine gewisse Endlichkeit

mens taucht die Personalkomponente nur als Kostenfaktor auf, »Gewinne« des Faktors Mensch werden nicht abgebildet.

Demgegenüber ist es heute notwendig geworden, die im Haus vorhandenen Potenziale gezielt zu fördern und mit den notwendigen Umweltbedingungen auszustatten, so dass sie den höchsten Nutzen und Gewinn für das Unternehmen erbringen können. Auch ein Vermögensbetreuer wird dafür bezahlt, die ihm anvertrauten Vermögensgegenstände gezielt zu pflegen und zu managen, damit sie einen optimalen Ertrag für seine Kunden erwirtschaften und deren Reichtum mehren. Der Gedanke des Asset-Managements ist demnach viel enger mit Assoziationen wie Output, Zugewinn, Erfolg oder Return verbunden. Das moderne Personalmanagement hat somit die Aufgabe, das Vermögen Personal – vom Vorstand bis zur untersten Hierarchieebene – stets zu mehren und für entsprechende Veränderungen der Märkte gerüstet zu sein. Dies impliziert ein höheres Maß an Wachheit, Vorausschau, Mut und visionärem Gestalten bei einer neuen Art von »Vermögensverwaltern«. Es ist der Abschied von der Personalarbeit als verwaltender Faktor, einer reaktiven Personalentwicklung und einem notwendigen Appendix im Unternehmen.

Das moderne Human Asset-Management stellt die notwendigen Konzepte und Hilfestellungen für die neuen Herausforderungen der Unternehmen bereit, leistet einen Wertschöpfungsbeitrag und ist nicht nur Cost-Center.

Unsere Definition des Human Asset-Managements (HAM) ist demnach die folgende:

»Das HAM ist ein System zur Identifikation, Bewertung und Entwicklung strategierelevanten Humanvermögens (Kompetenzen-Managements) mit dem Ziel der Steigerung des Unternehmenswertes und der Zukunftsflexibilität.«

Nutzen eines erfolgreichen Human Asset-Managements

Aus den zahlreichen neuen Anforderungen an das Human Asset-Management in sich immer schneller wandelnden und komplexeren Märkten sind die Ziele unmittelbar ableitbar. Das Human Asset-Management ist danach als erfolgreich zu bezeichnen, wenn es seinem Anwender folgende Nutzenvorteile ermöglicht:

- Strategiegeleitete Personalentwicklung zur Unternehmenswertsteigerung
- Anreiz- und Motivationssysteme für faire und leistungsorientierte Vergütung
- Früherkennung der Human-Potenziale und Nachfolgesicherung

- Effizientes, kostengünstiges internes Rekruitment
- Ideale Projektbesetzungen gemäß den Anforderungen
- Langfristige Bindung von High-Potentials an das Unternehmen (Retention Programm)
- Betrachtung des »Wertzuwachses« des Human Capitals in der Balanced Scorecard-Perspektive
- Transparenz über die Inhouse-Assets für Börsengänge und Merger & Acquisitions
- Früherkennung von Barrieren und mangelndem Cultural Fit in der Post-Merger-Integration
- Effektives Staffing von Geschäftsfeld-Ausgliederungen und Spin-offs.

Entwicklung, Modell und grundlegende Methode des Human Asset-Managements

Das Human Asset-Management ist eine Weiterentwicklung des Human Resource-Ansatzes, insbesondere was die Weiterentwicklung des Competency-Managements (teilweise auch in anderen Typologien Skill-Management genannt) betrifft. Das Messen von Competencies und das Anlegen teilweise weltweiter Datenbanken in Unternehmen ist erst in den letzten drei bis vier Jahren aktuell geworden. Hier zeigt sich ein deutlicher Schub durch die erweiterten IT-Möglichkeiten. Hinzu kommen wertvolle Gedanken des Human Capital-Managements – erst seit ein bis zwei Jahren im Focus der Unternehmen und auch der Literatur – welches versucht, Beiträge des Faktors Mensch messbar zu machen und Kosten-Nutzen Relationen zu bilden. Ein Beispiel für letzteres ist die Fit-Cost-Value™-Analyse von Friedmann, Hatch & Walker (1999), die versucht, Investments in Human Capitals als wichtige Einflussgrößen auf Erfolge von Unternehmen nachzuweisen. Beide Zweige finden jetzt eine Erweiterung im Human Asset-Management, zum einen in einem forcierten und pragmatischen Ansatz des Competency Managements, als auch in einem klaren Beitrag zum Erreichen der Unternehmensstrategie, z.B. in Form von Key-Performance-Indikatoren der Mitarbeiterperspektive in der Balanced Scorecard.

Human Asset-Management – Weiterentwicklung des Human Resource-Ansatzes

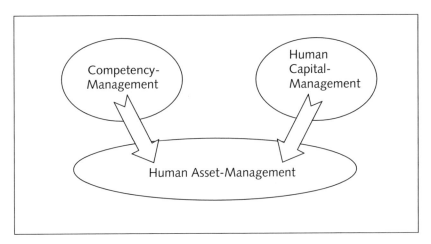

Abbildung 1: Human
Asset-Management

Das Human Asset-Management muss einen Überblick über die unternehmensweiten Anforderungen an die Mitarbeiter sowie die bereits aktuell vorhandenen Potenziale geben. Mit Hilfe eines Competency-basierten Vergleichs der Ist-Assets mit den gewünschten Soll-Profilen lassen sich die notwendigen Förderungsmaßnahmen ableiten und z.B. Personalbesetzungen ideal und zeitnah vornehmen. Aus diesem einfachen, aber mit der notwendigen Konsequenz selten betriebenen Ansatz ergeben sich die weiteren Anwendungsmöglichkeiten des Human Asset-Managements.

Ein Modell des Human Asset-Management sieht wie folgt aus:

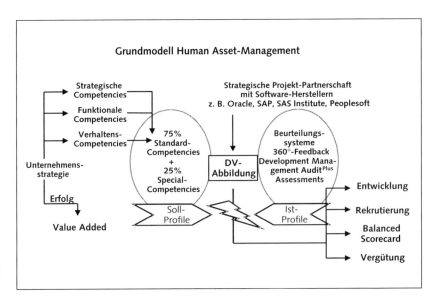

Abbildung 2:
Grundmodell Human
Asset-Management

Competency-basierte Anforderungsanalyse – Der Soll-Zustand

Das Grundgerüst für jede Form des modernen Personalmanagements bildet die Definition von Competencies, die das herkömmliche Anforderungsprofil zunehmend verdrängen. Ausgehend von der Unternehmensstrategie werden für jede Position des Unternehmens über den Weg der zu bewältigenden Kernaufgaben für die Zielerfüllung des Tätigkeitsbereiches die Kompetenzen festgelegt, die einen erfolgreichen Stelleninhaber von einem durchschnittlichen unterscheiden. Die Competencies setzen sich dabei zusammen aus den Erfolgsfaktoren der drei Ebenen:

Competencies – Grundgerüst des modernen Personalmanagements

- Strategische Competencies
  (z.B. Leitbild, Vertriebsstrategien, Visionen)
- Funktionale Competencies
  (z.B. Führung, Projektmanagement, Personalmanagement, Kundenmanagement)
- Verhaltens-Competencies
  (z.B. Problemlösungskompetenz, zwischenmenschliches Verhalten, Einstellungen und Motive).

Die Definition eines konkreten Competency-Sets für eine Position sollte dabei auf die zentralen Kernkompetenzen des Unternehmens verdichtet werden (»Reduce to the Max.«). Unter Berücksichtigung der Unternehmensstrategie und des Leitbilds sowie vorhandener Führungsgrundsätze werden einige wenige Kernkompetenzen festgelegt, die unternehmensweit für alle Positionen Gültigkeit beanspruchen. Bei diesem Prozess ist die Berücksichtigung von Benchmarks ein zentraler Erfolgsfaktor. Neben den Standard-Competencies werden Special-Competencies für die einzelnen Positionen entwickelt, welche die positionsspezifischen Anforderungen angemessen berücksichtigen. Eine Funktionsgruppe sollte so durch 30-40 Competencies abbildbar sein.

Da sich die Competencies bei konsequenter Analyse und Definition unmittelbar aus der Unternehmensstrategie ableiten, ist eine Angleichung der Human Assets an die Soll-Profile eindeutig ein Beitrag zur Steigerung des Unternehmenswertes. Die Gesamtheit der einzelnen Instrumente des Personalmanagements wird auf ein Ziel hin ausgerichtet und gewinnt somit an Effizienz. Für die einzelnen Linienmanager werden die Anforderungen transparent, die Erfolgskriterien für den eigenen Verantwortungsbereich sind bekannt, und die Human Assets können anhand konkreter Anforderungskriterien ausgewählt, gefördert und vergütet werden. Eine pragmatische Herangehensweise senkt auch den Änderungsaufwand, der bei sehr dezidierten Aufgabenanalysen viel zu hoch ist und positive Ansätze in vielen Praxisbeispielen zum Erliegen gebracht hat.

Die Angleichung der Human Assets an die Soll-Profile bildet einen Beitrag zur Steigerung des Unternehmenswertes

Auch aus Mitarbeitersicht wird die Unternehmensstrategie greifbar und der eigene Leistungs-Beitrag deutlich. Dabei gilt das Motto:

Look at what we measure.
Look at what we train.
Look at what we reward.

Because

What we measure, train, reward is what is important.
What we don't … we don't care about.
What we measure, train, reward is what we get.

Moderne Potenzialanalyse-Methoden – Der Ist-Zustand

Einer der zentralen Grundgedanken des modernen Human Asset-Managements ist die aktuelle Transparenz über die im Hause vorhandenen Potenziale. Es ist essenziell, eine laufende Analyse der Human Assets durchzuführen, wobei sich die unterschiedlichen Instrumente nach der Tiefe der Analyse und der Schnelligkeit des Verfahrens einteilen lassen:

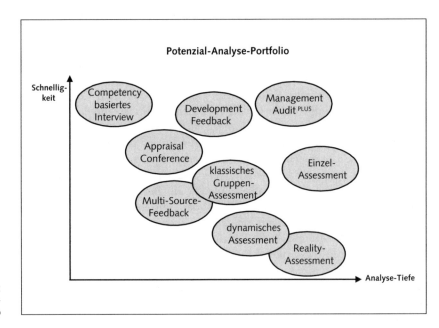

Abbildung 3:
Potenzial-Analyse-
Portfolio

Das Competency-basierte Interview

Das Competency-Set aus der Anforderungsanalyse wird dem Competency-basierten Interview zugrunde gelegt. Alle Fragen zielen auf die Erhebung der erfolgskritischen Anforderungen, wobei verschiedene Einsatzgebiete dieses Instrumentes denkbar sind:

- Interview mit dem Vorgesetzten
- Selbsteinschätzung im Gespräch durch den Mitarbeiter selbst
- Fremdeinschätzung durch Interviews mit Kollegen, Kunden etc.
- Gemeinsame Einschätzung durch Vorgesetzten und Mitarbeiter in zweiseitigen Interviews.

Vorteile des Instrumentes liegen in seiner einfachen Handhabbarkeit bei geringen Entwicklungskosten. Es ermöglicht eine rasche Erfassung der Ist-Profile bei vielen Mitarbeitern, die jedoch durch die bekannten Interview-Fehler verzerrt sein können. Die Dauer solcher Interviews liegt je nach Hierarchie bei zwischen ein und zwei Stunden. Zu bedenken gilt es aber dabei, dass die Validität der Interviews begrenzt ist, ein Heranziehen weiterer Instrumente zur Verdichtung ist empfehlenswert. Eine intensive Interviewerschulung zum Führen der competency-basierten Interviews ist unabdingbar.

Instrumente zur Erhebung der Human Assets

Das Development-Feedback

Insbesondere in schnell wachsenden und sich verändernden Branchen ist das Development-Feedback die Methode der Wahl. In regelmäßigen Abständen – üblicherweise vierteljährig – führen die Mitarbeiter ein Ergebnisgespräch mit der Führungskraft, in dem neben den aktuellen Business-Zahlen die Resultate der Quartals-Mitarbeiterbefragung kritisch diskutiert werden. Intranet-Systeme ermöglichen eine rasche, vierteljährige Datenerhebung und -auswertung. Aspekte des Mitarbeiterfeedbacks und der Kollegenrückmeldungen können problemlos integriert werden. Es ist ein sehr pragmatisches Instrument, in dem die zu bewertenden Competencies bekannt und bestenfalls auch für alle Mitarbeiter des Unternehmens im Intranet abgebildet sind. Im Development-Feedback erörtert die Führungskraft dann anhand der vorliegenden Daten sowie seiner eigenen Einschätzungen den Entwicklungsstand des Mitarbeiters gemessen an den Competency-Anforderungen der Position. Die Ergebnisse werden dann mittels eines vorher festgelegten Algorithmus verdichtet.

Wie ist der Entwicklungsstand des Mitarbeiters gemessen an den Competency-Anforderungen?

Appraisal Conference

Führungskräfte schätzen ihre Performance gegenseitig ein

In der Appraisal Conference treffen Führungskräfte einer Ebene eines Unternehmensbereiches zusammen und schätzen ihre Performance gegenseitig ein. Man spricht dabei auch über die Einschätzungen der Mitarbeiter, reflektiert Selbst- und Fremdbild. Grundlage hierfür bieten die bereits mehrfach erwähnten Soll-Competencies, so dass nicht im luftleeren Raum diskutiert wird. Voraussetzungen für solche Gespräche sind klare Richtlinien für den Umgang miteinander und das Verständnis für den Bewertungsprozess. Erfahrungsgemäß kann in den ersten Sitzungen ein neutraler Moderator von Nutzen sein.

Das Management Audit[Plus]

Analyse des Management-Status und Identifikation von Handlungsfeldern

Das Management Audit[Plus] ist ein Instrument, um Führungskräfte eines Unternehmens hinsichtlich strategischer und führungstechnischer Kompetenz zu beurteilen und damit sowohl eine Management-Status-Analyse vorzunehmen als auch Handlungsfelder zu identifizieren. Management Audits werden in nahezu allen Fällen von externen Beratern durchgeführt, da insbesondere Benchmarks eine wichtige Rolle spielen.

Das Management Audit[Plus] besteht in der Regel aus drei Komponenten:

1. Einem zwei- bis dreistündigen Interview, wobei dies Competency-basiert durchgeführt wird.
2. Einer Analyse der Business-Results sowie gegebenenfalls Gesprächen mit der Geschäftsführung.
3. Durchführung von Querinterviews mit zwei bis drei Kollegen gleicher Hierarchie (möglichst Schnittstellenpartner). Bei Audits ganzer Unternehmen empfiehlt sich eine Management-Team-Analyse.

Integriert werden die Informationen hinsichtlich der strategierelevanten Leistungsvoraussetzungen, der positions- bzw. funktionsbezogenen Kompetenzen sowie der verhaltensbasierten Fertig- und Fähigkeiten.

Die Ergebnisse werden in aller Regel in so genannten Personal-Portfolios integriert.

Hieraus wird der »Wert« für das Asset-Portfolio klar ersichtlich, zudem können ebenfalls Entwicklungsschritte abgeleitet werden.

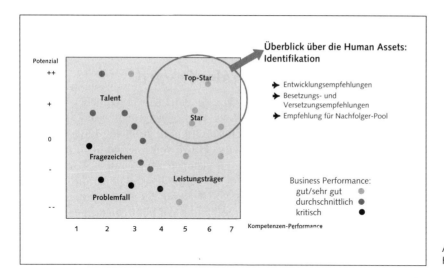

Abbildung 4:
Human Asset Portfolio

Das Assessment-Center

Nach Jahrzehnten der praktischen Anwendung und der theoretischen Weiterentwicklung ist das Assessment-Center nach wie vor bei korrekter Durchführung eines der validesten und tiefsten Verfahren zur Status- und Potenzialanalyse. Im Human Asset-Management entfällt die Anforderungsanalysephase, die bereits bei der Definition der Soll-Profile durchgeführt wurde. Die Assessment-Bausteine bilden das Competency-Set der Position realitätsgetreu ab, das abschließende Feedback der Beobachter erfolgt relativiert an den vorliegenden, aus der Unternehmensstrategie abgeleiteten Competencies. Neuere Entwicklungen in der Assessment-Center-Methodik sind das Reality-Assessment-Center und das dynamische Assessment. Im Reality-Assessment werden Künstlichkeit und Intransparenz der Übungsinhalte vermieden, die soziale Validität (Teilnehmer erkennen den Sinn der Veranstaltung) des Verfahrens ist deutlich erhöht und den Teilnehmern werden die praktischen Anforderungen einer angestrebten Position deutlich. Ebenso ist es mit dieser Methode möglich, tiefere Werte und Einstellungen von Personen zu hinterfragen, die im Großen und Ganzen handlungsleitend sind.

Valides Verfahren zur Status- und Potenzialanalyse

Abbildungsmöglichkeiten des Human Asset-Managements in integrierter Personalsoftware

Die Software-Auswahl orientiert sich an der Methodik und dem strategischem Konzept des Human Asset-Managements

Natürlich ist ein erfolgreiches Human Asset-Management mit Papier- und Bleistiftlösungen möglich. Aber man stößt bei größeren Organisationen schnell an die Grenzen eines effektiven HAM, welches den oben genannten Nutzenaspekten dann nicht mehr voll genügen kann. Eine kritische Größe liegt oberhalb von 1.000 Mitarbeitern. Dementsprechend ist für die übersichtliche Implementierung und die effiziente Nutzung des Human Asset-Managements die Automatisierung der Methodik und die Hilfe einer unternehmensweit einsetzbaren Software-Applikation ein wesentlicher Aspekt. Der zentrale Gedanke bei der Entscheidung für eine bestimmte Software muss immer sein, dass nicht das technisch Machbare die Entscheidung leitet, sondern der Aufbau der Software-Lösung sich streng an der Methodik und dem strategischem Konzept des Human Asset-Managements orientiert. Im Auswahlprozess sollten dann folgende Phasen durchlaufen werden:

- Analyse der Anforderungen an die Software (Pflichtenhefterstellung)
- Einholen von Angeboten
- Referenzüberprüfungen
- Bewertungen der einzelnen Lösungen anhand der Anforderungskriterien (Nutzenanalyse)
- Kostenanalyse einschließlich der Projektkostenplanung für die Einführung der Software
- Entscheidung.

Langfristige Karriereplanungen und Nachfolgeregelungen sind planbar

Grundsätzlich haben die gängigen Anbieter von integrierter Personalsoftware den Bedarf des Marktes nach der Abbildung von Anforderungsprofilen und Potenzialeinschätzungen erkannt und bieten in Teilen bereits Standardlösungen an. Darstellbar sind einfache Profilvergleiche, die den Personalentwicklungsbedarf eines Mitarbeiters aufzeigen und den Abgleich mit einer bestimmten Zielposition ermöglichen. Darauf aufbauend lassen sich individuelle Karriereplanungen sowie interne Nachfolgeregelungen langfristig vornehmen.

Zur Zeit noch nicht vorgesehen in den Standard-Softwarelösungen, aber individuell programmierbar, sind die folgenden Anwendungsmöglichkeiten des Human Asset-Managements:

- Schnittstelle zwischen der Entwicklung der Human Assets im Sinne der Unternehmensstrategie und den Erfolgskriterien der Mitarbeiterperspektive »Lernen« der Balanced Scorecard
- Verknüpfung der individuellen Zielerreichungsgrade mit der Vergütung

- Anwenderfreundliches Projekt-Staffing
- Profil-Benchmarks zu Vergleichsfunktionen in branchenähnlichen Unternehmen
- Durchführung von diagnostischen Verfahren, z.B. Intranet-basierte Development-Feedbacks
- Integrationsalgorithmen für unterschiedliche IST-Competency Quellen

Einige zentrale Anforderungen an die technischen Eigenschaften einer Softwarelösung für modernes Human Asset-Management sind nachfolgend aufgeführt:

- Abbildbarkeit der Möglichkeiten des Human Asset-Managements
  - Zeiteffiziente Analyse großer Potenzialdatenbanken
  - Auswertungsmöglichkeiten nach diversen Anforderungskriterien
  - Generierung und grafische Aufbereitung akkumulierter Übersichtsdaten
- Benutzerfreundlichkeit
  - Einheitliche Anwenderoberfläche für alle Unterfunktionen des Human Asset-Managements
  - Mausgesteuerte, übersichtlich gestaltete Oberflächen
  - Hilfs- oder Assistentenfunktion
  - Dialogunterstützung
  - Sicheres Zugriffsberechtigungs-Management
- Unternehmensweite Einsatzmöglichkeiten
  - Einbindung von Personal-Datenquellen aus diversen, bestehenden Systemen (Data-Warehousing)
  - Kompatibilität zu verschiedenen Client/Server-Plattformen
  - Integration von Internet- und Intranet-Funktionen, webfähig
- Pflege- und Verwaltungsfreundlichkeit
  - »Train the user« anstatt Informationsmonopol
  - Einfache Eingabefunktionalität für die Einrichtung
  - Laufende Aktualisierungsmöglichkeiten
  - Daten- und Prozesssicherheit.

Software-Anforderungen für die Human Asset-Nutzung

»Alles aus einer Hand« – Anwendungsbereiche des Human Asset-Managements

Quantitative Bewertung der Human Assets eines Unternehmens

Liegen im Unternehmen die Competency-basierten Anforderungsprofile einschließlich der Einschätzungen aller Mitarbeiter sowie mögliche Potenziale vor, so lassen sich erstmals die Human Assets des Unternehmens quantitativ bewerten. Die Auswertung mündet in so genannten Human Asset-Portfolios (vgl. Abb. 4). Diese erfüllen die folgenden Aspekte:

- Transparenz über die Inhouse Assets einer Unternehmung
- Früherkennung von High-Performern und Potenzialträgern
- Human Asset-Reports als Möglichkeit des Vergleichs von Unternehmenseinheiten
- Entwicklung der Human Assets im SOLL-Vergleich und damit die positive Wertschöpfung

Es stellt keine Schwierigkeit mehr dar, die Human Assets im klassischen Sinne des Human Capital-Managements zu quantifizieren und per Mausklick gängige Bewertungsindizes zu errechnen. Damit wird auch deutlich, ob die Development-Aktivitäten zu Erfolgen geführt haben.

Wichtige Kennzahlen für ein erfolgreiches Human Asset-Management:

- Anzahl und Dauer von Entsendungen für übergreifende Projekte
- Durchschnittliche Werte für Kompetenzfelder (z.B. Sozialkompetenz, Problemlösekompetenz, ...)
- Entwicklung der Kompetenzfelder über die Zeit
- Anzahl interner Stellenbesetzungen für Führungspositionen in der eigenen und in anderen Organisationseinheiten (Verhältnis externe/interne Besetzungen)
- Match zwischen strategischen Qualifikationsanforderungen und vorhandenen Qualifikationen
- Differenz zwischen erwarteter Leistung (Grundlage: Potenzialeinschätzung) und aktueller Performance (Grundlage: Beurteilung, Zielvereinbarungen)
- Unterscheidung von Normal-Performers, Underachiever (+) und Overachiever (-)
- Kompetenz-Menge und Zuwachs in der Kompetenz-Datenbank
- Wertschöpfung/Umsatz/ROI je Mitarbeiter
- Fluktuationsrate, Krankheitsrate, ...

Die Auswirkungen der Messbarkeit des »Risikofaktors Mensch« auf zentrale Bereiche des modernen Personalmanagements und die damit verbundenen Chancen in der Anwendung für das unternehmenswertsteigernde Human Asset-Management sollen in diesem Kapitel beleuchtet werden.

Rekrutierung

Der offensichtlichste Vorteil in einem systematischen Human Asset-Management liegt in der Transparenz über die im Hause vorhandenen Mitarbeiterpotenziale. Es können sowohl Vakanzen frühzeitig im Voraus erkannt als auch potenzielle Nachfolger ohne Probleme identifiziert werden. Es sind ebenfalls Aussagen über mögliche Entwicklungszeiten von Potenzialträgern im Hinblick auf die Soll-Funktion möglich. Dabei kann auch berechnet werden, ob der interne Weg der Entwicklung oder der externe Beschaffungsweg von den Kosten her günstiger ist. Sind die verlangten Anforderungen nicht in wünschenswerter Weise im Hause vorhanden – und diese Aussage kann nun verbindlich getroffen werden – oder aus unternehmenspolitischen Überlegungen heraus soll eine Stelle nicht intern besetzt werden, so bietet das Human Asset-Management ebenfalls Vorteile für die externe Rekrutierung. Genaue Profile sind bekannt und geben einen klares Suchraster für eigene Beschaffungen sowie für Beschaffungen über einen Personalberater.

Transparenz der vorhandenen Mitarbeiterpotenziale ermöglicht frühzeitiges Agieren

Ein sorgfältig gepflegtes Personalinformationssystem ist in der Lage, auf Knopfdruck alle Positionen des Unternehmens zu selektieren, die zu einem bestimmten Stichtag vakant sein werden. Diese Analysen lassen sich natürlich anhand verschiedener Selektionskriterien verfeinern, beispielsweise in horizontaler Sicht nach Gebieten, Tochterfirmen oder Geschäftsfeldern oder in vertikaler Sicht innerhalb eines Verantwortungsbereiches. Eine grafische Aufbereitung einer derartigen Analyse ist beispielhaft in Abbildung 5 aufgeführt.

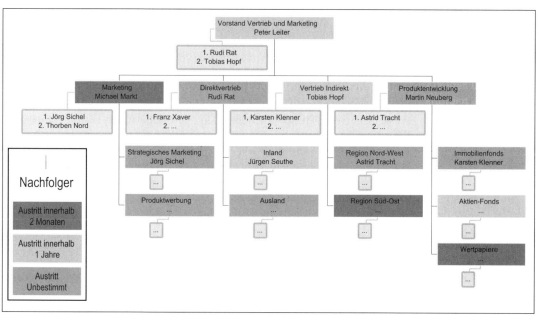

Abbildung 5: Nachfolgeplanung – Auszug

Da alle Positionen eines Unternehmens im Human Asset-Management mit Competency-basierten Anforderungsprofilen hinterlegt sind, ist es möglich, unter den Human Assets diejenigen Mitarbeiter zu identifizieren, die in guter Näherung den Anforderungen entsprechen. Ein Ergebnis dieser Analyse kann eine Liste mit den 30 Mitarbeitern des Unternehmens sein, die bereits aktuell die Vakanz besetzen können oder zumindest nach gezielten Personalentwicklungsmaßnahmen in absehbarer Zeit die Anforderungen erfüllen werden. Auf diese Weise steht eine fundierte Entscheidungsgrundlage für interne Besetzungen zur Verfügung, bei der nicht nur bekannte Mitarbeiter aus dem unmittelbaren Umfeld des Entscheiders berücksichtigt werden, sondern die konzernweit geeignetsten Nachfolger identifiziert werden können.

Analysen der internen Potenzial-Datenbank ermöglichen eine effektive Inhouse-Direktsuche

Darüber hinaus gewinnt der interne Rekrutierungsprozess an Effizienz und Professionalität, da ein grundlegender Wechsel von breitangelegten internen Stellenausschreibungen zu gezielter Inhouse-Direktsuche erfolgt. Es ist nicht mehr nötig, ganze Stapel von internen Bewerbungen zu sichten und auszuwerten oder zahlreiche Auswahlinterviews zu führen, auch werden Enttäuschungen unter den bewerbenden Mitarbeitern vermieden. Da bei den gemäß der Datenbank-Analyse geeigneten Mitarbeitern der Beleg der potenziellen Eignung bereits vorliegt, entfallen aufwendige Auswahlverfahren. Es müssen lediglich Gespräche mit den identifizierten Kandidaten zur Klärung der Formalitäten geführt werden.

Durch die Zunahme der internen Besetzungen werden sowohl den Potenzialträgern des Unternehmens attraktive Perspektiven geboten, was insbesondere zum Erfolg von Retention-Programmen (siehe Kapitel Retention-Programme, S. 249) beiträgt, als auch die Kosten für die Personalbeschaffung reduziert. Dennoch ist es in bestimmten Fällen nicht nur aus Gründen des Zugewinns fremden Know-hows opportun oder unvermeidbar, extern zu rekrutieren. Auch in diesem Fällen ergeben sich durch das Human Asset-Management wichtige Vorteile.

Effizienzsteigerung bei der externen Personalsuche

Der Prozess der externen Personalbeschaffung wird in allen Teilschritten in der Datenverarbeitung abgebildet und gewinnt auf diese Weise an Effizienz. Ausgehend von den vorliegenden Competency-basierten Anforderungsprofilen lassen sich beispielsweise in der PR-Abteilung automatisiert Stellenanzeigen generieren oder die Stellenbeschreibungen per Internet an die beauftragte Personalberatung senden. Standardisiert erfolgt dann der Schriftverkehr mit den Bewerbern, von der Eingangsbestätigung über die Einladung bis zur Absage. Bei interessanten Kandidaten werden schließlich mit gezielten Instrumenten die Potenziale erhoben, immer gemessen an den einzelnen, erfolgskritischen Competencies. Die Ist-Profile werden analog zu der Vorgehensweise bei den Inhouse-Assets mit dem Soll-Profil der Zielposition abgeglichen und ein Ranking der Bewerber vorgenommen. Für eingestellte Bewerber liegen somit bereits zu Beginn der Tätigkeit Informationen über den Leistungsstand und den Deckungsgrad mit den Anforderungen vor, was zum einen die Einordnung in das Gehaltsband erleichtert und zum anderen Hinweise für die Konzeption eines individuellen Einarbeitungsplans liefert.

Strategieorientierte Personalentwicklung

Durch die stringente Ableitung der Competency-basierten Anforderungs-profile aus der Unternehmensstrategie ergibt sich zwangsläufig, dass jede An-näherung der Human Assets an die jeweiligen Soll-Profile einen Beitrag zur Steigerung des Unternehmenswertes darstellt. Auf diese Weise ist sicher-gestellt, dass alle Maßnahmen zur Personalentwicklung, die diesem Anspruch genügen können, strategiekonform wirken.

Um dem Vorwurf des »Gießkannen-Prinzips« in der Personalentwicklung zu begegnen, müssen alle installierten und geplanten Förder-Maßnahmen ihre Bedeutung im Hinblick auf die Entwicklung der Human Assets gemäß den Anforderungen nachweisen. Dazu sieht das Modell des Human Asset-Ma-nagements die regelmäßige Durchführung von Potenzialanalysen, beispielsweise das Development Feedback, vor. Da die Potenzialanalysen ebenfalls auf der Grundlage der Competency-basierten Anforderungsprofile erfolgen, können Verbesserungen in bestimmten Competencies zwischen zwei Messzeitpunkten zumindest in Teilen auf zwischenzeitlich erfolgte Personal-entwicklungsmaßnahmen, die auf diese Competencies abzielten, zurückge-führt werden.

Die Chancen des Human Asset-Managements liegen in der gezielten, in-haltlichen Ausrichtung der Personalentwicklung auf bekanntermaßen schwach ausgeprägte Competencies. Insbesondere neukonzipierte Maßnah-men zur Personalentwicklung sollten dabei die Verbesserung einzelner Competencies im Fokus haben. Beispielsweise können Trainingskonzepte modulartig aufgebaut werden, wobei die einzelnen Bestandteile sich jeweils auf unterschiedliche Competencies beziehen und auch von den Mitarbeitern getrennt voneinander buchbar sind, abhängig von den individuellen Potenzia-len und Optimierungsbedarfen. Wird in dem Unternehmen Personalsoftware eingesetzt, so ermittelt das System automatisch die persönlichen Abweichun-gen in den einzelnen Competencies und schlägt gegebenenfalls aus dem hin-terlegten Trainings- und Personalentwicklungskatalog geeignete Maßnahmen vor. Per Mausklick lässt sich der Mitarbeiter dann auf die ausgewählte Veran-staltung buchen und via Intranet werden beispielsweise noch die Vor-bereitungsmaterialien verschickt. Über den angefügten Internet-Link lassen sich schließlich vom Teilnehmer Hotelinformationen, eine Wegbeschreibung oder Hintergründe über den Trainingsanbieter abrufen. Nur die klare Aus-richtung der Personalentwicklungsmaßnahmen auf die Competencies stellt im Gegensatz zu Standardtrainings die gewünschte Effektivität sicher.

Personalentwick-lungsmaßnahmen werden gezielt auf zu fördernde Competencies ausgerichtet

Ein weiterer Vorteil des Human Asset-Managements liegt in der Möglich-keit der Zusammenfassung der Ergebnisse der Potenzialeinschätzungen auf Profit-Center-, Bereichs- oder Geschäftsfeldebene. Auf diese Weise lässt sich der Personalentwicklungsbedarf systematisch ermitteln und somit eine solide Datengrundlage für Budgetplanungen gewinnen. Insgesamt betrachtet liegen die Trümpfe in den Budgetverhandlungen beim Human Asset-Management aus mehreren Gründen auf der Seite der Personalentwickler:

- Es liegt eine systematische und aktuelle Personalentwicklungsbedarfs-
  analyse vor.
- Die vorgeschlagenen Maßnahmen und Projekte zur Personalentwicklung
  bedienen unmittelbar den ermittelten Bedarf.
- Alle Personalentwicklungsmaßnahmen tragen zur Annäherung der Human Assets an die strategischen Anforderungen des Unternehmens bei.
- Da die Anforderungen aus der Unternehmensstrategie abgeleitet sind,
  wirkt jede Maßnahme, die zur Annäherung an die Soll-Profile beiträgt,
  unternehmenswertsteigernd.

Die Folge ist, dass sich der Personalbereich von dem Ruf des reinen Kosten-
verursachers befreien und als essenzieller Träger von Unternehmenswerts-
teigerungen positionieren kann. Durch die unternehmensweiten, regelmäßigen Potenzialanalysen wird dieser Wertzuwachs messbar und lässt sich
beispielsweise in der Balanced Scorecard als Erfolgskriterium abbilden.

Balanced Scorecard – Die Human Assets unternehmenswertsteigernd managen

Moderne, mehrdimensionale Controlling- und Unternehmens-steuerungs-instrumente verbessern die Beeinflussbarkeit kritischer Variabeln

Inzwischen herrscht eine große Übereinstimmung in der Ansicht, dass ein rei-
nes finanzbezogenes Controlling zu kurz greift und zentrale Erfolgskriterien
unberücksichtigt lässt. Hinzu kommt, dass die klassischen Erfolgszahlen per
Definition vergangenheitsbezogen sind, die Treiber der zukünftigen Entwicklung also nicht quantifiziert werden. Somit ist eine flexible, an der Unternehmensstrategie ausgerichtete Steuerung nicht oder nur eingeschränkt möglich. Abhilfe versprechen seit dem Anfang der 90er Jahre moderne, mehrdimensionale Controlling- und Unternehmenssteuerungsinstrumente, allen
voran die von Kaplan und Norton entwickelte Balanced Scorecard: »The
Balanced Scorecard complements financial measures of past performance
with measures of the drivers of future performance.« Die Grundidee ist dabei,
über Ursache-Wirkungs-Ketten die Ursachen der finanziellen Symptome
sichtbar und somit beeinflussbar zu machen. Unterschieden werden die vier
Erfolgskriterienbereiche oder Perspektiven:

- Finanzen
- Kunden
- Interne Prozesse
- Potenzialperspektive (auch Mitarbeiter- und Innovationsperspektive).

Die ersten Anwendungen in der Praxis zeigen, dass die Potenzialperspektive
zwar als wichtig eingeschätzt, aber häufig vernachlässigt wird. Ursächlich sind
hier in erster Linie die klassischen Schwierigkeiten bei der Quantifizierung
immaterieller Vermögensgegenstände wie den Human Assets. Die Ableitung

der Erfolgsindikatoren, den Key-Performance-Indicators (KPI), für die Potenzialperspektive sowie die Messung der KPIs fällt für die vierte Perspektive besonders schwer. Dennoch zeigen immer wieder Untersuchungen, dass die Betrachtung der Langzeitperspektive in der Potenzialperspektive, insbesondere in dem Management des Humankapitals von wichtiger Bedeutung ist (Bühner, 1997). Mit dem Human Asset-Management liegt nun ein Modell vor, das zu der erfolgreichen Entwicklung und Anwendung der Balanced Scorecard auch im Hinblick auf die Mitarbeiter-Perspektive beitragen kann.

Die Langzeitperspektive nicht aus dem Blick verlieren

Durch das Human Asset-Management effizient messbar gewordene und direkt beeinflussbare Erfolgsindikatoren, die in die Balanced Scorecard als Werttreiber mit aufgenommen werden können, sind beispielsweise:

- Deckungsgrad zwischen Potenzialen und Anforderungen
- Anzahl der Mitarbeiter, die bereits über die neue Kompetenz X verfügen
- Anteil der internen Besetzungen an allen Neubesetzungen
- Innovationsklima und Veränderungsbereitschaft der Führungskräfte
- Güte der internen Potenzial-Assets.

Damit gibt das Human Asset-Management die Möglichkeit, die Potenzialperspektive effizient abzubilden und dem Prinzip der Messbarkeit zu genügen. Vielen Einflussfaktoren kann dabei ein positiver Einfluss auf die Unternehmensperformance zugeschrieben werden. Hierzu gibt es Untersuchungen, die dies belegen:

Human Asset-Management ermöglicht eine umfassende und effiziente Abbildung der Potenzialperspektive

- Unsystematische Massenentlassungen führen bei den Unternehmen zu einer geringeren Gewinnsteigerung und einer geringeren Aktienrendite als bei Vergleichsunternehmen (Cascio, 1995).
- Unternehmen, die über Programme zur Entwicklung der Motivationsfacette verfügten, hatten eine geringere Fluktuation und höhere Umsätze pro Beschäftigtem (Huselid, 1995).
- Investitionen in die Human Assets machen Unternehmen nach der Börseneinführung länger überlebensfähig (Welbourne/Andrews, 1996).
- Steigerung des Shareholder Values durch ein effektives Human Asset-Management (Bühner, 1997).

Die effiziente Leistungsbewertung anhand der jeweiligen Competencies und KPIs der Balanced Scorecard ermöglicht ebenso eine transparente und faire Vergütung. Sie hat Auswirkungen auf Gehaltsbänder (Fixkomponenten) und variable Anteile.

Transparenz und Fairness in der Vergütung

Vor dem Hintergrund der hohen Transparenz in der Performance-Bewertung des Mitarbeiters durch klare SOLL-Anforderungen mit Multi-Source-IST-

Analysen wird modernen Formen von Vergütungssystemen Rechnung getragen. Es bedeutet sowohl Abkehr von reinen analytischen Aufgabenbewertungen als auch eines wertorientierten Vergütungsansatzes, der sich nur an vergangenheitsorientierten Finanzkennziffern bemisst.

Das innovative Vergütungsinstrument hat folgende Aspekte:

- Es stärkt die Vergütung als umsetzungsorientiertes Steuerungsinstrument im Hinblick auf längerfristige Unternehmensziele und damit die kontinuierliche Mehrung der Human Assets.
- Einen Umsetzungshebel für eine konsequente Zielorientierung innerhalb der Balanced Scorecard.
- Herstellung einer deutlichen Schnittstelle zwischen persönlichen Erfolgsfaktoren und der Vergütung als Steuerungsinstrument.
- Eine stärkere Steuerung des WIE (Erfolgsvoraussetzungen – Competency-Improvement/Key-Performance-Indicators) neben der Orientierung am WAS (Ergebnis).
- Auf Competency-Ebene ein nachvollziehbarer Bezug der Höhe und Struktur der Vergütung zur persönlichen Entwicklung des Mitarbeiters als »Vermögenswachstum«.

Moderne
Vergütungsstrukturen
orientieren sich
am Beitrag des
Einzelnen zum
Unternehmenswert

Als Resümee ergibt sich, dass die Entwicklung der Human Assets auf der Individualebene zu transparenten Vergütungsstrukturen führen muss, die sich an dem Beitrag des Einzelnen zum Unternehmenswert orientieren.

Die Entwicklung des Einzelnen orientiert sich dabei an den persönlichen Erfolgsindikatoren in der Balanced Scorecard sowie der qualitativen und quantitativen Entwicklung des Competency-Sets. So wird der Einzelbeitrag mess- und bewertbar. Die Ableitung von Entwicklungszielen erfolgt nach klaren strategischen Gesichtspunkten und nicht, wie in der Praxis häufig beobachtbar, nach irgendwelchen Kriterien, die sich der Vorgesetzte zusammengesucht hat und die damit oft keiner Systematik folgen.

Eine Verknüpfung von Vergütungskomponenten mit der Ausprägung und Entwicklung von persönlichen Competencies soll Anreize für das Individuum schaffen, an den Befähigungen und Verhaltensweisen zu arbeiten, die für die Beeinflussung der Key-Performance-Indikatoren im Unternehmen relevant sind. Hierbei sollte man die beiden nachfolgenden Komponenten installieren:

- Die Ausprägung der Competencies bildet sich – teilweise neben anderen Facetten – in der Steigerung des Grundgehaltes bzw. der Lage des Mitarbeiters in dem für ihn in der jeweiligen Funktion/Ebene definierten Gehaltsbandes ab.
- Die Weiterentwicklung der Competencies bildet neben den erreichten Erfolgsindikatoren der Balanced Scorecard im Rahmen des Zielvereinbarungsprozesses den variablen Gehaltsanteil ab (z.B. in Form eines zielabhängigen Bonus).

Das Vergütungssystem wird damit zu einem, wenn auch nicht allgemeinen, Instrument zur Umsetzung der Strategie und wichtigen Ergänzung des Human Asset-Managements.

Retention-Programme

Der Wert der Human Assets im Unternehmen und somit der Unternehmenswert selbst werden bei konsequenter Personalentwicklung kontinuierlich steigen, wenn es gelingt, die Fluktuation niedrig zu halten und über Retention-Programme die Mitarbeiter langfristig an das Unternehmen zu binden. Folgende Aspekte führten dazu, dass die Implementierung eines erfolgreichen Bindungsmanagements auch für das Top-Management jedes Unternehmens zu einem strategischen Thema geworden ist:

Strategische Mitarbeiterbindung

- Die Nichtverfügbarkeit von qualifizierten Mitarbeitern wird für einige Unternehmen zum Wachstumshemmnis.
- Der Engpass bezieht sich sowohl auf Schlüsselbranchen, wie z. Z. Informations- oder Biotechnologie, als auch auf den hochqualifizierten Führungsnachwuchs.
- Die Anforderungen an die Top-Einsteiger gleichen sich über Branchen hinweg – daraus resultiert ein »war for talents«.
- Die Arbeitsmärkte werden durch Messen, Marketing, Internet und Executive Search Industry zunehmend transparent.
- Die Kosten für Suche, Auswahl und Einarbeitung neuer Mitarbeiter sowie die Ertragsausfälle bei schlecht oder nicht besetzten Stellen übersteigen den Aufwand selbst für aufwendige Mitarbeiterbindungsprogramme.

Das Binden von Schlüsselmitarbeitern stellt eine große Herausforderung für jedes Unternehmen dar, nicht zuletzt aufgrund der zahlreichen Einflussfaktoren, von denen Mitarbeiter ihre Entscheidung für oder gegen den Verbleib in einem Unternehmen abhängig machen. Nicht wenige Aspekte zur Bindung der Mitarbeiter werden jedoch durch ein erfolgreiches Human Asset-Management positiv beeinflusst. Anhand der sechs Bausteine von Retention-Programmen lässt sich die Bedeutung des Human Asset-Managements für das Binden der Mitarbeiter verdeutlichen:

Baustein 1: Vision und Unternehmensstrategie
Top-Mitarbeiter wollen in erfolgsorientierten und leistungsstarken Unternehmen arbeiten. In Unternehmen mit bereits implementiertem Human Asset-Management liegt eine klare Strategie vor, die ein greifbares Bild von der Zukunft zeichnet und somit Orientierung für jeden einzelnen Mitarbeiter bietet. Es herrscht insgesamt ein Klima von hohem Erfolgs- und Qualitätsanspruch vor, wobei eine deutliche Ausrichtung auf die Steigerung des Unternehmens-

Sechs Bausteine von Retention-Programmen

wertes bis in die untersten Mitarbeiter-Ebenen zu spüren ist. Dies führt zu einer attraktiven Positionierung des Gesamtunternehmens als gesunder Wettbewerber sowie der insgesamt verbesserten Wahrnehmung der eigenen Arbeitsplatzsicherheit.

Baustein 2: People-Strategy

Human Asset-Management verdeutlicht für Mitarbeiter die Strategie des Unternehmens und vermittelt ein greifbares Bild von der Zukunft

Die Einführung des Human Asset-Managements per se vermittelt eine hohe Wertschätzung des »Vermögenswertes Mensch« und verdeutlicht die zentrale, erfolgskritische Bedeutung der Rolle, die dem Mitarbeiter in diesem Unternehmen zugeschrieben wird. Dies trägt zur Gestaltung einer attraktiven Arbeitgeber-Marke bei mit der bindenden Ausstrahlung auf das interne Mitarbeiterumfeld, aber auch den entsprechenden Marketingimpulsen auf dem externen Arbeitsmarkt. Das Ineinandergreifen der diversen Personalstrategie-Instrumente im Human Asset-Management verdeutlicht die werdegangbegleitende, individuelle Mitarbeiterförderung und zeigt den Mitarbeitern auf, was sie von ihrem Unternehmen erwarten können.

Baustein 3: Führungsqualität

Anforderungen an Führungskräfte und -verhalten werden für Mitarbeiter transparent

Ein nachweislich zentraler Faktor für das erfolgreiche Binden von Mitarbeitern ist die Führungsqualität. Die unternehmensweit gültigen Anforderungen an die Führungskräfte sind im Human Asset-Management über die Competencies festgeschrieben und für alle Mitarbeiter transparent. Hieran wird jede Führungskraft gemessen, beispielsweise über Management-Audits, Appraisal-Conferences und Mitarbeiter-Feedback, was sich unmittelbar auf die Vergütung der Führungskräfte auswirkt. Darüber hinaus unterstützt das Human Asset-Management die Führungskraft in ihrer Rolle als Coach und Personalentwickler vor Ort, indem die notwendigen Instrumente zur Competency-basierten Beurteilung und Förderung bereitgestellt werden.

Baustein 4: Anreizsysteme

Die hohe Bedeutung des Human Asset-Managements für die Vergütung der Mitarbeiter wurde im vorigen Kapitel dargestellt. Grundsätzlich gilt im Rahmen von Retention-Programmen das Motto: »Wer mit Erdnüssen bezahlt, wird Affen anziehen.«, dennoch lassen sich beispielweise über eine Competency-basierte Stock-Option-Vergütung oder Longterm-Incentive-Plans intelligent geschnürte Gesamtpakete entwickeln, die die Rentabilität eines Wechsels für den Mitarbeiter erheblich einschränken und ein Verbleiben im Unternehmen attraktiv erscheinen lassen.

Baustein 5: Persönliches Potenzialmanagement

Analog zur Steigerung der Human Assets des Gesamtunternehmens baut jeder einzelne Mitarbeiter seine persönlichen Kompetenzen laufend aus. Da die Personalentwicklung strategiegerichtet durchgeführt wird, erfährt der Mitarbeiter Förderung in den zentralen Zukunftskompetenzen der jeweiligen Branche und steigert somit seinen eigenen Marktwert. Durch die regelmäßig durchgeführten Potenzialanalysen mit einem klaren Bezug zu den strategischen Anforderungsprofilen erhält der Mitarbeiter beispielsweise über das vierteljährige Development Feedback laufend Rückmeldung über seinen aktuellen Leistungsstand und seine bisherigen Entwicklungserfolge. Insbesondere erfolgreiche Mitarbeiter verlangen erfahrungsgemäß stark nach direktem Feedback und wollen ihre Erfolge angemessen dokumentiert und anerkannt sehen. Diese Erwartungen werden im Human Asset-Management standardmäßig erfüllt. Darüber hinaus werden Potenzialträger frühzeitig identifiziert und können über individuelle Karriereplanungen langfristig an das Unternehmen gebunden werden.

Human Asset-Management fördert regelmäßiges Feedback und individuelle Karriereplanung

Baustein 6: Life-Balancing

Zunehmend an Bedeutung gewinnt insbesondere in Unternehmen mit einer langfristigen Perspektive auf dauerhaft angelegtes Wachstum das Thema des Life Balancings. Es wird erkannt, dass eine Bindung der Mitarbeiter nur erfolgreich sein kann, wenn die Mitarbeiter von einer sinnvollen Investition ihrer Lebensarbeitszeit in das Unternehmen ausgehen können und ihnen entsprechende Möglichkeiten zum »Auftanken« der Lebensenergie eingeräumt werden. Im Human Asset-Management besteht die Möglichkeit, über die Berücksichtigung persönlicher Vorlieben und Hobbies den optimalen Einsatzort für jeden einzelnen Mitarbeiter im Unternehmen zu finden. Beispielsweise kann ein Kundenberater mit ausgeprägten Interessen für Hard- und Softwarelösungen wesentlich wertvoller für das Unternehmen im IT-Bereich oder spezifischen Stabsstellen sein und auf diese Weise intelligente Synergien zwischen Hobby und Beruf zur Bereicherung des Arbeitslebens nutzen.

Persönliche Vorlieben und Interessen der Mitarbeiter beachten

Zusammenfassend betrachtet stellen Retention-Programme somit einen weiteren Anwendungsbereich des Human Asset-Managements dar, das wiederum insgesamt über die verschiedenen, dargestellten Hebel zu einer Steigerung des Unternehmenswertes beiträgt. Sowohl die Breite der im Human Asset-Management integrierten Instrumente für ein modernes Personalmanagement als auch die konsequente und intelligente Verknüpfung der verschiedenen Anwendungsbereiche tragen dazu bei, dass das Human Asset-Management nicht nur begrifflich die klassischen Formen der »Ressourcen-Verwaltung« ablösen wird.

Literatur

Bühner, R, 1997: Increasing Shareholder Value through Human Asset-Management. Long Range Planning, Vol. 30, No. 5, pp. 710-717.

Cascio, W. F. 1997: Managing Human Resources: Productivity, Quality of Work Life, Profits. McGraw Hill.

Friedmann, B. S, Hatch, J. A. & Walker, D. M. 1999: Mehr-Wert durch Mitarbeiter. Kriftel: Luchterhand.

Huselid, M. 1995. (zitiert im Buch von Jeffrey Pfeffer: The Human Equation: Building Profits by Putting People first, 1998).

Kaplan, R. S./Norton, D. P. 1996: The Balanced Scorecard – Translating Strategy into Action, Boston 1996. Dt. Übersetzung: Stuttgart 1997.

Pfeffer, J. 1998: The Human Equation: Building Profits by Putting People First. Harvard Business School Press.

Ulrich, D. 1996: Human Resources Champions: The next Agenda for Adding Value and Delivering Results. Harvard Business School Press.

Welbourne, T./Andrews, A. 1996. (zitiert im Buch von Jeffrey Pfeffer: The Human Equation: Building Profits by Putting People first, 1998).

Personalmanagement und Wissensmanagement – Added Value für das Unternehmen?

Dr. Jens Bäumer/Matthias Meifert

Die Wettbewerbsfähigkeit wird maßgeblich durch das Wissen, welches ein Unternehmen gesammelt hat und zu nutzen versteht, beeinflusst. Die Mitarbeiter sind Träger dieses Wissens und damit die Erfolgsfaktoren des Unternehmens. Dabei machen die wachsende Zahl an verfügbaren Informationen, Fusionen, dezentrale Strukturen aber auch Mitarbeiterfluktuation und Projektmanagement es für den Einzelnen unmöglich, über alles notwendige Wissen zu verfügen. Gefragt sind also Strukturen und Kommunikations- und Informationstechnologien, die das im Unternehmen vorhandene Wissen dem Gesamtunternehmen und seinen Erfolgsträgern verfügbar machen. Hier setzt das Wissensmanagement an.

Trotz der Notwendigkeit eines effizienten Wissensmanagements führen verschiedenste Probleme häufig zum Scheitern von Wissensmanagement-Projekten. Die bestehenden Schwierigkeiten verdeutlichen aber auch die Ansatzpunkte für ein erfolgreiches Wissensmanagement.

In diesem Beitrag werden wir die Möglichkeiten von Personalbereichen beleuchten, mit praktikablen Ansätzen zum Wissensmanagement einen Added Value für das Unternehmen zu liefern. Warum das Thema »Wissensmanagement« ein zentrales strategisches Thema für Unternehmen ist, warum und wie sich der Personalbereich verstärkt diesem Thema annehmen sollte, ist Gegenstand des Artikels.

Ausgangssituation: Neupositionierung von Personalbereichen

Wissensmanagement als Herausforderung für moderne Unternehmen

Wissensmanagement braucht Probleme!
Wichtiges Wissen wird nicht geteilt
Datenbanken, die im Unternehmen existieren, werden nicht optimal genutzt
Wichtiges Wissen geht den Unternehmen unwiederbringlich verloren
Potenzialträger und wichtige Wissensträger werden nicht erkannt und/oder
    nicht systematisch weiterentwickelt

Wissensmanagement braucht Personalmanagement!

Praxisbeispiele

Fazit

Ausgangssituation: Neupositionierung von Personalbereichen

Die Personalbereiche von deutschen Unternehmen sind seit einigen Jahren wachsendem Veränderungsdruck ausgesetzt. Dies ist weitgehend bekannt: Verstärkt wird die Frage nach dem Wertschöpfungsbeitrag des Personalbereichs für das Unternehmen gestellt. Im Rahmen von Befragungen interner Kunden von Personalbereichen sind wir in unseren Projekten immer wieder auf die folgenden Erwartungen an den Personalbereich getroffen:

- Die Führungskräfte in den Geschäftsbereichen wollen einen Personalbereich der etwas vom Geschäft versteht und den sie als echten Business-Partner (Ulrich, 1997) akzeptieren können.
- Die internen Kunden (Mitarbeiter, Führungskräfte und Geschäftsführung) erwarten, dass sie *einen* Ansprechpartner im Personalbereich haben (»One Face to the Customer«).
- Die Zufriedenheit der internen Kunden ist im hohen Maße davon abhängig, inwieweit der Personalbereich auch aktiv Impulse und Vorschläge zur Unterstützung der Unternehmens- und Geschäftsbereiche liefert und nicht nur auf Nachfrage reagiert.
- Schließlich erwarten insbesondere die Schlüsselkunden (Top Management), dass strategisch relevante Themen aktiv vom Personalbereich unterstützt und getrieben werden (Rolle als Change-Agent).

Erwartung und Kritik am Personalbereich

In den genannten Punkten liegt die Hauptkritik an den meisten Personalbereichen. Sie werden in den Kundenbefragungen in aller Regel als hilfsbereit, freundlich und dienstleistungsorientiert eingeschätzt, es fehlt jedoch die Positionierung als kompetenter strategischer Partner der internen Kunden.

Für Personalbereiche ergibt sich daraus die Frage nach den strategisch relevanten Kernthemen, mit denen sie einen Added Value für das Unternehmen liefern. Kernthemen sind momentan in vielen Unternehmen:

- Aufbau von Arbeitsmarktfähigkeit für die Mitarbeiter statt Arbeitsplatzgarantie (Stichwort: Employability).
- Entwicklung und Umsetzung von intelligenten Personalbindungsmodellen (Stichwort: Retention).
- Sicherung einer Top-Besetzungsqualität durch den Aufbau eines überzeugenden Arbeitgeberimages (Netzwerke zu Universitäten, marktfähige Anreizsysteme).
- Unterstützung des Unternehmens bei der Stärkung der Vertriebsbereiche (Verkäufermentalität, kundenorientierte Prozesse etc.).
- Heranführen der Mitarbeiter an neue Informations- und Kommunikationstechnologien.
- Entwicklung neuer Wege des Ideenmanagements und praktikable Umsetzung von Wissensmanagement im Unternehmen, um Innovationsprozesse zu treiben.

Strategisch relevante Kernthemen für den Personalbereich

Wissensmanagement als Heraus- forderung für moderne Unternehmen

**Wettbewerbs-
fähigkeit wird
maßgeblich durch
Human Capital
gestaltet**

Die Erkenntnis, dass die Wettbewerbsfähigkeit deutscher Unternehmen maßgeblich auf dem Human Capital, dem Wissen der Mitarbeiter basiert, ist nicht neu. Michael Porter (1991) stellt in seiner bekannten Studie zu nationalen Wettbewerbsvorteilen die dominierende Relevanz der Ressource Wissen für die deutsche Wirtschaft heraus.

Unternehmen sind aufgefordert, diesen potenziellen Wettbewerbsfaktor auszuschöpfen. Die Herausforderung ist es, das jeweils erforderliche Wissen zum richtigen Zeitpunkt am richtigen Ort verfügbar zu haben.

In jedem Unternehmen werden tagtäglich Mengen an Informationen aufgenommen und weitergegeben, Erfahrungen und Ideen ausgetauscht: Neue Mitarbeiter kommen mit ihrem Wissen in das Unternehmen, alte erfahrene Mitarbeiter verlassen das Unternehmen, Verkäufer sammeln wichtige Anregungen ihrer Kunden, Projektgruppen treffen sich und tauschen sich aus, E-Mails werden verschickt, Informationen werden in Datenbanken eingestellt und wieder abgerufen usw. Herausforderung für jedes Unternehmen ist es, diesen permanenten Austausch von Wissen nicht dem Zufall zu überlassen, sondern gezielt im Sinne des Unternehmenserfolgs zu steuern.

Dieses zielgerichtete Organisieren und Steuern von Daten, Informationen, Erfahrungen, Ideen, Spezialisten-Know-how, Problemlösungsansätzen und weiteren Voraussetzungen dafür, Entscheidungen sinnvoll treffen zu können, nennen wir **Wissensmanagement**.

**Wissens-
management**

Auch wenn der Begriff »Wissensmanagement« vermutlich seinen Zenit bereits überschritten hat, wird die *Aufgabe* für Unternehmen, Wissen zu organisieren und zielgerichtet zu steuern zunehmend virulent. Warum?

- Unternehmen sind einer **Flut an Informationen** ausgesetzt. Die Brooks Foundation an der Stanford Universität in Palo Alto verweist auf eine Akzeleration des Wissens, bei der sich der Wissensstoff der Menschheit zwischen 1800 und Mitte des 20. Jahrhunderts versechzehnfacht hat. Jede Minute werden 2000 Seiten an wissenschaftlichen Erkenntnissen neu produziert, und es bedarf 5 Jahre, um die produzierte Menge eines Tages zu lesen.

- **Moderne Informations- und Kommunikationstechniken** ermöglichen zum einen eine beliebig große Informationsflut, von der in den Unternehmen durchschnittlich mehr als 95 Prozent unbeachtet auf dem Müll landen (Institut für Konsum- und Verhaltensforschung). Sie liefern darüber hinaus ganz neue Kommunikationsmöglichkeiten für die Beschäftigten im Unternehmen.

- Die **zunehmende Fusion von Unternehmen** führt dazu, dass Fragen nach Wissenssynergien, nach der Verbindung oder Vernetzung des Wissens zweier fusionierender Unternehmen zu beantworten sind.

- **Dezentrale Strukturen** von Unternehmen erfordern koordinierende und steuernde Aktivitäten zwischen den dezentralen Einheiten. Vermeidung von Doppelarbeiten an unterschiedlichen Standorten, Lernen aus den Fehlern anderer Einheiten, Definition von Best Practices sind hier wichtige Stichworte.
- Unternehmen organisieren ihre Arbeit zunehmend in **Projektarbeit.** Mehr oder weniger lose miteinander verbundene Projektteams sind auf den Austausch von Projekterfahrungen angewiesen, Projektstaffing muss kurzfristig mit den richtigen Personen realisiert werden; Transparenz über das vorhandene Wissen im Unternehmen ist dafür ein absolutes Muss.
- Es hat eine deutliche **Verkürzung von Produktlebens- und Innovationszyklen** stattgefunden. Selbst in den traditionellen Branchen, wie in der Automobilindustrie, haben sich die Modellentwicklungszeiten in den letzten 10 Jahren halbiert. Fragen, wie beispielsweise neue Ideen erzeugt und vor allem genutzt werden können, sind von den Unternehmen zu beantworten.
- Die prinzipielle Verfügbarkeit von Informationen über moderne Informations- und Kommunikationstechniken hat die **Kunden zunehmend aufgeklärt und anspruchsvoll** gemacht. Vor diesem Hintergrund erhalten die Nähe zu den Bedürfnissen der Kunden und intelligente Kundenbindungsmodelle eine erhöhte Relevanz.

Diese Ausführungen deuten bereits an, dass das Thema Wissensmanagement allumfassend und komplex ist, wenig praktikabel erscheint, und es verwundert nicht, dass sich viele eigens für das Thema Wissensmanagement eingesetzte Projektgruppen an dem Thema »überheben«.

Den Studien zufolge, die sich mit der Umsetzung von Wissensmanagement im Unternehmen beschäftigen, scheitern ca. 80 Prozent aller Projekte (vgl. Kienbaum-Studie 1998, ILOI-Studie 1997). Als Hauptgründe für das Scheitern werden erstens das fehlende Commitment der Unternehmensspitze und zweitens die fehlende Berücksichtigung der Human Resources genannt. Was konkret steht hinter diesen Aussagen?

Auf der Grundlage unserer Projekte und Studien in den letzten zwei Jahren haben wir folgende Erfahrungen gemacht:

Projekte zur Umsetzung von Wissensmanagement scheitern bei fehlender Unterstützung des Managements und fehlender Berücksichtigung der Human Resources

- Den Projektgruppen, die sich mit dem Thema Wissensmanagement in den Unternehmen beschäftigen, fehlen die Nutzenargumente, um das Top Management nachhaltig zu überzeugen. Es werden zumeist langfristige, eher »weiche« Indikatoren für den Erfolg herangezogen, die aus Sicht des Top Managements keine größeren Investitionen rechtfertigen. Konkrete operationalisierte Zielsetzungen für Projekte zum Wissensmanagement sind selten.
- Datenbanken, die eingeführt werden, werden technisch problemlos realisiert, aber nicht genutzt. Bei der Einführung von Datenbanken wird zu stark technikgetrieben vorgegangen. Zentrale Themen, wie Motivation und

Anreize werden erst nach dem ersten Scheitern einer Datenbank ins Auge gefasst.

- Es fehlt den Verantwortlichen für das Wissensmanagement sehr häufig der praktikable Zugang zu dem Thema Wissensmanagement und die konkrete Vorgehensweise bei der Umsetzung.

Starten wir den Versuch, das Wissensmanagement handhabbar zu machen.

Wissensmanagement braucht Probleme!

Auslöser für Projekte zum Wissensmanagement sind Probleme

These: Auslöser und Ansatzpunkte für Projekte zum Wissensmanagement müssen **Probleme** oder Defizite im Umgang mit der Ressource Wissen sein. Das bedeutet anders herum argumentiert, dass nicht jedes Unternehmen Projekte zum Wissensmanagement braucht. Beispiele:

- Es fehlt der Überblick über die Kompetenzen im Unternehmen, Projekt- oder Arbeitsgruppen können nicht zeitgerecht und gemäß ihrer Kompetenzen zusammengesetzt werden.
- Es werden wichtige Kundeninformationen vom Vertrieb nicht an die Forschung und Entwicklung weitergegeben, Produkte werden am Markt vorbei entwickelt.
- Wichtige Erfahrungsträger verlassen das Unternehmen und nehmen ihr Wissen mit.
- Es fehlt der Überblick über Projekterfahrungen im Unternehmen. Doppelarbeit und Fehlerwiederholungen sind die Konsequenzen.
- Mitarbeiter einer Abteilung oder entlang eines Prozesses kommunizieren nicht miteinander.
- Es werden zu wenig Ideen erzeugt und/oder umgesetzt.
- Vorhandene Datenbanken werden unzureichend genutzt.

Problemfelder des Wissensmanagements

In einer kürzlich durchgeführten Vorstudie zu einer groß angelegten Untersuchung von Kienbaum zum Thema »Wissensmanagementprobleme in Unternehmen« wurden folgende Hauptproblemfelder identifiziert:
Von den 120 befragten Unternehmen geben

- 60 Prozent an, dass die Weitergabe von wichtigem Wissen ein Problem ist und nicht gezielt gefördert oder vorgelebt wird,
- knapp 50 Prozent an, dass die Nutzung und Pflege von vorhanden Informationssystemen deutlich defizitär ist,
- mehr als 40 Prozent an, dass der Überblick über das im Unternehmen wichtige Wissen fehlt,
- 30 Prozent an, dass es häufig Know-how-Verlust durch die Abwanderung von Mitarbeitern gibt.

In zahlreichen Nachgesprächen haben wir die Hauptproblemfelder näher beleuchtet:

Wichtiges Wissen wird nicht geteilt

Dieses Problem tritt in den Unternehmen insbesondere in folgenden Facetten auf:

- Wenn die beteiligten Akteure entlang der Wertschöpfungskette sowohl zentral als auch dezentral organisiert sind. So etwa, wenn der Vertrieb dezentral organisiert ist und die Bereiche Marketing, Forschung und Entwicklung und das Controlling zentral organisiert sind. Dabei werden Marketingaktionen zentral angestoßen, in die die dezentrale Vertriebsorganisation nicht einbezogen ist, es werden Produkte am Markt und an den dezentralen Vertrieblern vorbeientwickelt etc.

- Wenn innerhalb eines Bereiches unterschiedliche Kulturen und Verständnisse vom Arbeiten existieren. Typische Beispiele sind in den Forschungs- und Entwicklungsbereichen in der industriellen Fertigung zu identifizieren: Erfahrene Konstrukteure arbeiten mit jungen gut ausgebildeten CAD-Ingenieuren zusammen. Die jüngeren Mitarbeiter akzeptieren das Erfahrungswissen der Konstrukteure nicht, es herrscht die Auffassung, dass moderne CAD-Anwendungen das Erfahrungswissen älterer Konstrukteure ersetzen. Das Prinzip der technischen Machbarkeit dominiert. Die erfahrenen Konstrukteure bauen Distanz gegenüber den jüngeren Mitarbeitern auf, entwickeln Ängste vor Kontrollverlust und Wertigkeitsverlust. Es kommt zum »Bunkern« wichtigen Erfahrungswissens. Als Konsequenz werden Entwicklungsprozesse verzögert, Wissenssynergien nicht genutzt und Doppelarbeiten in Kauf genommen.

Organisationsstrukturen und Kulturunterschiede im Unternehmen können zum Hindernis für Wissensmanagement werden

Datenbanken, die im Unternehmen existieren, werden nicht optimal genutzt.

Mit Blick auf die Ergebnisse der Vorstudien zeigen sich folgende Facetten:

- Insbesondere Projektdatenbanken und Ideendatenbanken sind nicht gepflegt und werden nicht genutzt.
- Es besteht das Problem der Bewertung von Projekten und Ideen: Wer bewertet mit welchen Kriterien, welche Projekte und Ideen in die Datenbanken eingestellt werden? In dem Zusammenhang gibt es häufig keine klare Verantwortungsteilung für die dezentrale Eingabe und das zentrale Zusammenführen und Bewerten von Wissen.
- Die Erstbefüllung mit Projekten und Ideen ist nicht optimal, bzw. häufig gibt es keine Erstbefüllung, so dass die »kritische Masse« an vermeintlich

Fehlende Struktur für Aufbau und Pflege von Datenbanken bedingen eine mangelnde Nutzung und Fortführung

interessantem Wissen für die Mitarbeiter nicht bereitgestellt wird. Als Folge nehmen die Mitarbeiter keinen Nutzen wahr, auf die Datenbanken zuzugreifen.

- Die Strukturierungskriterien der Datenbanken entsprechen nicht den Strukturierungskriterien der potenziellen Nutzer.
- Es ist nicht klar genug kommuniziert, welchen Mehrwert die Nutzung der Datenbanken für die Mitarbeiter hat.
- Es existieren keine ausgereiften Anreiz- und Sanktionsmechanismen, mit denen die Nutzung gesteuert werden kann.

Wichtiges Wissen geht den Unternehmen unwiederbringlich verloren.

Folgende Problempunkte haben wir in den Vorstudien identifiziert:

- Junge und gut ausgebildete Nachwuchskräfte verlassen das Unternehmen, entweder weil es keine optimalen Bindungsprogramme gibt, oder weil sie in die Sozialauswahl des Mitarbeiterabbaus fallen.
- Erfahrungsträger des Unternehmens gehen altersbedingt bzw. aufgrund von Vorruhestandsregelungen aus dem Unternehmen. Es wurde versäumt, rechtzeitig zum Beispiel durch strukturierte Austrittsgespräche, Erfahrungsberichte der Erfahrungsträger, oder durch intelligente Patenmodelle die wichtigen Erfahrungen an das Unternehmen zu binden.

Potenzialträger und wichtige Wissensträger werden nicht erkannt und/oder nicht systematisch weiterentwickelt.

Unternehmen müssen ihre Potenzial- und Wissensträger kennen

Folgende Problempunkte haben wir in den Vorstudien identifiziert:

- Es fehlt den Unternehmen häufig an Transparenz über die wichtigsten Potenzialträger, die das Unternehmen zukünftig weiterbringen können. Zum einen wird dies darauf zurückgeführt, dass eine systematische Potenzialerfassung noch nie durchgeführt wurde, zum anderen darauf, dass es für Potenzialträger keine gezielten Entwicklungsprogramme gibt.
- Träger von wichtigem Wissen für das Unternehmen werden nicht erkannt (»wenn wir wüssten, was wir wissen«). Unternehmen führen dieses Problem zum großen Teil darauf zurück, dass nicht klar ist, welches Wissen für das Unternehmen wichtig ist und welches nicht. Das heißt, dass dieses Problem auf die fehlende Verbindung zwischen der Unternehmensstrategie und den Unternehmenszielen einerseits und den Human Resources / den Kompetenzfeldern andererseits zurückzuführen ist.

Nur auf der Grundlage möglichst konkret definierter Probleme können die Projektziele definiert und operationalisiert sowie Projekterfolge kontrolliert und nachgewiesen werden. Diese problemorientierte Herangehensweise an das diffuse Thema Wissensmanagement ist damit gleichsam der Schlüssel für das Commitment des Top Managements.

Wissensmanagement braucht Personalmanagement!

Betrachtet man die Probleme zum Wissensmanagement, so geht es dabei im Kern um fehlende Transparenz und um fehlenden Austausch von Wissen; einfach ausgedrückt: Wissen wird abgegeben und aufgenommen bzw. verarbeitet, Erfahrungen über Kunden oder Projekte werden ausgetauscht, Wissen wird in eine Datenbank eingestellt und abgerufen. Damit wird der Mitarbeiter zum Erfolgsfaktor oder Engpass des Wissensmanagements, dem besondere Aufmerksamkeit geschenkt werden muss. Laurance Prusak, Chef der IBM Consulting Group, formuliert es so: »Das Wissen ist immer eingebettet in soziale Beziehungen. Wenn ich nur einen einzigen Dollar für Wissensmanagement ausgeben dürfte, würde ich ihn in die Beziehungen investieren, nicht in die Speicherkapazität.«

Wissensmanagement heißt somit im Kern, die Informations- und Kommunikationsflüsse so zu verbessern, dass sie die Unternehmensstrategie positiv befördern. Praktikable Projekte zum Wissensmanagement müssen an den Informations- und Kommunikationsbrüchen im Unternehmen ansetzen und die Rahmenbedingungen für zielgerichtete Informations- und Kommunikationsflüsse schaffen.

Wissensmanagement soll die Informations- und Kommunikationsflüsse so verbessern, dass sie die Unternehmensstrategie positiv unterstützen

- Es müssen die **organisatorischen** Voraussetzungen (Prozesse und Strukturen) dafür geschaffen werden, dass zielgerichteter Wissensaustausch funktioniert. Zum Beispiel durch Kommunikationsforen, Erfahrungsaustauschgruppen, Centers of Competence, Projektarbeiten.
- Es müssen die Rahmenbedingungen der **Informations- und Kommunikationstechnologie** geschaffen werden. Zum Beispiel Intranet, Internet, Produkt-, Projekt- und Kundendatenbanken.
- Es müssen die erforderlichen Rahmenbedingungen des **Personalmanagements** geschaffen werden. Anreize, Sanktionen, Karrieremodelle, Beurteilungen, Zielvereinbarungen, Trainings müssen darauf ausgerichtet werden, zielgerichtete Informations- und Kommunikationsflüsse in Gang zu setzen.
- Es müssen schließlich, eng mit den Voraussetzungen des Personalmanagements verbunden, die Rahmenbedingungen für **Kultur und Führung** geschaffen werden. Beispielsweise müssen Tendenzen von Abteilungs- und

Aufbau einer Fehlerkultur

Bereichsegoismen aufgebrochen werden, Vertrauen zur Weitergabe und Nutzung von Wissen aufgebaut werden, eine »Fehlerkultur« aufgebaut werden.

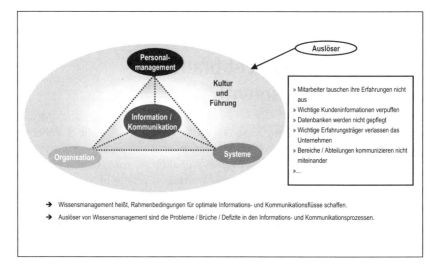

Abbildung 1: Rahmenbedingungen für Information und Kommunikation

Die bisherigen Ausführungen haben angedeutet, welch zentrale Rolle das Personalmanagement im Zusammenhang mit dem Wissensmanagement im Unternehmen spielt. Betrachtet man exemplarisch ausgewählte Praxisbeispiele, so wird deutlich, dass die Probleme zum Wissensmanagement in erster Linie etwas mit den Feldern Führung, Motivation, Angst (zum Beispiel vor Arbeitsplatzverlust), Egoismus, Macht, Qualifikation und Vertrauen zu tun haben und erst sekundär mit den Strukturen von Datenbanken, mit fehlender technischer Vernetzung etc.

Praxisbeispiele

Beispiel I: Einführung einer Projektdatenbank und Veränderung der Unternehmenskultur

Ausgangssituation:
Ein europaweit tätiges Versicherungsunternehmen mit mehr als 10.000 Mitarbeitern hatte 1999 das Ziel, Wissen über Projektmanagement generell und über die im Unternehmen laufenden und abgeschlossenen Projekte transpa-

rent zu machen. Alle Mitarbeiter sollten schneller und besser auf bereits im Unternehmen vorhandenes Wissen zurückgreifen und auf dieser Basis bessere Entscheidungen treffen können. Darüber hinaus sollten mit dieser Maßnahme Redundanzen und Doppelarbeit vermieden werden. Aus kleineren gescheiterten Pilotprojekten mit Datenbanken in der Vergangenheit – eine zentral im Personalbereich angesiedelte Know-how-Datenbank wurde von den Führungskräften und Mitarbeitern im Unternehmen nicht angenommen – hatte man für die Einführung der Projektdatenbank folgende Schlüsse gezogen:

Vermeidung von Doppelarbeit und besseres Wissensmanagement

- *Dezentrale Eingabe und Pflege durch die Projektleiter.*
- *Die Einführung der Projektdatenbank sollte nachhaltig in der Organisationskultur verankert werden. Diese sollte sich auszeichnen durch Transparenz, Offenheit und die aktive Förderung von Informations- und Erfahrungsaustausch.*
- *Die Einführung sollte mit umfangreichen internen Kommunikations- und Qualifizierungsmaßnahmen begleitet werden.*

Vorgehensweise:

- Zweitägiger Workshop zur Sensibilisierung der obersten Führungskräfte für die Bedeutung des Wissensaustausches in ihrem Versicherungsunternehmen.
  - Es wurden dafür die zahlreichen Beispiele für Redundanzen und Doppelarbeit sowie für Fehlentscheidungen (anonymisiert) aus der Vergangenheit aufgezeigt. Dieses »Missmanagement von Wissen« wurde näherungsweise quantifiziert. Auf diese Weise war das Top Management aufgeschlossen für neue Lösungswege.
  - Es wurde in einem zweiten Schritt aufgezeigt, welche Erfolge andere Unternehmen mit vergleichbaren Vorhaben erzielt haben (Benchmarks).
  - Es wurden gemeinsam die Eckpunkte für eine Lern- und Wissenskultur im Unternehmen definiert.
  - Es wurden die größten Barrieren und Brüche im Informations- und Wissensfluss aus Sicht des Top Managements herausgearbeitet.
  - Es wurden gemeinsame Leitwerte und -prinzipien (»Offenheit«, »Transparenz«, »Vertrauen«, »aus Fehlern lernen«, »wer wichtige Erfahrungen weitergibt, wird belohnt«) verbindlich festgelegt.
  - Es wurden schließlich aus diesen Leitwerten und -prinzipien heraus erste Anforderungen für Projektleiter, Führungskräfte und Mitarbeiter abgeleitet
- In nachfolgenden Führungstrainings wurden die Leitwerte und -prinzipien transportiert und deren konkrete Bedeutung für Führungssituationen trainiert.

Führungskräfte-Workshop zum Projektstart

- Für die konkrete Einführung der Projektdatenbank wurden zunächst Kurzbefragungen mit ausgewählten potenziellen Nutzern durchgeführt. Es wurden insbesondere die Erwartungen an die Datenbank und die benötigten Anreize für dessen Nutzung erhoben. Mit den folgenden drei Punkten wurden die Erwartungen weitgehend aufgegriffen.
- Erstbefüllung von Projektmanagement-Wissen durch Berater. Die Erfahrung vergangener Projekte hatte gezeigt, dass das Interesse der Mitarbeiter für eine Datenbank geweckt werden muss. Dies gelingt am besten dann, wenn in die Datenbank Expertenwissen eingestellt wird.
- Zentrale Eingabe bisheriger Projektdaten und Autorisierung durch jeweiligen Projektleiter.

Schaffen von Anreizen zur Nutzung und Erweiterung der Datenbank

- Kopplung von Anreizen an die Pflege und Nutzung der Datenbank. Die Nutzer konnten für wichtige Hinweise aus der Projektdatenbank, die ihnen bei ihren Entscheidungen geholfen haben fiktive Münzen vergeben (die Anzahl an Münzen war limitiert). Für jeden Nutzer war auf dem System ersichtlich, welche Projekterfahrungen/Projektleiter wie viel Münzen hatten. Einmal im Jahr wird die Best Experience mit einer Reise prämiert, und zwar sowohl für denjenigen, der die Projekterfahrung eingestellt hat, als auch für den Nutzer. Einstellen und Nutzung werden auf diese Weise angereizt.

Ergebnisse:

Es entwickelt sich eine Kultur, die durch Informations- und Wissensaustausch geprägt ist

Knapp ein Jahr nach der Datenbankeinführung ist das Fazit positiv. Doppelarbeiten sind deutlich zurückgegangen, der Nutzungsgrad liegt bei knapp 90 Prozent. Der Personalbereich wird im Sommer eine Nutzerbefragung durchführen, in der er Vielnutzer und Wenignutzer befragt, um weitere Anregungen aufzunehmen. Besonders positiv ist der Eindruck, dass sich durch die Maßnahme eine Kultur zu entwickeln scheint, die durch Informations- und Wissensaustausch geprägt ist.

Rolle des Personalbereichs:

Der Personalbereich war von Beginn an im Projektteam vertreten. Es wurden gemeinsam mit dem Berater der zweitägige Workshop vorbereitet, die Befragung der potenziellen Nutzer durchgeführt und die Anreizelemente entwickelt. Das Personalcontrolling hat im Anschluss an die Einführung die Verantwortung für die Erfolgssteuerung der Datenbank übernommen und führt die Nutzerbefragungen durch. Die Leitwerte und -prinzipien werden momentan in das vorhandene Beurteilungssystem integriert (Competency-basierte Vorgehensweise).

Beispiel II: Erfassung und Weitergabe von individuellen Vertriebsstrategien – Initiierung von Lessons-Learned-Sitzungen im Vertrieb

Ausgangssituation:
Ein international tätiges Unternehmen der Telekommunikationsbranche mit knapp 3.000 Mitarbeitern wurde 1999 damit konfrontiert, dass eine größere Anzahl von erfahrenen Vertriebsmitarbeitern das Unternehmen verließ. Insgesamt mussten 28 neue Mitarbeiter in den acht Vertriebsniederlassungen eingestellt werden. Aufgrund eines engen Personalbudgets gelang es nur gut zu einem Drittel, die vakanten Positionen mit vertriebserfahrenen Kandidaten zu besetzen. Die restlichen Mitarbeiter verfügten zwar über eine kaufmännische beziehungsweise technische Ausbildung, aber über keine vertriebliche Kompetenz. Für alle neuen Mitarbeiter wurde ein Einarbeitungsprogramm aufgelegt. Es sah eine dreitägige Produktschulung sowie ein zweitägiges Vertriebstraining vor. Trotzdem traten ernsthafte Probleme auf: Die Reklamationsquote stieg erheblich an und das Volumen an Neuabschlüssen sank von monatlich 1,5 Millionen DM auf 1,1 Millionen DM.

Mit dieser Herausforderung konfrontiert, wurde ein Projekt initiiert, welches die Zielsetzung verfolgte, die individuellen Vertriebsstrategien und -methoden der (verbliebenen) erfahrenen Vertriebsmitarbeiter zu erfassen und diese für die neuen Mitarbeiter »greifbar« zu machen. Darüber hinaus sollte der Erfahrungsaustausch zwischen den Mitarbeitern der acht Vertriebszentren intensiviert werden.

Wissen von erfahrenen Mitarbeitern für neue nutzbar machen

Vorgehensweise:

- In einem ersten Analyseschritt war die Frage zu klären, welche Wissensbestandteile für den Vertriebserfolg maßgeblich sind. Dazu wurden insgesamt 10 besonders erfolgreiche Vertriebsmitarbeiter interviewt und nach ihren Erfolgsmustern befragt. Die besondere Herausforderung lag darin, dass es sich im Wesentlichen um implizite Wissensbestandteile handelt. Die Schwierigkeit bei der Erfassung dieses Wissens liegt darin, dass es stark an eine Person gebunden ist. Schließlich geht es um Erfahrungswissen, Intuition und Gefühl. Es wurde die Methode des Tiefeninterviews gewählt und als Analyseraster die Neuro-Linguistische-Programmierung (NLP)[1] benutzt. Damit war es möglich, auch Stimmung und Gefühle der erfolgreichen Vertriebler mit zu erfassen.

Tiefeninterviews zur Erfassung impliziten Wissens

---

1   NLP hat seinen Ursprung in den 70er Jahren. Die beiden Amerikaner John Grinder und Richard Bandler untersuchten die Gründe dafür, warum einige Psychotherapeuten höhere Heilungsquoten erzielen als andere. Die Arbeitsweisen des Hypnosetherapeuten Milton Erikson, des Gestalttherapeuten Fritz Pearls und der Familientherapeutin Virginia Satir führten zur Ableitung von übergreifend geltenden erfolgreichen Verfahrensweisen, Methoden und Vorannahmen zur psychotherapeutischen Behandlung von Menschen. Inzwischen wird NLP auch in allgemeinen Erfolgstrainigs sowie Vertriebsseminaren eingesetzt.

Vertriebshandbuch

- In einem zweiten Schritt wurden die Ergebnisse der Interviews verdichtet und in einem Vertriebshandbuch zusammengefasst. Eine kurze Story veranschaulicht jede »Erkenntnis« im Handbuch. Jeder Vertriebsmitarbeiter erhielt ein persönliches Exemplar. Es enthält Raum, um eigenen Erfolgserfahrungen zu notieren.
- Im Weiteren zeigte sich, dass die kodifizierten impliziten Wissensbestandteile zwar auf ein reges Interesse bei den Vertriebsmitarbeitern stießen, aber die Anwendung sich nach wie vor schwierig gestaltet.

Lernen im Team

- In jeder Vertriebsniederlassung wurde an einem Samstag ein moderierter Workshop mit jeweils zwei der im ersten Schritt interviewten Vertriebler sowie allen Vertriebsmitarbeitern durchgeführt. Ziel war es, die im Handbuch geschilderten Erfolgsmuster durch kurze Rollenspiele und Videosequenzen, die im Verlauf der Interviews angefertigten wurden, zum »Leben zu erwecken«. Während der Workshops wurden Tandemgruppen gebildet: Jeweils zwei Mitarbeiter verabredeten sich, um zukünftig Rückmeldungen zum Vertriebsverhalten des Anderen zu geben.
- Einmal im Quartal trifft die Workshopgruppe zusammen, um Erfahrungen auszutauschen (Lessons-Learned).

Vertriebsforum

- Um den Austausch zwischen den Vertriebsniederlassung zu intensivieren, wurde ein Vertriebsforum eingerichtet. Es tagt halbjährlich in einer der bundesweiten Niederlassungen. Jeweils zwei Mitarbeiter jeder Vertriebsniederlassung nehmen an dem Vertriebsforum teil. Neben dem Wissensaustausch dient diese Zusammenkunft auch der Information durch die Vertriebsleitung über aktuelle Themen.

Ergebnisse:
Mit Einführung der Vertriebsworkshops und Tandems stieg die Beratungsqualität deutlich an. Die Reklamationsquote konnte gesenkt werden. Das Neugeschäft übersteigt gut ein halbes Jahr nach dem Projekt das Niveau vor dem Ausscheiden der Vertriebsmitarbeiter. Zwischenzeitlich wurde ein neues Beurteilungssystem eingeführt. Es berücksichtigt als Kriterium auch die engagierte Teilnahme an Lessons-Learned-Runden sowie die Arbeit mit dem Tandempartner.

Rolle des Personalbereichs:
Der Personalbereich war von Beginn an im Projektteam vertreten. Vier Mitarbeiter wurde als Workshop-Moderatoren von dem Berater ausgebildet. Sie leiten seitdem diese Sitzungen. Das Vertriebsforum wird vom Vertriebsleiter Deutschland moderiert. Auch er beteiligt sich am Lessons-Learned-Prozess durch eigene Beiträge. Im Nachgang wurde der Personalbereich von der Geschäftleitung kritisiert. Sie haben keine systematischen Austrittsgespräche mit den scheidenden Vertrieblern geführt und so den Wissensabfluss erst ermöglicht.

Lesson-Learned aus dem Projektbeispiel:
Beim Ausscheiden von erfahrenen Mitarbeitern sind folgende Schritte
sinnvoll:

- Einschätzung der Bedeutung des drohenden Wissensabflusses.
- Weitergabe des Erfahrungswissens durch Mentorenprogramme oder   **Wissen erhalten**
  Workshops. Sollte es sich um ein Ausscheiden im Rahmen einer
  Frühverrentung handeln, so bietet es sich an, die aktive Weitergabe des
  Wissens auch vertraglich zu regeln (z. B. Koppelung eines Teil der Ab-
  findung).
- Organisation einer systematischen Übergabe des Arbeitsplatzes an den
  Nachfolger. Auch dieser Schritt sollte mit Anreizinstrumenten unter-
  legt werden.
- Umfassendes Austrittsgespräch anhand eines Leitfadens. Gegenstand
  sollte neben den Austrittsmotiven auch die als unentbehrlich einge-
  schätzten Wissensbestandteile für die Erfüllung der Aufgabe sein.

**Beispiel III: Erfolgreicher Vertrieb in der Energieversorgung durch
Wissensmanagement**

Ausgangssituation:
*Im Rahmen der wettbewerbsorientierten Neuausrichtung eines Energie-
versorgungsunternehmens mit ca. 1.000 Mitarbeitern und im Zuge der Liberalisierung des Energiemarktes insgesamt sollte 1999 das Kundenmana-*   **Verbesserung des**
gement verbessert werden. Das Unternehmen hat 10 regionale Vertriebs-   **Kundenmanagements**
*zentren, die für die Akquisition von Neukunden (Hausanschlüsse) und für
die regionale Betreuung der Kunden vor Ort zuständig sind. Neben dem Vertrieb existieren in den Vertriebszentren die Bereiche Montage, Planung,
Kaufmännisches. In der Zentrale sind u.a. das Großkundenmanagement,
das Beschwerdemanagement, Marketing, Personal und Abrechnung angesie-
delt. Die Problematik des Unternehmens war zu der Zeit wie folgt gekennzeichnet:*

- *Neukundenziele, die von der Mutter vorgegeben waren, wurden lediglich
  zu 65 Prozent erreicht.*
- *Ortsnetzerschließungen wurden selten; Verdrängungswettbewerb um
  Hausanschlüsse dominierte.*
- *Kaum Produkt- und Dienstleistungsinnovationen in der Vergangenheit;
  Verdrängungswettbewerb verlangt nach kundengerechten kreativen An-
  geboten.*
- *Keine systematische Bearbeitung des Kundenpotenzials in den Vertriebs-
  zentren; wenig aktive Vertriebsausrichtung in den Köpfen und in den
  Prozessen.*

- *Wenig Kommunikation zwischen den Vertriebszentren.*
- *Keine optimale Kommunikation zwischen den Vertriebszentren einerseits und der Zentrale andererseits; häufige Missverständnisse und Doppelarbeiten haben die Zusammenarbeit geprägt.*

*Folgende **Ziele** waren mit dem Projekt verbunden:*

- *Erreichung der Neukundenziele in 2000.*
- *Entwicklung von neuen Produkt- und Dienstleistungspaketen.*
- *Verbesserung der Kommunikations- und Informationsbeziehungen zur Zentrale.*

Vorgehensweise:

Erfassen der Ist-Situation

- Begleitung jedes Vertriebszentrumsleiters an einem Tag (Coachingphase). Herausarbeiten der individuellen Erfolgsstrategien im Vertrieb, Führungsstrategien der Vertriebsmitarbeiter, Informations- und Kommunikationsstrategien mit anderen Vertriebszentren und mit der Zentrale. Definition von individuellen Veränderungszielen und -maßnahmen. Analyseergebnisse:
  - Es wurden beim Kunden nicht systematisch die Erwartungen an neue Produkte und Dienstleistungen erhoben.
  - Gespräche mit Multiplikatoren (z. B. Bürgermeister, Bauamtsleiter) wurden nicht nachbereitet.
  - Es wurden keine Informationen, die bei Kunden oder Multiplikatoren aufgenommen werden an das zentrale Marketing weitergeleitet.
  - Es wird zwischen den Vertriebszentren vor allem deshalb wenig weitergegeben, weil die Leiter eine Schwächung ihrer Position gegenüber den anderen Vertriebszentren befürchten.
  - Das Marketing führt Maßnahmen durch (zum Beispiel Kundenbefragungen), ohne die Vertriebszentren zu informieren.

Definition der Best Practices

- Best Practice-Plattform. Zusammenführen aller Vertriebszentrumsleiter. Definition von Best Practices im Vertrieb. Festlegung von für alle Vertriebszentrumsleiter verbindlichen Maßstäben. Definition von Maßnahmen zur Verbesserung der Kommunikation zwischen den Vertriebszentren. Entwicklung von Leitfäden für den Vertrieb zur Aufnahme von Kundenerwartungen und Kundenbedarfen hinsichtlich neuer Produkt- und Dienstleistungspakete. Festlegung des Prozesses zur Verarbeitung von Kundeninformationen mit dem zentralen Marketing.
- Etablierung eines Customer-Experience-Teams. Regelmäßiger moderierter Austausch zu Vertriebserfahrungen mit dem Ziel, Kundenerfahrungen zu bündeln und neue Produkt- und Dienstleistungspakete zu entwickeln. Ab 2000 ist diese Maßnahme als moderierter

Web-basierter Austausch geplant, wodurch die Abstimmungskosten deutlich reduziert werden.
- Training der Vertriebsmitarbeiter auf Grundlage des Leitfadens.
- Einzelgespräche mit den Bereichsleitern in der Zentrale. Analyse des Informations- und Kommunikationsverhaltens mit den Vertriebszentren.
- Workshop-Teamentwicklung mit den Vertriebszentrumsleitern und den Bereichsleitern aus der Zentrale. Aufdecken bisheriger Missverständnisse, Abbau von Distanzen. Festlegung von Regeln der Zusammenarbeit. Definition von Anforderungen an die beiderseitige Informations- und Kommunikationsstrategie

Ergebnisse:
- Der Vertriebsleitfaden zur Aufnahme von Kundenbedürfnissen, Produkt- und Dienstleistungsideen hat sich bewährt. Alle Vertriebsmitarbeiter und alle Monteure betrachten nun jeden Kundenkontakt als Chance für die Aufnahme wertvoller Informationen. Die erhaltenen Informationen werden in Form von kurzen strukturierten Gesprächsberichten zeitnah in das Marketing eingebunden. Es wurden bereits vier neue Dienstleistungspakete entwickelt und umgesetzt (z.B. Öltankentsorgung für Ölkunden, die umsteigen, Stromverträge gekoppelt mit Kühlschrank) sowie neue Modelle zur Kundenbindung entwickelt.
- Gesprächsberichte nach Kundenbesuchen sind bindend und ein Teil des Vertriebsprozesses.
- Die Anreize, die bislang ausschließlich an die Ergebnisse des eigenen Vertriebszentrums bezogen waren (Erreichung der Neukundenziele), wurden um Teamprämien aller Vertriebszentren erweitert. Das »Wir-Gefühl« konnte dadurch erhöht werden.

Steigerung von »Wir-Gefühl« und Kundenorientierung

- Jeder Vertriebsmitarbeiter agiert nun nach Prinzipien absoluter Kundenorientierung. Verkäufer haben Freude am Verkaufen entwickelt, das negative Image des Verkäufers wurde in den Köpfen deutlich korrigiert. Die Neukundenziele sind zum gegenwärtigen Zeitpunkt erreicht.
- Die Vertriebszentrumsleiter bearbeiten das Marktpotenzial jetzt systematischer. Es werden regelmäßige Termine mit den Multiplikatoren (z.B. Bürgermeister, Bauamtsleitern) gemacht.
- Bestandteil jeder Teamsitzung ist die Entwicklung der Kundenzahlen. Dadurch wurde der Kunde deutlich in den Mittelpunkt gerückt, frühzeitig erkennbare Erfolge wurden kommuniziert, es entsteht eine positive Dynamik in den Vertriebszentren.

- Die Vertriebszentrumsleiter kennen ihre individuellen Defizite und coachen sich gegenseitig. Dieser Prozess wird vom Personalleiter begleitet und nachgehalten.
- Es finden regelmäßige themenbezogene Besprechungen zwischen den Vertriebszentrumsleitern und den Bereichsleitern statt.
- Neue Facetten des Kundenmanagements – insbesondere die Sensibilität gegenüber den Bedürfnissen der Kunden – wurden in die Anforderungsprofile und Beurteilungen integriert.

Rolle des Personalbereichs:
Vom Personalbereich wurde ein Teil der Trainings für die Vertriebsmitarbeiter übernommen. Ein Vertreter agierte als zusätzlicher Moderator im Rahmen der Best Practice-Plattform. Die Erweiterung der Anforderungsprofile und Beurteilungsverfahren wurde vom Personalbereich vorgenommen. Teamprämien wurden in das Vergütungssystem integriert. Die nachhaltige Begleitung von gegenseitigen Coachings der Vertriebszentrumsleiter hat der Personalleiter übernommen.

Fazit

Wissensmanagement ist mehr als Kommunikationstechnologie

Wissensmanagement ist eine Querschnittsaufgabe, die durch getrennte Funktionsbereiche Personal, Vertrieb, Informationstechnik, Forschung & Entwicklung erschwert wird. Aus den Gesprächen mit vielen Unternehmensvertretern gewinnen wir momentan den Eindruck, dass sich eine Schwerpunktverlagerung im Wissensmanagement vollzieht. Wissensmanagement wurde noch vor zwei Jahren hauptsächlich von der Kommunikationstechnologie getrieben und erhält aktuell eine Erweiterung um die Human Resources-Perspektive. Auf Konferenzen werden mittlerweile verstärkt folgende Fragen gestellt:

- »Wie bringe ich die Mitarbeiter dahin, Datenbanken zu nutzen?«
- »Wie gehe ich mit dem Problem um, das die Mitarbeiter aus Angst vor Arbeitsplatzabbau ihr Spezialistenwissen nicht abgeben?«
- »Wie bringe ich zwei Abteilungen, die an einem Kernprozess arbeiten näher zusammen?«
- »Wie schaffe ich eine Kultur des Wissensaustausches im Unternehmen?«
- »Wie kann ich das implizite Erfahrungswissen erfolgreicher Mitarbeiter auch anderen Mitarbeitern zur Verfügung stellen?«

Diese Fragen rücken das Personalmanagement im Unternehmen auf den Plan. Das Personalmanagement ist zunehmend aufgefordert, Antworten auf diese Fragen zu finden.

Botschaften

- Wissen ist für Unternehmen ein zentraler Wettbewerbsfaktor: Wissen ist Markt.
- Viele Projekte zum Wissensmanagement scheitern, weil erstens das Commitment des Top Managements fehlt, zweitens zu wenig berücksichtigt wird, dass es die Führungskräfte und Mitarbeiter sind, die das entwickeln, weitergeben, speichern und nutzen, drittens keine praktikable Herangehensweise an das Thema Wissensmanagement im Unternehmen existiert.
- Beim Wissensmanagement geht es im Kern um die Schaffung von Rahmenbedingungen für Informations- und Kommunikationsprozesse im Unternehmen, mit denen die Unternehmensstrategie befördert wird.
- Dabei sind sowohl technische als auch organisatorische und kulturelle sowie personalwirtschaftliche Rahmenbedingungen zu schaffen.
- Als praktikable Herangehensweise schlagen wir vor, an den konkreten Problemen im Umgang mit der Ressource Wissen anzusetzen. Auf diese Weise können die Projektziele definiert und operationalisiert sowie Projekterfolge kontrolliert und nachgewiesen werden.
- Eine an den konkreten Problemen orientierte Herangehensweise ist damit gleichsam der Schlüssel für das Commitment des Top Managements.
- Das Personalmanagement ist als Spezialist und Change-Agent für das Wissensmanagement prädestiniert, da es sich im Kern um Informations- und Kommunikationsprozesse zwischen Menschen handelt, die Motive, Einstellungen, Ängste und Vorbehalte haben. Die Psychologie der beteiligten Akteure zu analysieren und daraus Schlüsse für das Wissensmanagement zu ziehen, ist eine zentrale Aufgabe des Personalmanagements. Ebenso ist die nachhaltige Verankerung des Wissensmanagements in Anreizsystemen und anderen Instrumenten des Personalmanagements einer der Erfolgsfaktoren von Wissensmanagement.

Erfolgreiche Etablierung von Wissensmanagement

Wissensmanagement ist Aufgabe des Personalmanagements

Literatur

Davenport, T. H. /Prusak, L.: Wenn ihr Unternehmen wüsste, was es alles weiß. Das Praxisbuch zum Wissensmanagement, 1998.

North, K.: Wissensorientierte Unternehmensführung, 1998.

Pawlowsky, P./ Bäumer, J.: Betriebliche Weiterbildung – Management von Qualifikation und Wissen, 1996.

Romhardt, K.: Die Organisation aus der Wissensperspektive, 1998.

Spencer, L. M. and Signe M. S.: Competence at Work: Models for Superior Performance, 1993.

Mit der Open Space-Technology in eine neue Wissenskultur

Barbara Sourisseaux

Zur Veränderung der Wissenskultur bei SIRONA Dental Systems, einer ehemaligen Siemens-Konzerntochter, wurden zehn Mitarbeiterkonferenzen nach der Open Space-Methode durchgeführt. 874 Mitarbeiter, das entspricht 83 Prozent der Belegschaft, besuchten die Konferenzen und nahmen an dem Open Space-Prozess teil. In über 220 Workshops stellten die Mitarbeiter ihr Wissen über notwendige Veränderungsprozesse bereit. Die Ergebnisse sind dann in ein Management-Modell zur Steuerung aller Veränderungsprozesse bei SIRONA eingeflossen. Zentrale Aspekte der Wissenskultur im Unternehmen wurden im Anschluss an die Mitarbeiterkonferenzen fundamental verändert.

Der vorliegende Artikel beschreibt den Prozess von der Konzeption und Durchführung der SIRONA-Mitarbeiterkonferenzen bis hin zur Umsetzung der Ergebnisse im Unternehmen. Die Erfahrungen und Erkenntnisse während und nach den Mitarbeiterkonferenzen werden aus der Perspektive des Personalmanagements vorgestellt. Barbara Sourisseaux wurde für diesen Veränderungsprozess bei SIRONA mit dem Award »Personalmanager 2000« ausgezeichnet. Kriterien der Bewertung waren unter anderem der Nutzen für das Unternehmen (Erfolgsüberprüfung, Ausrichtung an den Unternehmenszielen), der Innovationsgrad (Anwendung moderner Instrumente und Methoden) und die Originalität (selbstständige Entwicklung und Umsetzung) des Projekts.

Von Siemens zu SIRONA

Die SIRONA Mitarbeiterkonferenzen
Drehbuch
Erster Tag
Zweiter Tag
Dritter Tag

Die Veränderungen der Wissenskultur
Informations- und Kommunikationsstrategie
Das SIRONA ErfolgsModell
Open Space in Eigenregie
Schlussfolgerungen

Literatur

Von Siemens zu SIRONA

Die SIRONA Dental Systems GmbH in Bensheim an der Bergstraße entstand 1997 aus dem bislang größten deutschen »Private Equity-Buy-out« aus der traditionsreichen Siemens Dentaltechnik. Benannt wurde das neue Unternehmen nach dem Produkt, das Unternehmensgeschichte geschrieben hat: dem Behandlungsplatz SIRONA. Nahezu das gesamte Spektrum von Hightech-Geräten für die Zahnarztpraxis deckt SIRONA ab. SIRONA-Behandlungsplätze definieren den Marktstandard, die Instrumente sind mechatronische Präzisionsstücke. Auf dem Weg zur digitalen Praxis ist SIRONA mit computergestützten Diagnose-, Dokumentations- und Behandlungsverfahren weltweit an der Spitze. Auch im Bereich Digitales Röntgen ist das Bensheimer Unternehmen der weltweit führende Hersteller. Und: Mit dem CEREC-Verfahren, der computergestützten Zahnrestauration aus Keramik, hat SIRONA in diesem Marktsegment keinen vergleichbaren Wettbewerber. Hinter der zwischenzeitlich weltweit anerkannten Marke CEREC verbirgt sich ein System, das dem Zahnarzt eine komplexe keramische Zahnrestaurationen in nur einem Behandlungsgang ermöglicht: Diagnostizieren, präparieren, herstellen, einpassen. Der Patient muss nur einmal kommen.

Der Neuanfang 1997 fand unter schwierigen Umständen statt. Die wirtschaftliche Hinterlassenschaft erforderte die Trennung von einem Teil der Belegschaft und eine grundlegende Restrukturierung des Unternehmens. Angst um die Zukunft der Firma und die Arbeitsplätze machte sich breit.

Die Mitarbeiter hörten über den geplanten Verkauf zunächst nur über Gerüchte. Es dauerte fünf Monate, bis Klarheit herrschte und die Absicht über den Verkauf des Unternehmens im Mai 1997 offiziell verkündet wurde. »Es war eine schreckliche Zeit«, erinnert sich ein Mitarbeiter. »Ständig waren Berater und Investoren im Haus und haben überall herumgeschnüffelt und uns begutachtet.« Ein anderer Mitarbeiter fasste seine Eindrücke so zusammen: »Das Schlimmste war, dass wir nicht wussten, was genau vor sich geht. Wir haben ständig über Gerüchte geredet und dabei selbst neue Gerüchte gestreut, und weil wir nicht fassen konnten, was da passiert, mussten wir ständig darüber reden, immer wieder, wie besessen. Wir konnten an nichts anderes mehr denken.«

Die Verantwortung für den Transformationsprozess von der Siemens-Konzerntochter zum innovativen Mittelständler wurde dem Personalmanagement übertragen, Betriebsrat und Geschäftsleitung waren von Anfang an eingebunden. Überraschend schnell waren sich alle Beteiligten einig: Für diesen radikalen Transformationsprozess benötigen wir das geballte Wissen der Organisation, das Engagement und das Wissen aller Mitarbeiter. Hierfür war eine Methode notwendig, die das Wissen der Mitarbeiter über notwendige Veränderungen freisetzt, alle Mitarbeiter einbezieht und für den Veränderungsprozess mobilisiert. Eine Methode, die schnelle Ergebnisse liefert, innovativ und unkonventionell ist – und damit für alle Mitarbeiter und

Größter deutscher »Private Equity-Buy-out«

Der Neuanfang erforderte eine umfassende Restrukturierung

Führungskräfte sichtbar aufzeigt, dass SIRONA anders und besser ist als Siemens.

Folgende Themen standen bei der Konzeption des Veränderungsprozesses im Vordergrund:

- **Entwicklung einer neuen Wissenskultur:**
  Wie kann man das Wissen aller Organisationsmitglieder über notwendige Veränderungen in Bewegung bringen und von »alten Ketten« befreien? Wie können wir es schaffen, dass die Mitarbeiter offen sagen, was in ihren Augen wirklich wichtig ist. Wie kann das Management motiviert werden, tatsächlich zuzuhören, statt »besser zu wissen«? Wie kann die Lust am Austausch von Informationen und Gerüchten sinnvoll für die konstruktive Lösung von Problemen genutzt werden?

- **Entwicklung einer Veränderungsstrategie:**
  Was führt aus Sicht der Mitarbeiter zum wirtschaftlichen Erfolg des Unternehmens? Was konkret muss verändert werden? Wo müssen wir Schwerpunkte setzen und uns fokussieren? Was möchten die Mitarbeiter aus alten Siemenszeiten mitnehmen? Was hat sich in der Vergangenheit als sinnvoll und erfolgreich bewährt? Auf welchem gemeinsamen Verständnis können wir unsere Veränderungsstrategie entwickeln? Was sind aus Sicht der Mitarbeiter die zentralen Erfolgsfaktoren des Unternehmens?

- **Entwicklung einer gemeinsamen Zukunftsvorstellung/Vision:**
  Wie sieht die Zukunft von SIRONA aus? Wo soll es hingehen und wie können Mitarbeiter und Führungskräfte ihren Beitrag dazu leisten? Was macht den Erfolg unseres Unternehmens aus und woran wollen wir unsere Erfolge zukünftig messen?

Integration aller Mitarbeiter in den Prozess

Die schwierige Lage des Unternehmens gebot rasches Handeln. Für die übliche Vorgehensweise mit kleiner überschaubarer Workshoparbeit – erst die Geschäftsleitung, dann die Führungsebenene, schließlich die Mitarbeiter – fehlte die Zeit. Wir entschieden uns deshalb für einen sehr ungewöhnlichen Weg, bei dem wir gleich von Anfang an die Mitarbeiter des gesamte Unternehmens einbezogen. Hierzu organisierten wir Mitarbeiterkonferenzen nach der Methode der Open Space-Technology von Harrison Owen (1992). Ihr Kerngedanke liegt darin, dass die Teilnehmer einer Konferenz – Minimum 70 Teilnehmer – ihre eigenen Themen auf die Tagesordnung bringen und ihre Kollegen auffordern, in selbstorganisierten Workshops Problemlösungen zu erarbeiten.

Im Januar und Februar 1999 organisierten wir zehn dreitägige Mitarbeiterkonferenzen. 874 Mitarbeiter nahmen auf freiwilliger Basis daran teil, das sind 83 Prozent der Belegschaft. In 221 Workshops diskutierten sie über notwendige Veränderungen und Verbesserungen. Die Ergebnisse der Workshops sind in

»Open Space-Reports« dokumentiert. Im Anschluss an die Mitarbeiterkonferenzen wurden die Resultate von einem interdisziplinären und bereichsübergreifenden Team ausgewertet. Bereits im April 1999 legt das Team sein Arbeitsergebnis vor: das SIRONA ErfolgsModell, ein Management-Modell zur Steuerung aller Veränderungsprozesse des Unternehmens.

Die SIRONA Mitarbeiterkonferenzen

Grundlage für den Veränderungsprozess bei SIRONA waren die Mitarbeiterkonferenzen nach der Open Space-Technology. Dabei stellte sich heraus, dass diese Methode ein hervorragendes Instrument ist, um auf breiter Front einen Veränderungsprozess zu initiieren und die Wissenskultur eines Unternehmens in Richtung einer »Lernenden Organisation« zu verändern. Die folgenden Abschnitte beschreiben unsere Vorgehensweise und Erfahrungen.

Mit Mitarbeiterkonferenzen in Richtung »Lernende Organisation«

Drehbuch

Das Drehbuch für die Mitarbeiterkonferenzen erstellte ein interdisziplinäres und bereichsübergreifend zusammengesetztes Team. Mitarbeiter aus verschiedenen Abteilungen des Unternehmens, der Betriebsratsvorsitzende, zwei externe Berater sowie die Mitarbeiter des Personalmanagements brachten ihre Erfahrungen und ihre Erwartungen ein. So gelang es, das Wissen der externen Berater über Moderation und die Durchführung von Großgruppenveranstaltungen, die Kenntnis der SIRONA-Mitarbeiter über die Situation und Befindlichkeiten im Unternehmen sowie das Know-how des Personalmanagements zum Thema »Large Scale Change Management« und Unternehmenskultur für die Gestaltung des Drehbuches sinnvoll zu verknüpfen. Alle Mitglieder des Teams wurden ermutigt, ihre Informationen und ihr Wissen aus der Arbeitsgruppe an die Kollegen in den Bereichen weiterzutragen. Dadurch signalisierten wir bereits zu einem frühen Zeitpunkt Offenheit und Transparenz in der Informationspolitik.

Das Team erarbeitete ein Drehbuch, das durch ein Mix an Methoden gekennzeichnet ist. Im ersten und dritten Teil der Konferenzen kommen Interventionsschritte aus dem Design der Zukunftskonferenzen nach Marvin Weisbord (1995) zum Einsatz. Den zweiten Tag bestimmt ausschließlich die Open Space-Technology nach Harrison Owen.

Die partizipative Entwicklung des Drehbuches für die SIRONA-Mitarbeiterkonferenzen hat wesentlich zum Erfolg des gesamten Veränderungs-

Vorbereitung durch ein bereichsübergreifendes, interdisziplinäres Team

Partizipative Entwicklung als wesentlicher Erfolgsfaktor

prozesses beigetragen. Durch den hierarchie- und funktionsübergreifenden Austausch konnten vielfältige Erfahrungen und unterschiedlichstes Know-how in die Entwicklung des Drehbuches einfließen. Insbesondere die Mitarbeiter des Unternehmens leisteten einen wesentlichen Beitrag für das Design des Veränderungsprozesses. In der Rolle des Botschafters für ihre Abteilungen transportierten sie wichtige Informationen von den Mitarbeitern an die Projektgruppe und wieder zurück. Parallel dazu entwickelte das SIRONA-Management erste Ideen über die Vision und zukünftigen Werte von SIRONA. Im Dezember 1998 stimmte die Geschäftsleitung den geplanten SIRONA-Mitarbeiterkonferenzen zu und stellte die finanziellen Mittel für insgesamt zehn dreitägige Konferenzen mit je ca. 100 Mitarbeitern bereit.

Im Januar 1999 war es dann soweit: Der Reigen der Konferenzen startete. Alle zehn SIRONA-Mitarbeiterkonferenzen fanden außer Haus in Seminarhotels statt. An jeder der dreitägigen Veranstaltungen waren zwischen 70 und 110 Mitarbeiter aus verschiedenen Abteilungen und unterschiedlichen Hierarchieebenen beteiligt. Die Teilnahme an den Konferenzen war freiwillig, und die Zusammensetzung der Gruppen orientierte sich vorwiegend an den Terminwünschen der Mitarbeiter. Eine Diplomandin organisierte die Konferenzen und war aufgrund ihrer kurzen Betriebszugehörigkeit noch »blind« für politische oder taktische Finessen. Ihre Offenheit gegenüber den Fragen der Mitarbeiter und ihre immerwährende Bereitschaft, auf die Terminwünsche der Mitarbeiter einzugehen, half bereits zu einem frühen Zeitpunkt, Vertrauen bei den Mitarbeitern aufzubauen.

An allen Veranstaltungen nahmen mindestens ein, maximal jedoch zwei Mitglieder der Geschäftsleitung bzw. des Vorstandes teil. Die Geschäftsleitungsmitglieder erhielten im Vorfeld eine einstündige Vorbereitung, bei der

Coaching der Vorgesetzten im Vorfeld und während der Konferenzen

ihnen auch das Drehbuch ausgehändigt wurde. Das Coaching der Vorgesetzten im Vorfeld und während der Mitarbeiterkonferenzen erwies sich als eine wichtige Aufgabe der Moderatoren. Anders als in Alltagssituationen sollen die Führungskräfte während den Mitarbeiterkonferenzen in erster Linie zuhören und Fragen stellen. Ziel ist es, den kreativen Problemlöseprozess der Mitarbeiter durch gezielte Fragen zu unterstützen. Wertschätzung und Anerkennung von Lösungen und Ideen stehen im Vordergrund.

Die folgende Beschreibung einer SIRONA-Mitarbeiterkonferenz macht deutlich, dass es sich bei der Open Space-Technology um ein ebenso unkonventionelles wie wirkungsvolles Instrument handelt, um das Wissen der Mitarbeier zu mobilisieren und für die Unternehmensziele nutzbar zu machen.

Erster Tag

Die SIRONA-Mitarbeiterkonferenz startet am Nachmittag (siehe Abb. 1). Die Konferenzteilnehmer gruppieren sich in Tischgruppen mit jeweils ca. zehn Personen. Die Zusammensetzung einer Tischgruppe ist zufällig. In der Regel finden sich Kollegen aus einem Arbeitsbereich mit bekannten Kollegen anderer Arbeitsbereiche zusammen. Dieses Vorgehen schafft Sicherheit, weil man im vertrauten Kollegenkreis bleiben kann und gleichzeitig Mitarbeiter aus anderen Bereichen näher kennenlernen kann. Jeder Tisch ist mit Flip-Chart, Papier, Stiften und Drehbüchern, das heißt einem Handout über den Ablauf der Veranstaltung, ausgestattet. Die Stimmung zu Beginn der Konferenz ist vorsichtig und skeptisch, aber auch neugierig und erwartungsvoll. Ein Mitglied der Geschäftsleitung eröffnet die Mitarbeiterkonferenz und erläutert deren Ziele. Die Moderatoren stellen sich persönlich vor, erklären ihre Rolle und den Ablauf der Konferenz. Alle Informationen können von den Konferenzteilnehmern in den Handouts nachgelesen werden.

Alle Mitarbeiter arbeiten in Tischgruppen in einem Raum

Ablauf 1. Tag		
Wann	**Was**	**Wer/Wie**
16.00h	Begrüßung und einleitende Worte	Plenum, Geschäftsleitung
16.10h	Vorstellung des Ablaufplans	Plenum, Moderatoren
16.30h	Blick zurück und Blick nach vorne: »Geschichten in unserem Unternehmen«, Erwartungen an die Mitarbeiterkonferenz	Gruppenarbeit, Setting: 10er Tische
17.15h	Präsentation der Gruppenergebnisse	Plenum, Gruppensprecher
18.00h	Pause	
18.20h	Stolz und Bedauern, Mitnehmen und Zurücklassen: »Auf was sind wir stolz und was bedauern wir? Was wollen wir in die Zukunft mitnehmen und was wollen wir lieber zurücklassen?«	Gruppenarbeit, Setting: 10er Tische
19.00h	Präsentation der Gruppenergebnisse	Plenum, Gruppensprecher
19.45h	Zusammenfassung und Rückmeldung	Plenum, Geschäftsleitung, Moderatoren
20.00h	Abendessen	

Abbildung 1:
Ablauf – 1. Tag

Die Arbeit in den Tischgruppen startet mit einer Gruppenübung zum wechselseitigen Kennenlernen. Gemeinsamkeiten und Unterschiede in den Erwartungen an die Mitarbeiterkonferenz werden herausgearbeitet. Bei der nun folgenden zweiten Runde der Gruppenarbeit richten die Teilnehmer ihren Blick in die Vergangenheit: Was wollen wir zurücklassen? Was wollen wir mitnehmen in die Zukunft unseres Unternehmens? Was erfüllt uns mit Stolz, was bedauern wir? Die Ergebnisse werden anschließend jeweils durch einen Gruppensprecher im Plenum vorgetragen. Im Mittelpunkt stehen die gemeinsam durchlebten Ereignisse. Die Mitarbeiter bedauern den Verlust von wertgeschätzten Kollegen, ebenso die Auslagerung von Fertigungsprozessen mit der damit verbundenen Angst um den eigenen Arbeitsplatz. Zurücklassen wollen sie Bürokratie und Seilschaften aus Siemenszeiten, hierarchische Hürden und lange Entscheidungswege. In die Zukunft mitnehmen möchten sie die gute Teamarbeit und das kollegiale Verhältnis untereinander. Stolz sind die Mitarbeiter auf ihr führendes Know-how im Bereich Dentaltechnik, auf ihre herausragenden Produkte und auf ihre bisherigen Leistungen. Erste Zuversicht artikulieren sie hinsichtlich der neuen SIRONA-Kultur: Die Offenheit und Einsatzbereitschaft der neuen Führungsmannschaft wird allgemein begrüßt.

Interesse, Neugier und Aufbruchsstimmung

Bereits nach wenigen Stunden weicht die anfängliche Skepsis einer allgemeinen Aufbruchsstimmung. Die Mitarbeiter erkennen viele Gemeinsamkeiten in der Wahrnehmung der Vergangenheit und der Einschätzung der Gegenwart. Einige Themen, wie zum Beispiel die Angst um den eigenen Arbeitsplatz ziehen sich wie ein roter Faden durch das Plenum. Interesse, Neugier und Offenheit für die Gedanken der Kollegen machen sich breit, Erlebnisse, Befürchtungen und Hoffnungen werden ausgetauscht. Die Moderatoren treten zunehmend in den Hintergrund und geraten aus dem Fokus der Aufmerksamkeit; ihre Unterstützung und Anleitung sind nicht weiter notwendig. Die Teilnehmer entwickeln in ihren Arbeitsgruppen eine eigene Dynamik und tauschen bis spät in der Nacht ihre Gedanken aus. Bereits nach wenigen Stunden spürt man zum erstenmal das Aufbrechen der Hierarchiegrenzen.

Zweiter Tag

Neue Erfahrungen in der Großgruppe

Am zweiten Tag der SIRONA-Mitarbeiterkonferenz, dem Tag der Open Space-Veranstaltung, treffen sich die Teilnehmer am Morgen in einem Stuhlkreis, das heißt es wird nicht mehr in Tischgruppen gearbeitet. Damit geht für die Teilnehmer die Sicherheit in der Kleingruppe verloren – der Einzelne und die Großgruppe treten in den Vordergrund. Das schafft für die Teilnehmer die Möglichkeit, sich selbst in der Großgruppe zu erleben und neue Erfahrungen zu machen.

Ablauf 2. Tag

Wann	Was	Wer/Wie
09.00h	Input: »Der Weg in die Zukunft« Partnergespräch und anschließend Verständnisfragen an Geschäftsleitung	Geschäftsleitung, Plenum
10.00h	Eröffnung des Open Space - Erarbeitung der wichtigsten Themen: »Welche Visionen, Werte und Erfolgskriterien sind für uns tragend, wie können wir diese verwirklichen?«	Moderatoren, Plenum
10.35h	Mitwirkende wählen ihre Workshops	
11.00h	Open-Space-Workshop	Offene Gruppenarbeit
12.30h	Mittagspause	
14.00h	Open-Space-Workshop	Offene Gruppenarbeit
15.30h	Pause	
16.00h	Open-Space-Workshop	Offene Gruppenarbeit
17.30h	Pause	
18.00h	Open-Space-Workshop	Offene Gruppenarbeit
19.30	Evening News	Plenum
20.00h	Abendessen	

Abbildung 2:
Ablauf zweiter Tag

Ein Mitglied der Geschäftsleitung stellt die Entwürfe zu Vision und Unternehmenswerten kurz vor und fordert die Teilnehmer auf, alle Themen kritisch zu hinterfragen sowie eigene Ideen einzubringen. Vor der offiziellen Eröffnung des Open Space bekommen die Mitarbeiter Gelegenheit, ihre ersten Eindrücke und Ideen zum Thema mit ihren Stuhlnachbarn zu diskutieren und Verständnisfragen zu stellen. Zur Eröffnung des Open Space tritt der Moderator in den Kreis und stellt die wichtigsten Regeln und Prinzipien des Open Space kurz vor. Die Regeln werden auf Flip-Charts festgehalten und sind dadurch für alle Teilnehmer jederzeit nachvollziehbar.

Regeln und Prinzipien des Open Space müssen vorgestellt werden

Der Open Space beginnt: Die Mitarbeiter übernehmen das Kommando

Der Open Space ist gekennzeichnet durch die freie Themenwahl der Teilnehmer. Dahinter steht die Annahme, dass niemand im Unternehmen die Probleme und Brennpunkte besser kennt als die Mitarbeiter selbst. Eine vorbereitete Agenda-Wand, bestehend aus vier Pinwänden, lädt die Mitarbeiter ein, eigene Themen vorzubringen, die dann in Workshops bearbeitet werden sollen. Zu Beginn des Open Space enthält die Wand lediglich Informationen über die zur Verfügung stehenden Seminarräume und sowie Vorschläge für Zeiten, in denen die Workshops stattfinden können. Wer ein Thema in einem Workshop bearbeiten möchte, tritt in den Kreis, stellt sein Thema kurz vor und platziert das Thema auf der Agendawand. Diese Situation – in den Kreis zu treten und vor 100 Personen zu sprechen – erfordert vom Initiator eines Workshops manchmal großen Mut. Die Zuhörer reagieren jedoch in aller Regel sehr aufmerksam und wohlwollend auf die Vorschläge der Kollegen.

Die Mitarbeiter sind für Ablauf und Moderation der Workshops selbst verantwortlich.

Die Teilnehmer initiieren auf diese Weise rund 25 Workshops. Sobald keine neuen Themen mehr vorgebracht werden, eröffnet der Moderator den Marktplatz. Alle Mitarbeiter kommen nach vorne zur Agendawand und verschaffen sich einen Überblick über die angebotenen Themen. Jeder Teilnehmer erstellt seinen persönlichen Tagesablauf und trägt sich schriftlich für die von ihm präferierten Workshops ein. Die Workshop-Initiatoren bekommen auf diese Art sehr schnell Feedback über das Interesse an ihren Themen. Anschließend starten die Workshops in verschiedenen Räumen. Die Teilnehmer sind für den Ablauf und die Moderation dieser Workshops selbst verantwortlich. Die Ergebnisse werden handschriftlich auf einem Formblatt als so genannter Open Space-Report dokumentiert, gesammelt und für alle Teilnehmer sichtbar an einem zentralen Ort ausgestellt. Am Ende des Tages werden alle Open Space-Reports zu einem Ergebnisbericht zusammengefasst. Der Bericht wird für die Teilnehmer kopiert und am nächsten Morgen allen Beteiligten zum Lesen zur Verfügung gestellt.

Zur Eröffnung des Open Space tritt der Moderator in den Kreis und stellt die wichtigsten Regeln und Prinzipien des Open Space kurz vor. Die Regeln des Open Space werden auf Flip-Charts im Raum dargestellt und sind dadurch für alle Teilnehmer jederzeit nachvollziehbar.

Das »Gesetz der zwei Füße«

Die Prinzipien des Open Space (siehe Abb. 3) wirken auf den ersten Blick wenig »business-like«. Aber gerade diese Einfachheit bewirkt, dass eine andere, unkonventionelle Art des Wissensaustausches möglich wird. Die Lösung eines Problems, der kreative Prozess des Austausches von Wissen und die persönlichen Interessen des Einzelnen stehen im Vordergrund. Das Prinzip der Selbstverantwortung wird darüber hinaus durch das »Gesetz der zwei Füße« unterstrichen. Dieses Gesetz besagt: »Wann immer du in einem Workshop das Gefühl hast, nichts mehr zur Lösung beitragen zu können oder nichts Neues mehr dazulernen zu können, dann stehe auf und verlasse die Gruppe.« Der Teilnehmer hat dann die Möglichkeit, einen anderen Workshop zu besuchen und dort weiter mitzuarbeiten oder sich eine Pause zu gönnen. Im ersten Fall

Hummeln

handelt es sich um so genannte »Hummeln«. Gemeint sind damit Teilnehmer,

---

Die vier Prinzipien des Open Space

Wer auch immer kommt, es sind die richtigen Personen.

Dieses Prinzip zeigt auf, dass nicht Position und Funktion, sondern Interesse und Verantwortungsbereitschaft wichtig für die Bearbeitung eines Thema bzw. für die Lösung eines Problems sind. Gleichzeitig ist es eine Aufforderung an die Teilnehmer eines Workshops, sich über jeden neuen Teilnehmer zu freuen und nicht enttäuscht zu sein, wenn bestimmte Personen dem Workshop fernbleiben.

Was auch immer passiert, es ist das Einzige, was passieren kann.

Dieses Prinzip soll darauf hinweisen, dass sich kreative Prozesse und Lösungen nicht immer planen und vorhersagen lassen und dass Open Space-Workshops anders ablaufen können als gewöhnliche Workshops. Stattdessen werden die Teilnehmer aufgefordert, sich dem Geschehen in der Gruppe zu öffnen und Überraschungen zuzulassen. Überraschungen zeigen, dass die Gruppe innovativ arbeitet oder gerade etwas Wichtiges dazulernt.

Wann immer es beginnt, es ist der richtige Zeitpunkt.

Genauso wenig wie sich kreative Prozesse planen lassen, gehorchen sie einer bestimmten Uhrzeit. Der kreative Prozess des Austausches von Wissen und der Generierung von neuem Wissen kann zu Beginn des Workshops, in der Mitte oder aber erst am Ende stattfinden. Das Prinzip fordert die Teilnehmer zur Gelassenheit auf. Entspannung und Gelassenheit sind wichtige Rahmenbedingungen für die Entwicklung kreativer Lösungen.

Wenn es vorbei ist, ist es vorbei.

Open Space-Workshops folgen anderen Regeln als normale Workshops. Obgleich der Zeitrahmen für die Durchführung der Workshops grob festgelegt ist, entscheiden die Teilnehmer selbst, wann ein Workshop beendet ist. Die Teilnehmer werden aufgefordert auf ihr Gefühl für das Ende des Workshops zu achten und den Workshop zu beenden, sobald sie es für richtig halten. So kann ein Workshop manchmal auch nur 30 Minuten dauern und ein anderer Workshop mehrere Stunden.

Abbildung 3:
Die Regeln des
Open Space

---

die von Workshop zu Workshop ziehen, neue Ideen in die Gruppe einbringen und die Gruppe wieder mit neuen Impulsen verlassen. Ähnlich wie die Hummeln in der Natur befruchten sie die Workshops mit den Ideen und Impulsen aus anderen Arbeitsgruppen. Sofern ein Teilnehmer die Pause vorzieht, wird er automatisch zum »Schmetterling«. Schmetterlinge sind ein Symbol für das Prinzip der Freiwilligkeit während des gesamten Open Space. Man begegnet Schmetterlingen an den Kaffeebars oder bei einem Spaziergang im Hotelpark. Meist finden sich schnell mehrere Schmetterlinge zusammen. Bei genauerer Betrachtung wird deutlich, dass auch die Schmetterlinge nur von einem Thema gefesselt sind: der Zukunft der Firma SIRONA.

Schmetterlinge

Inhalte und Ablauf der Workshops sind sehr unterschiedlich. Die Anzahl der Teilnehmer variiert zwischen zwei und 30 Personen. Die Moderation übernimmt in aller Regel der Initiator des Themas, obgleich dies nicht gefordert oder geregelt ist. Die Dauer variiert beträchtlich: Manche Workshops sind nach 30 Minuten beendet, andere laufen über den gesamten Tag mit wechselnden Teilnehmern. Im Durchschnitt dauert ein Workshop 90 Minuten. Alle Teilnehmer knüpfen im Laufe eines Tages viele neue Kontakte, vertiefen alte Beziehungen, tauschen Wissen über die Organisation und ihre Abläufe aus oder generieren gemeinsam neues Wissen für die Lösung anstehender Probleme.

Lebendigkeit und Offenheit prägen den Prozess

Lebendigkeit und Offenheit prägen den Prozess: Aufmerksame Zuhörer, sachliche Diskussionen, offene Fragen, angeregte Atmosphäre, kreative Gedanken – alles Merkmale, wie man sie bei einer guten, gelungenen Kommunikation beobachten kann. Eine junge Mitarbeiterin aus dem Fertigungsbereich bezeichnete das Geschehen als »Gedanken-Shopping«: »Das ist hier wie Gedanken einkaufen gehen. Ich gehe von Workshop zu Workshop und nehme mir neue Ideen mit.« Ein relativ neues Geschäftsleitungsmitglied sagte: »Soviel wie heute habe ich im ganzen letzten Jahr nicht über die Firma gelernt.« Und ein Mitarbeiter aus dem Fertigungsbereich war nach wenigen Stunden so fasziniert, dass er fest entschlossen war, mit seiner Großfamilie zu Hause einen Open Space durchzuführen. Die dichte Atmosphäre eines Open Space lässt sich mit Worten kaum vermitteln – man muss es wirklich selbst miterlebt haben.

Die Moderatoren der Konferenz – in der Regel wird eine Mitarbeiterkonferenz von zwei Moderatoren begleitet – halten sich während des Open Space immer auf dem »Marktplatz«, das heißt in der Nähe der Agendawand auf. Sie greifen nicht in das Geschehen ein, sondern stellen Informationen für die Teilnehmer bereit, beantworten Fragen und stehen den Konferenzteilnehmern zur Verfügung. Der zweite Tag endet mit einer Gesprächsrunde. Ziel ist es, den bisherigen Verlauf der Konferenz gemeinsam zu reflektieren, Rückmeldungen an die Moderatoren zu geben oder Wünsche und Kritik zu äußern.

Dritter Tag

Am dritten und letzten Tag der SIRONA-Mitarbeiterkonferenz (siehe Abb. 4) treffen sich die Teilnehmer wieder im Kreis. Die Ergebnisberichte liegen zum Lesen bereit. Der Moderator stellt den Teilnehmern eine Stunde als Lesezeit zur Verfügung, bevor die einzelnen Open Space-Workshops nach ihrer Wichtigkeit beurteilt werden. Die wichtigsten Themen werden dann erneut in selbstorganisierten Workshops bearbeitet, und zwar mit dem Ziel, konkrete Vorschläge für die Vision und zukünftigen Werte von SIRONA zu erstellen.

Botschaft an die Geschäftsleitung

Die Arbeitsergebnisse werden dann zu einer »Botschaft an die Geschäftsleitung« zusammengefasst. Die anwesenden Geschäftsleitungsmitglieder verpflichten sich, diese Botschaft später in der abschließende Diskussion mit der kompletten Geschäftsleitung vorzutragen. Sie sollen dort, quasi als Botschafter der Mitarbeiterkonferenz, die Interessen der Konferenzteilnehmer vertreten.

Ablauf 3. Tag		
Wann	**Was**	**Wer/Wie**
09.00h	Begrüßung und Lesen der Protokolle	Plenum, dann Lesen jeder für sich
10.00h	Gewichtung der zentralen Themen	Plenum
10.50h	Workshops zu den zentralen Themen	Offene Gruppenarbeit
11.50h	Präsentation der Ergebnisse	Plenum, Gruppensprecher und Feedback durch Geschäftsleitung
12.30h	Mittagessen	
13.15h	Abschlussrunde	Plenum und abschließende Worte durch Geschäftsleitung
14.00h	Ende der Mitarbeiterkonferenz	

Abbildung 4:
Ablauf 3. Tag

Bei der Abschlussrunde sitzen die Teilnehmer wieder im Stuhlkreis. Ein »Talking-Stick« wandert durch die Runde, und jeder Teilnehmer bekommt die Chance, seine Erlebnisse mitzuteilen. Die meisten nehmen diese Chance wahr und geben ein kurzes Feedback an die Großgruppe. Die Konferenz wird offiziell durch ein Mitglied der Geschäftsleitung beendet.

Ein »Talking-Stick« wandert durch die Runde

Die Veränderungen der Wissenskultur

Der Erfolg von Open Space-Veranstaltungen hängt maßgeblich davon ab, inwieweit es gelingt, den »Geist« aus den Konferenzen in das Unternehmen zu tragen und dort zu verankern. Schnelle Ergebnisse, die man direkt auf die Mitarbeiterkonferenzen zurückführen kann, sind erforderlich. Die größte Gefahr besteht darin, dass sich das Management nach Durchführung der Veranstaltungen zurückzieht und von den Ergebnissen der Konferenz losgelöste Entscheidungen trifft. Der Verlust des Vertrauens in die Führung ist die Folge, die Bereitschaft und Motivation der Mitarbeiter, sich auf Veränderungsprozesse einzulassen, wird aufs Spiel gesetzt. Die folgenden Ausführungen beschreiben den Weg, den wir bei SIRONA gegangen sind, um die von den Open Space Konferenzen ausgehende Initialzündung in einen nachhaltigen Veränderungsprozess überzuleiten.

Es muss gelingen, den »Geist« aus den Konferenzen in das Unternehmen zu tragen

Informations- und Kommunikationsstrategie

»Tue Gutes und sprich darüber«

»Tue Gutes und sprich darüber« ist ein nützliches Motto für die Zeit nach dem Open Space. Damit der Veränderungsprozess nicht wieder einschläft, ist eine effektive Informations- und Kommunikationsstrategie notwendig. Sie stellt den »Link« zwischen Mitarbeiterkonferenzen und Veränderungsmaßnahmen dar. In Anlehnung an das »Gesetz der zwei Füße« entwickelten wir ein Logo (siehe Abb. 5), mit dem wir alle Aktivitäten kennzeichnen, die auf die Ergebnisse der SIRONA-Mitarbeiterkonferenzen zurückgehen.

Abbildung 5: Logo SIRONA Mitarbeiterkonferenzen

Die Informations- und Kommunikationspolitik veränderte sich nach den Mitarbeiterkonferenzen grundlegend. Um die Ergebnisse zu präsentieren, errichteten wir einen Informationsstand im Fertigungsbereich. Die Flip-Charts aus den Konferenzen wurden aufgehängt, Bistrotische aufgestellt und ein Kaffeeautomat installiert. So entstand ein Kommunikationsraum der einen ungezwungenen Austausch über die Ergebnisse ermöglicht und eine Fortführung des »Open Space Feelings« erlaubt. Weiterhin riefen wir die neue Mitarbeiterzeitung »einBlick« ins Leben, die den Veränderungsprozess begleitet. Sie berichtet kontinuierlich über Ergebnisse der SIRONA-Mitarbeiterkonferenzen, die daraus resultierenden Aktionen und Neuigkeiten im Unternehmen.

Fortführung des »Open Space-Feelings«

Nicht zuletzt finden in allen Bereichen des Unternehmens regelmäßige Informationsrunden statt. Beispielsweise treffen sich die Mitarbeiter des Personalmanagements inklusive der Auszubildenden jeweils am letzten Freitag des Monats in den Ausbildungswerkstätten, um mit der Open Space-Methode Wissen auszutauschen und Lösungen für neue Probleme zu diskutieren. Auch hierbei ist die Teilnahme freiwillig und jeder orientiert sich am »Gesetz der zwei Füße«, das heißt man verlässt das Treffen, sobald sich das Gefühl breit macht, dass man nichts Neues mehr erfahren kann oder nichts zur Lösung eines Problems beitragen kann.

Das SIRONA ErfolgsModell

Für den Erfolg war es entscheidend, die Vielfalt der Vorschläge zu erhalten und gleichzeitig zu operationalisieren. Hierzu diente das »SIRONA Erfolgs-Modell«, das auf dem Wissen der gesamten Mitarbeiterschaft basiert. Auf insgesamt sechs Dimensionen – den fünf Erfolgsfaktoren Führung, Personalmanagement, Geschäftsprozesse, Kunden- und Marktorientierung, Informationen/Methoden sowie dem daraus resultierenden Geschäftsergebnis – wurden die erwünschten Zielzustände sowie die Messkriterien zur Überprüfung des Veränderungserfolges definiert (siehe Abb. 6). Das Modell bildet das gesamte Veränderungswissen des Unternehmens ab und ist gleichzeitig Ausdruck und Symbol aller Veränderungs- und Lernprozesse bei SIRONA. Ein interdisziplinäres Projektteam entwickelte und implementierte das Modell und stellt heute dessen konsequente Anwendung sicher. Die Projektarbeit im Rahmen des SIRONA ErfolgsModells hat mittlerweile einen derart hohen Stellenwert im Unternehmen, dass sie zu einer Plattform für die Führungskräfte- und Nachwuchsentwicklung geworden ist. Die aktive Mitarbeit am SIRONA-Veränderungsprozess gewinnt dadurch zusätzliche Attraktivität.

Vielfalt der Vorschläge erhalten und gleichzeitig für den Veränderungsprozess operationalisieren

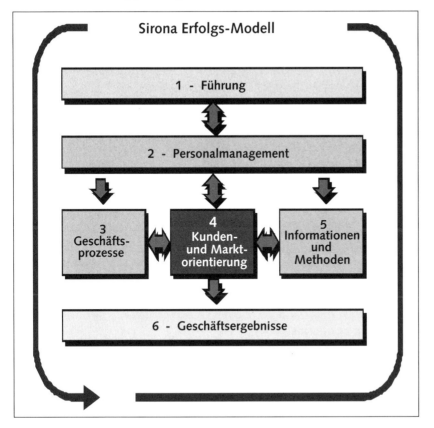

Abbildung 6:
Sirona Erfolgs-Modell

Mehr als 200
SIRONA-Mitarbeiter
sind zu internen
Beratern ausgebildet
worden

Das SIRONA ErfolgsModell baut auf einem jährlich wiederkehrenden Zyklus auf. Jeder Unternehmensbereich führt einmal im Jahr eine Standortbestimmung durch. Dabei wird überprüft, wie weit die in dem Modell definierten Erfolgsfaktoren vom erwünschten Zielzustand entfernt liegen und welche Maßnahmen notwendig sind. Die jährlichen Standortbestimmungen liefern nicht nur harte Daten für das Controlling des Unternehmens, sondern stellen zugleich eine Infrastruktur für kontinuierliches Lernen bereit: Mehr als 200 SIRONA-Mitarbeiter wurden zwischenzeitlich zu internen Beratern ausgebildet, die als »Beurteiler« selbstständig eine SIRONA Standortbestimmung durchführen können. Die Geschäftsleitung legt auf der Grundlage der Standortbestimmungen die Unternehmensziele und die daraus abgeleiteten Schwerpunktaufgaben fest. Hieraus wiederum ergeben sich die individuellen Ziele für jeden einzelnen Mitarbeiter, die im Zuge von Mitarbeitergesprächen individuell vereinbart werden. Das SIRONA Erfolgs-Modell leistet somit einen wesentlichen Beitrag für die strategische Ausrichtung des Unternehmens und die operative Zielübersetzung.

In Anlehnung an die Unterscheidung verschiedener Wissenszielebenen von Probst, Raub & Romhardt (1999) handelt es sich bei den definierten Erfolgsfaktoren im SIRONA Erfolgs-Modell um die normativen Wissensziele des Unternehmens. Die daraus abgeleiteten strategischen Wissensziele werden aufgrund der jährlichen Standortbestimmung systematisch erfasst und dokumentiert. Die operativen Wissensziele werden durch das SIRONA Mitarbeitergespräch transportiert und spiegeln sich im Leistungs- und Kooperationsverhalten der Mitarbeiter wider.

Das SIRONA
Erfolgs-Modell hält
den Veränderungs-
prozess lebendig

Es genügt nicht, den Veränderungsprozess in Gang zu bringen. Ohne immer neue Impulse lässt das Engagement der Führungskräfte und Mitarbeiter nach, und das Unternehmen droht in alte Strukturen zurückzufallen. Um dieser Gefahr zu begegnen, haben wir das SIRONA Erfolgs-Modell fest im Unternehmen verankert, indem wir wesentliche Elemente davon institutionalisierten. Auf diese Weise stellten wir sicher, dass der Change-Management-Prozess quasi automatisch Anstöße erhält und aufrechterhalten wird.

Folgende Elemente des SIRONA Erfolgs-Modells wurden institutionalisiert und bilden damit den Motor, der das Change-Management am Leben erhält:

- die jährliche Standortbestimmung,
- der jährliche Zielvereinbarungsprozess, dem die Ergebnisse der Standortbestimmung zugrunde liegen,
- die jährliche Bildungsbedarfsanalyse für das gesamte Unternehmen, die sich auf die – im Zuge des Zielvereinbarungsprozesses durchgeführten – Mitarbeitergespräche stützen,
- die Mitarbeiterbefragung, die alle zwei bis drei Jahre stattfindet,
- das Führungskräftetraining.

Open Space in Eigenregie

Die Open Space-Konferenzen dienten zunächst dazu, den Veränderungsprozess bei SIRONA einzuleiten. Das Instrument bewährte sich jedoch so gut, dass wir es heute weiterhin einsetzen, um hierarchie- und funktionsübergreifend Wissen auszutauschen und Lösungen zu erarbeiten. Die Open Space-Konferenzen sind damit zu einem Bestandteil der neuen Wissenskultur bei SIRONA geworden. Die Bereitschaft, Initiative zu zeigen, Probleme anzusprechen und Lösungen zu suchen, wird zur Normalität. Der Austausch über Bereichs- und Abteilungsgrenzen hinweg sowie die Interaktionsbereitschaft zwischen den Mitarbeitern nimmt nach den Konferenzen enorm zu. Der persönliche Kontakt, der während der Konferenzen zwischen Mitarbeitern unterschiedlicher Abteilungen entsteht, wird auch nach den Konferenzen genutzt, um Wissen auszutauschen.

Open Space-Konferenzen sind Bestandteil der neuen Wissenskultur bei SIRONA

Den ersten zehn Veranstaltungen folgten eine Reihe weiterer Open Space-Konferenzen zu den verschiedensten Themen: Neuausrichtung des Vertriebes, Kick-off SAP-Projekt, Zukunft der Ausbildung, Einsparungspotenzial im Einkauf, Produktlinientage für die Fertigung.

Ein Beispiel ist die Open Space-Konferenz zum Thema »Einsparungspotenzial im Einkauf«. Sie geht auf die Initiative eines Mitarbeiters in der Fertigung zurück, der auf mich zukam und mich um die Moderation einer Open Space-Konferenz bat. Für den Einkauf im Fertigungsbereich sei ein bestimmtes Einsparungspotenzial festgestellt worden, so argumentierte der Mitarbeiter, doch wisse er nicht, wie er dieses Ziel schaffen solle. Er würde deshalb gerne seine Kollegen aus der Fertigung zu einer Open Space-Konferenz einladen, um mit ihnen gemeinsam in verschiedenen Workshops das noch brachliegende Einsparpotenzial aufzuspüren. Die Konferenz fand statt, es kamen 84 Mitarbeiter; 47 Vorschläge wurden in den Workshops erarbeitet, 37 davon realisiert. Festgestellt wurde ein Einsparungspotenzial von 120.000 Mark, das auch unverzüglich umgesetzt wurde. Die Geschäftsleitung zeigte sich von den Ergebnissen angetan und schüttete ein Viertel des Betrags als Anerkennung an die Teilnehmer aus. Das Beispiel zeigt, dass wir das Instrument der Open Space Konferenzen weiterhin erfolgreich einsetzen – im kleinen oder im großen Rahmen. Alle Konferenzen gehen auf die Eigeninitiative der Mitarbeiter zurück, die mittlerweile auch selbst die Moderation übernehmen.

Open Space-Konferenzen finden auf Eigeninitiative der Mitarbeiter statt

Wir sind heute stolz darauf, dass wesentlichen Elemente der Open Space-Technology, die letztendlich nichts anderes als Merkmale einer offenen und konstruktiven Kommunikation sind, mittlerweile fester Bestandteil der SIRONA-Unternehmenskultur sind. Heute ist keine Projektgruppe mehr erforderlich, die die Konferenzen im Vorfeld konzipiert, Ängste und Widerstände abbaut oder den Wissensaustausch »antreibt«. Das machen unsere Mitarbeiter heute besser als jede Projektgruppe. Die Open Space-Workshops halfen uns entscheidend dabei, den Austausch von Wissen in einem hierarchie- und funktionsübergreifenden Raum zu ermöglichen. Die Mitarbeiter erlebten, dass der Wissensaustausch und das gemeinsame Lösen von Problemen nicht nur sehr produktiv sein können, sondern auch Spaß machen.

Austausch von Wissen in einem hierarchie- und funktionsübergreifenden Raum

Führungskräfte und Mitarbeiter bekamen in den Open Space-Veranstaltungen einen Eindruck davon, wie ein modernes, lebendiges Unternehmen funktionieren kann: Auf Initiative einzelner Personen werden Arbeitsgruppen zusammengestellt, die hierarchie- und funktionsübergreifend agieren und Probleme für die Organisation lösen. Der Austausch von Informationen und die gemeinsame Generierung von neuem Wissen gehören zum Alltag und erfolgen in einem lockeren, unkonventionellen Umfeld. Dialoge sind durch Offenheit und gegenseitige Wertschätzung gekennzeichnet.

Mitarbeiter und Führungskräfte entwickeln in der Open Space-Situation eine Vorstellung von ihrem zukünftigen Unternehmen

Zudem entwickelten Mitarbeiter und Führungskräfte in der Open Space-Situation eine Vorstellung von ihrem künftigen Unternehmen. Das hat Motivation für die erforderlichen Veränderungsprozesse geschaffen und ließ den Wunsch aufkommen, alte Strukturen und Wege zu verlassen. Hemmschwellen und Barrieren konnten leichter überwunden werden. Darüber hinaus bekamen die beteiligten Mitarbeiter einen »Blick für das Ganze«. Sie erlebten drei Tage die ganze Firma SIRONA, die durch die Teilnehmer aus allen Bereichen des Unternehmens vertreten war, und wurden mit neuen Sichtweisen und Perspektiven konfrontiert. Eigene Überzeugungen und Vorurteile mussten in Frage gestellt, neue Sichtweisen entwickelt werden. Die Mitarbeiterkonferenzen lösten in gewissem Sinne eine Art »Sehnsucht« aus, wie das Arbeiten bei SIRONA zukünftig aussehen könnte – und dass dies sehr attraktiv sein kann. Neben dieser spürbaren Veränderung des »Esprit de Corps« führten unsere Open Space-Konferenzen zu einer Reihe konkreter, nach Ansicht unseres Vorstandes sogar herausragender und direkt umsetzbarer Veränderungsvorschläge.

Schlussfolgerungen

Innovation der SIRONA-Wissenskultur: Wissen aller Mitarbeiter für den Veränderungsprozess nutzen

Vor allem eine wichtige Erkenntnis nahmen wir aus den Mitarbeiterkonferenzen mit: Es genügt nicht, Wissen oder Informationen einfach nur bereitzustellen – auch wenn man sich modernster Informationstechnologien bedient und die Informationen hochaktuell sind. Die Bereitstellung von Informationen ist lediglich ein Hygienefaktor – im Sinne des Modells der Motivation nach Herzberg (siehe Herzberg, Mausner & Snyderman, 1959) – und vermeidet Unzufriedenheit. Erst der Austausch von Informationen, das miteinander sprechen, fördert die Motivation und Bereitschaft, sich in den Veränderungsprozess persönlich einzubringen, Initiative zu zeigen und Verantwortung zu übernehmen. Wissen nicht nur bereitzustellen, sondern das Wissen aller Mitarbeiter für den Veränderungsprozess zu nutzen: hierin liegt die eigentliche Innovation in der SIRONA-Wissenskultur.

«Open Space
Company»

Ein Mitarbeiter berichtete von seiner Vision über die »Open Space Company«, in der jeder Mitarbeiter selbst entscheidet, in welchem Team er mitarbeiten möchte: Interesse, Verantwortungsbereitschaft und Initiative bestimmen die Wahl des Arbeitsplatzes und nicht die hierarchische Position oder funktionale Zuordnung. In den Projekt- und Arbeitsgruppen freut man sich über die Kollegen, die aus eigenem Interesse gekommen sind, um mitzuarbeiten. Die Häufigkeit und Dauer von Meetings wird durch das »Gesetz der zwei Füße« wirkungsvoll reguliert, das heißt die Mitarbeiter entscheiden selbst, ob sie zu einem Meeting gehen und wie lange sie bleiben.

Es wäre ein interessantes organisationspsychologisches Experiment, für einige Tage eine »Open Space Company« zu simulieren und anschließend die Erfahrungen und Erlebnisse der Mitarbeiter und Führungskräfte zu analysieren: Für welchen Arbeitsplatz interessieren sich die meisten Mitarbeiter und warum? Welche Personen oder Personengruppe wechseln die Aufgabe, welche führen ihre alten Aufgaben weiter? Wie hoch ist das tatsächliche Interesse an einer Führungs- oder Managementaufgabe? Wie laufen Meetings ab und wie werden Entscheidungen getroffen? Welche Erfahrungen machen Führungskräfte und Mitarbeiter mit dieser neuen Situation? Welche Erkenntnisse liefern uns die Erfahrungen und Beobachtungen für die Veränderungen des Unternehmens?

Uns haben die Erlebnisse und insbesondere auch die Ergebnisse der SIRONA-Mitarbeiterkonferenzen davon überzeugt, die richtige Strategie für den Transformationsprozess der Siemens-Konzerntochter zum innovativen Mittelständler gewählt zu haben. Auch die betriebswirtschaftlichen Kennzahlen sprechen für sich: 93 Prozent der Mitarbeiter beteiligten sich im Rahmen des EVA®-Systems (Economic Value Added) auf freiwilliger Basis an der Steigerung des Unternehmenswertes.

Kultur des Wissens-
austausches für
Veränderungs- und
Lernprozesse nutzen

Es ist faszinierend zu beobachten, was passiert, wenn man Menschen Raum und Zeit gibt, ihr Wissen über notwendige Veränderungen der Organisation auszutauschen. Es scheint, als ob das Wissen in kurzer Zeit »explodiert« und neues Wissen für die Lösungen von Problemen wie von selbst entsteht. Wir waren überwältigt von der Vielfalt und Qualität der Lösungen, die uns die Mitarbeiter in kurzer Zeit zur Verfügung stellten. Diese Kultur des Wissensaustausches aufrechtzuerhalten und für die Veränderungs- und Lernprozesse bei SIRONA zu nutzen, ist Aufgabe des SIRONA Personalmanagements. Unsere Erfahrungen zeigen, dass die Open Space-Technology ein hervorragendes Instrument ist, um mit Mitarbeitern und Führungskräften den Weg in eine neue Wissenskultur zu gehen.

Literatur

Herzberg, F./Mausner, B./Snyderman, B. (1959): The motivation to work. New York: Wiley.

Owen, Harrison (1992): Open Space-Technology – A Users Guide. Potomac, MD: Abbott Publishing.

Probst, G./Raub, S./Romhardt, K. (1999): Wissen managen. Wie Unternehmen ihre wertvollste Ressource optimal nutzen. Frankfurt: Gabler.

Weissbord, M.R. (1995): Future Search. San Francisco: Berret-Köhler Publishing.

Biographien

Dieter Babiel
ist Leiter der Personalentwicklung bei der Adolf Würth GmbH & Co. KG. Nach dem Studium der Erziehungswissenschaften arbeitete er als Außendienst-Trainer und Personalentwickler in einer Versicherungsgesellschaft mit Sitz in München. Gleichzeitig war er dort zwei Jahre lang als Geschäftsführer für ein Tagungshotel tätig.

Schwerpunkte seiner Arbeit bei Würth sind die Aus- und Weiterbildung des Außendienstes, Mitarbeiterrekrutierung, Nachwuchskräfte-Entwicklung, Business-TV, die Implementierung von konzernweiten Personalentwicklungsmaßnahmen mit Schwerpunkt auf Reduzierung von Mitarbeiter-Fluktuationen sowie Optimierung der Führungsqualität.

Dr. Jens Bäumer
ist Bereichsleiter im Geschäftsbereich Human Resources der Kienbaum Management Consultants GmbH in Berlin. Die Schwerpunkte seiner Beratungstätigkeit liegen in den Feldern Personalentwicklung, Knowledgetransfer und Change-Management, Durchführung von Assessment-Centern, Management-Audits, Coachings, Strategiefindung, Prozessoptimierung und Einführung neuer Instrumente im Zusammenhang mit der Neuausrichtung von Personalbereichen. Dr. Bäumer ist Dozent auf Fachtagungen und Autor von zahlreichen Fachpublikationen zu den Themenfeldern betriebliche Qualifizierung und Personalentwicklung.

Wolfgang Binder
ist Direktor Human Resources bei der DeTeWe AG & Co. in Berlin. In dieser Funktion ist er verantwortlich für das gesamte Personal- und Sozialwesen einschließlich der Berufsausbildung des Konzerns im In– und Ausland.

Zuvor war er in verschiedenen Unternehmen in verantwortlichen Positionen des Personal- und Sozialwesens tätig.

Dr. Hans-Georg Blang
Studium der Betriebswirtschaftslehre an der Universität Trier, wissenschaftlicher Assistent im Fachbereich Wirtschaftswissenschaften der Universität Siegen, dort Promotion 1985. Im Anschluss daran Tätigkeiten bei verschiedenen Unternehmensberatungsgesellschaften, heute zuständiger Bereichsleiter für Management- und Vergütungssysteme der Kienbaum Management Consultants GmbH, Geschäftsfeld Compensation Consulting. Schwerpunktthemen sind: Entwicklung und Einführung von Vergütungssystemen, wertorientierte Ausrichtung des Controlling, Balanced Scorecard-Einführung, Change-Management in Restrukturierungsprojekten, Kostensenkungs-/Effizienzverbesserungsprogrammesowie Outsourcing Projekte.

Prof. Dr. Utho Creusen

ist Mitglied der Geschäftsführung der OBI Bau- und Heimwerkermärkte GmbH & Co. KG, Systemzentrale, Wermelskirchen und des Vorstandes der OBI AG, Wermelskirchen. Er ist Professor an der Westfälischen-Wilhems-Universität Münster am Institut für Handelsmanagement.

Marcus Heidbrink

ist als Consultant bei der Kienbaum Management Consultants GmbH im Geschäftsfeld Human Resources-Management tätig und dort mit der Konzeption und Abwicklung von Projekten im Bereich der Managementdiagnostik und der Entwicklung, Implementierung und Evaluation diverser Personalentwicklungs- und Führungsinstrumente, wie z.B. Competency-basierter Stellenprofile, Mitarbeiterbeurteilungssysteme und Zielvereinbarungssysteme, betraut.

Spezialisierung auf die Implementierung strategischer Personalkonzeptionen und das Human Asset-Management einschließlich der Abbildbarkeit moderner Personalmanagement-Tools in integrierten Software-Lösungen.

Eberhard Hübbe

ist Mitglied der Geschäftsleitung der Kienbaum Management Consultants GmbH. Arbeitsschwerpunkte sind die Implementierung von Personalentwicklungsinstrumenten für mittlere und große Unternehmen, die Durchführung von Einzel-Assessments, Management-Audits und Trainings auf der oberen Führungsebene sowie die Entwicklung von Personalstrategien in der Öffentlichen Verwaltung sowie Unternehmen.

Dr. Walter Jochmann

ist Vorsitzender der Geschäftsführung der Kienbaum Management Consultants GmbH in Düsseldorf / Gummersbach. Sein Beratungsfeld liegt in den Feldern Personalentwicklung, Personalmanagement und Change-Management: Einzel-Assessment / Assessment-Center, Management-Audit, Coaching und Top-Training, strategische und strukturelle Neuausrichtung von Personalbereichen, Personalentwicklungs-Konzeptionen und Change-Management-Projekte. Dr. Jochmann ist Autor von zahlreichen Fachpublikationen zum Themenfeld Human Resources-Management.

Jochen Kienbaum

studierte Betriebswirtschaftslehre an der Technischen Universität Berlin. Von 1976 bis 1979 baute er die Beratungsgesellschaft Kienbaum Berlin GmbH auf und wurde 1979 Geschäftsführer der Kienbaum Personalberatung GmbH. Seit 1986 lenkt Jochen Kienbaum als Vorsitzender der Geschäftsführung die Geschicke der internationalen Personal- und Unternehmensberatung Kienbaum Consultants International GmbH. Das Unternehmen ist mit zahlreichen Niederlassungen in Deutschland und im europäischen sowie außereuropäischen Ausland vertreten. Seit 1999 ist Jochen Kienbaum zudem Präsident des Bundesverbandes Deutscher Unternehmensberater (BDU).

Peter Krumbach-Mollenhauer

Diplom-Psychologe, ist Mitglied der Geschäftsleitung und Partner im Geschäftsbereich Human Resource-Management der Kienbaum Management Consultants GmbH in Düsseldorf. Die Schwerpunkte seiner Beratungstätigkeit liegen im Finanzdienstleistungsbereich und hier in den Bereichen Vertriebsmobilisierung in Banken, Management-Diagnostik, Training und Coaching sowie Umsetzung von Personalstrategien (Zielvereinbarungssysteme, PE-Konzepte etc.).

Michael Lorenz

ist Geschäftsführer und Partner der Kienbaum Management Consultants GmbH in Gummersbach.

Er hat 12 Jahre Beratungserfahrung im Bereich Human Ressources Management, insbesondere bei der Konzeption und Realisierung von Trainings für Fach- und Führungskräfte, Personalbeurteilungs- und -führungssystemen sowie firmeninternen Personalentwicklungsprogrammen. Außerdem begleitet er Unternehmen in der Strategie- und Leitbildkonzeption und Reorganisation.

Er berät vor allem Unternehmen in den T.I.M.E.-Märkten (Telecommunication, Information Technology, Media, Electronic Business) sowie Finanzdienstleister.

Dr. jur. Willfred Mayer

Abschluss Assessor nach dem Studium der Rechtswissenschaften in Heidelberg, Freiburg und Genf. Referendarzeit in Wahlstation in Rom. Promotion zum Dr. jur. in Heidelberg.

1973 Eintritt in die Finanzverwaltung Baden Württemberg. Regierungsrat, ständiger Vertreter des Vorstandes des Finanzamtes Leonberg. 1978 Leitung Personal im Werk Neckarsulm der Audi AG, 1986 Geschäftsführer und Arbeitsdirektor der Wilhelm Karmann GmbH in Osnabrück. 1995 Mitglied der Unternehmensleitung der Vorwerk & Co. Unternehmensgruppe Wuppertal. Seit 1996 ist er Mitglied der Vorstände DBV Winterthur Versicherungsgruppe in Wiesbaden.

Veröffentlichungen und Vorträge zu den Themen Veränderungsmanagement, Outcourcing, Führung, Personalorganisation und Personalplanung

Matthias Meifert

ist Seniorberater im Geschäftsbereich Human Resources-Management der Kienbaum Management Consultants GmbH in Berlin. Seine Beratungsschwerpunkte liegen in den Feldern Personalentwicklung, Personalmanagement und Change-Management: Personaldiagnostik, Coaching, Managementtraining, strategische und strukturelle Neuausrichtung von

Personalbereichen, Einführung von Individual Performance-Management-Systemen und Begleitung von Veränderungsprozessen. Matthias Meifert ist Lehrbeauftragter an der Technischen Universität Berlin im Studiengang Weiterbildungsmanagement, Autor von Fachpublikationen zum Themenfeld Personalentwicklung sowie Referent auf Fachtagungen.

Christian Näser

ist Mitglied der Geschäftsleitung und Partner der Kienbaum Management Consultants GmbH, zuständig für das Geschäftsfeld Compensation Consulting.

Nach dem Studium der Betriebswirtschaftslehre an der Universität Hamburg begann er bei der Kienbaum Personalberatung, Geschäftsfeld Vergütungsberatung. Dort war er insbesondere tätig auf den Gebieten Konzeption, Implementierung und Weiterentwicklung von Steuerungs-, Anreiz- und Vergütungssystemen im Top- und Middle-Management sowie im Vertrieb.

Prof. Peter Pribilla

ist Mitglied des Zentralvorstands der Siemens AG und betreut die Bereiche Personal, Wirtschaftsregion Amerika sowie die I&K Infrastruktur.

Im Verlauf seines beruflichen Werdegangs widmete er sich im Wesentlichen den Fachbereichen Informationstechnik und Telekommunikation. Er war mehrere Jahre in den USA tätig. Peter Pribilla ist Honorarprofessor und Lehrbeauftragter der Technischen Universität München.

Dr. Claus D. Rohleder

Dipl. Kaufmann war von 1971 bis 1991 in leitenden Positionen für die Unternehmen BASF und Boehringer Ingelheim in Lateinamerika und Spanien tätig. Von 1992 bis 1999 leitete er als persönlich haftender Gesellschafter und Mitglied der Unternehmensleitung von Boehringer Ingelheim den Bereich Human Ressources sowie die Geschäftsgebiete Chemie, Tiergesundheit und Nahrungsmittel. Regionale Zuständigkeiten erstreckten sich auf USA, Japan, Mexiko. Spanien, UK und Österreich inklusive Osteuropa.

Seit Anfang 2000 ist er beratend tätig, vor allem auf den Gebieten B 2 B, E-Commerce, Human Ressources (Vision und Leadership in globalen Unternehmen) und als Senior Adviser der Industrial Investment Council für die neuen Bundesländer.

Univ.-Prof. Dr. Christian Scholz

(cs@orga.uni-sb.de) ist nach Studium und Assistententätigkeit an der Universität Regensburg sowie Forschungsaufenthalten an der Harvard Business School seit 1986 Inhaber des Lehrstuhls für Betriebswirtschaftslehre, insb. Organisation, Personal- und Informationsmanagement an der Universität des Saarlandes. Seit 1989 ist er Direktor des Europa-Instituts und seit 1998 Direktor des Instituts für Managementkompetenz (*imk*) an der Universität des Saarlandes; zudem ist er Honorarprofessor für Personalmanagement an der Universität Wien. Zentrale Publikationen sind das Handbuch »Personalmanagement« (Verlag Vahlen, 5. Aufl. 1999) sowie das Buch »Strategische Organisation. Multiperspektivität und Virtualität« (Verlag moderne industrie, 2. Aufl. 2000).

Babara Sourisseaux

ist Leiterin der Dental Academy bei Sirona Dental Systems. Die Wirtschaftspsychologin sammelte ihre ersten Erfahrungen im Bereich Personalentwicklung bei der Falke Gruppe. Anschließend war sie einige Jahre bei der Porsche AG ins Stuttgart beschäftigt und hat dort u.a. den Aufbau der strategischen Führungskräfteentwicklung maßgeblich mitgestaltet. Seit 1999 ist sie bei Sirona Dental Systems für die Themen Change-Management, Personalentwicklung, Aus- und Weiterbildung sowie für das weltweite Training der Sirona Kunden verantwortlich. Im April 2000 wurde Frau Sourisseaux mit dem Award »Personalmanager 2000« ausgezeichnet.

Michael Svoboda

ist seit 1993 Leiter Personalpolitik Konzern, seit 1996 Leiter Personalpolitik und -entwicklung im Konzern der Deutschen Bank AG in Frankfurt am Main. Außerdem Vorsitzender des globalen Personalentwicklungsausschusses sowie des globalen Vergütungsausschusses des Deutsche Bank Konzerns.

Er arbeitete nach dem Abitur zunächst als freier Programmierer und EDV-Berater, später als selbständiger Unternehmensberater und Management-Trainer. 1980 wurde er Leiter für Struktur- und Ablauforganisation, 1985 Leiter Konzernorganisation und 1990 Leiter Personal- und Bildungspolitik der BMW AG in München.

Michael Svoboda studierte berufsbegleitend Wirtschaftswissenschaften, Soziologie und Organisationspsychologie an der Ludwig-Maximilians-Universität in München (Diplom-Kaufmann 1970, Diplom-Soziologe 1974) und an der Wirtschaftsuniversität Wien.